Comentarios sobre Stephanie Marango, Rebecca Gordon y

Astrología y salud

«Rebecca Gordon es una de las mejores astrólogas que he conocido. Es auténtica, entretenida y de extraordinario talento. Recomiendo a todos su obra *Astrología y salud*.»

Gabby Bernstein, autora de *Miracles Now*, en la lista de libros más vendidos del *New York Times*

«Me encanta cómo la doctora Stephanie y Rebecca llevan el cuerpo y el alma a otra dimensión, fusionando lo físico, metafísico y mental con una exploración a fondo de nuestra relación con todos los signos del zodiaco. Leer *Astrología y salud* me ha significado una educación profunda para abrir los ojos a lo mucho que necesito usar los elementos de los otros signos para estar entera y sana. ¡Brillante!»

Elizabet Halfpapp, vicepresidenta ejecutiva de Mind-body Programming, cofundadora de *exhale* (espira), cocreadora de la Core Fusion Barre y coautora de *Barre Fitness*

«Es hermoso este libro de la doctora Stephanie Marango y Rebecca Gordon. Durante casi cincuenta años me han fascinado la astrología y la salud, y lo que han reunido estas mujeres es informativo y útil para toda persona interesada en la astrología y las relaciones corporales y sobre cómo usarlas para un mayor bienestar. Recomiendo encarecidamente *Astrología y salud*.»

Dr. Elson M. Haas, médico integral de cabecera (elsonhaasmd.com) y autor de *La salud y las estaciones* y *Staying healthy with nutrition*

«Carl Sagan dijo: "Estamos hechos del material de las estrellas", y en este pionero libro *Astrología y salud*, la astróloga Rebecca Gordon y la médica holística doctora Stephanie apoyan y reafirman este potente concepto cósmico con una guía integral para el bienestar que nos enseña, con instrumentos prácticos y un programa de salud cósmicamente magistral, la manera de maximizar el bienestar general. Mediante la comprensión de la relación entre los signos y el cuerpo físico, Rebecca y la doctora Stephanie nos llevan en un viaje de autodescubrimiento que nos pone en armonía con los astros y el mundo físico y nos enseñan a vivir con una salud óptima.»

Ronnie Grisham, jefe de redacción de la revista *Dell Horoscope*

«¡Bravo, doctora Stephanie y Rebecca! Me fascina saber que mi cuerpo físico y todo lo que le pido que haga están tan profundamente influidos por mi conexión metafísica con el Universo. El conocimiento que he adquirido en estas páginas ha intensificado mi gratitud a mi cuerpo y mi comprensión del concepto mente-cuerpo, que es tan predominante en nuestros programas de puesta en forma en *exhale* (espira). Gracias por esta fabulosa lectura. Ahora este será uno de mis libros de consulta.»

Fred De Vito, vicepresidente ejecutivo y cofundador de *exhale* (espira), cocreador de Core Fusion Barre y coautor de *Barre Fitness*

Astrología y salud

Una guía de bienestar basada en el zodíaco

Stephanie Marango
y Rebecca Gordon

Kepler

Argentina – Chile – Colombia – España
Estados Unidos – México – Perú – Uruguay – Venezuela

Título original: *Your Body and the Stars: the zodiac as your wellness guide*
Editor original: Atria paperback – Beyond Words
Traducción: Cecilia Valdivieso Dávila

1ª edición Mayo 2017

ISBN: 978-84-16344-04-8
E-ISBN: 978-84-16990-27-6
Depósito legal: B-8.259-2017

Fotocomposición: Ediciones Urano, S.A.U.
Impreso por: LIBERDUPLEX
Ctra. BV 2249 Km 7,4 – Polígono Industrial Torrentfondo – 08791 Sant Llorenç d'Hortons (Barcelona)

Impreso en España – *Printed in Spain*

Índice

Prólogo vii

Introducción ix

1. Como en el cielo, así en la tierra 1
2. La cabeza del Carnero 11
3. El cuello del Toro 27
4. Las manos de los Gemelos 43
5. El pecho del Cangrejo 59
6. El corazón del León 77
7. El abdomen de la Virgen 95
8. La espalda de la Balanza 113
9. El sacro del Escorpión 129
10. Las caderas del Centauro 145
11. Las rodillas de la Cabra marina 163
12. Los tobillos del Aguador 179
13. Los pies del Pez 195

Conclusión 211

Agradecimientos 213

Apéndice A: Cuadro de los signos del zodiaco
     y manifestaciones físicas 215

Apéndice B: Exploración rápida del cuerpo
     de las estrellas 221

Apéndice C: Estructuras óseas y zonas del cuerpo 223

Prólogo

Adepta como soy a la ciencia y a la espiritualidad, sé que la energía adopta miríadas de formas. En realidad, veo que muchas veces la ciencia y la espiritualidad dicen cosas similares, aunque de maneras distintas. Pero los libros científicos y yo discrepamos: no me limito exclusivamente a ellos, a aceptar como posible solamente lo que perciben nuestras actuales técnicas. Creo que así como los rayos ultravioletas y los microorganismos existían mucho antes de que se inventaran y desarrollaran los instrumentos adecuados para verlos, existe muchísimo más de lo que ven nuestros ojos y mentes modernos. ¿Quién soy yo para limitar las capacidades de la naturaleza, o nuestros medios para entenderlos?

Ésta es la mentalidad con que recibí la exposición sobre astrología de Rebecca durante una conferencia sobre la evolución de la conciencia, en 2012. Nunca había pensado mucho en la astrología; sí que sabía cuál es mi signo solar (Sagitario) y, hojeando revistas, a veces miraba mi horóscopo, pero aparte de lo más básico de esta cultura popular, la astrología no entraba de forma importante en mi campo de visión o de intereses. Me sorprendió, por lo tanto, que su charla tuviera tanto efecto en mí. Pero lo tuvo. Y creo que esto se debió a que su forma de explicar los astros era la misma como yo entiendo o explico el cuerpo humano, en mi trabajo en medicina holística: como magia práctica.

Según mi definición, magia práctica es la capacidad de aceptar, incorporar o integrar las fuerzas invisibles que hay en el mundo, como los pensamientos, las emociones, las sensaciones, las intuiciones, etcétera; es darle forma a lo informe. Así como un pensamiento que pasa por la cabeza, por ejemplo «Deseo comprar una casa», un día se traduce en algo tangible, en una vivienda de ladrillo y mortero que uno ocupa con el resto de sus pertenencias; o cómo una tensión emocional no resuelta con el jefe en el trabajo pasa a ser tensión en los músculos del cuello. En mi opinión, eso es una especie de magia.

Y es práctica porque tiene lugar en la vida cotidiana. En último término los pensamientos, sentimientos e impresiones se expresan en lo que elegimos para comer, para ocupar o pasar el tiempo y con quién o quiénes deseamos pasarlo. ¡Cada uno es un mago que tiene que elegir lo informe y su forma! A veces las decisiones que tomamos o las elecciones que hacemos reflejan nuestra verdadera naturaleza interior, pero no siempre es así. Es posible que la persona no siempre se sienta coherente o equilibrada en su forma de vivir, y esto genera malestar, o enfermedad. La expresión plena de salud es nada menos que la expresión plena del yo.

Y esto nos lleva de vuelta a Rebecca y su capacidad para leer o interpretar la carta astral y reunir información acerca del cosmos interior. Ya sea que su cliente sea una madre ama de casa o un profesional con su trabajo, le recuerda a cada persona lo que la hace única, desde la forma o configuración de las yemas de sus dedos hasta el diseño de su alma. Leerle los astros para sintonizarla con su mayor sabiduría motiva a la persona a salir de su zona de confort y vivir la versión más expansiva de su vida.

Por ejemplo, a un cliente que es Tauro podría orientarlo a ampliar la expresión de su yo, lo que le servirá no sólo para sintonizar con su verdadera naturaleza sino también para aflojar la tensión del cuello. De modo similar, a una paciente con tensión crónica en el cuello yo procuraría que tuviera una mejor comprensión de su cuerpo y la conexión de éste con su mente, emociones y espíritu; la ayudaría a comprender cómo sus pensamientos, sentimientos (intangibles) y otras cosas o experiencias que giran en torno a la expresión de su yo (todo esto representado física y metafísicamente por el cuello) podrían tener como consecuencia tensión muscular y estrés. Y después le enseñaría los instrumentos prácticos, movimiento, respiración, nutrición, meditación y otros, para tratarlos.

Así pues, si bien Rebecca y yo podríamos parecer un par nada ortodoxo (o el comienzo de un chiste de una médica y una astróloga que entran en un bar…), las dos enfocamos nuestra vida, la personal y la profesional, con la arraigada convicción de que todo está en el interior, de que el cuerpo contiene un universo de sabiduría que podría servirnos de llave para acceder al bienestar, si se lo permitimos.

Claro que no sabíamos nada de esta coincidencia conceptual hasta que nos conocimos, lo que no ocurrió esa noche en la conferencia. Sí, esa primera noche que la vi me imaginé que algún día íbamos a encontrarnos y tener una profunda relación. Pero era necesario que eso ocurriera en el momento oportuno. Y así como durante su charla estuve sentada sonriendo, al día siguiente desperté inspirada para trazar un esbozo de este libro; y luego esperé unos seis meses, hasta que resultó que el despacho que alquilaba en un centro de salud estaba contiguo al de ella. ¿Alguien podría dudar de que están sintonizadas nuestras estrellas?

Y el resto es, bueno, este libro. Un libro sobre astrología y salud, una perspectiva nueva que te hará despertar y elevarte a nuevas posibilidades, más allá de las restricciones que ahora te imaginas que eres o debes ser, junto con instrumentos prácticos para que vivas la vida más plena, la mejor y más rica posible. ¿No es hora de que entres en posesión de todo tu ser? ¿De ser tu experta o experto en ti? Si es así, si piensas que por mucha felicidad y salud que tengas hay más aún, y quieres responsabilizarte activamente de ello, te invitamos a explorar este siguiente capítulo de tu historia; una historia de cielo y tierra, espíritu y materia, y tú, la persona que mora en medio.

Dra. Stephanie

Introducción

Este libro no es de astrología ni de anatomía; es más bien una guía para el bienestar, que tiene su fundamento en las estrellas, y no en una dieta concreta ni en una serie de ejercicios. Hay muchas modalidades para estar sanos y sentirnos bien. Y, afortunadamente, nuestro enfoque contemporáneo comienza a desviarse hacia el bienestar holístico como nueva modalidad de salud. Entendámonos, tenemos fe en la medicina occidental tradicional, la que, si bien tiene sus defectos, hace un buen trabajo; pero centra la atención en el diagnóstico, cuidado y tratamiento de enfermedades agudas, no en la optimización de la salud ni en el bienestar.

El bienestar abarca más; no es solamente del cuerpo sino también de la mente, las emociones y el espíritu. Pero cuando entramos en estos dominios intangibles, resulta difícil demostrar la validez de muchas modalidades de bienestar con nuestros actuales criterios y mediciones científicos; al fin y al cabo, la evaluación del bienestar emocional o mental de una persona es más nebulosa que examinar huesos fracturados en una radiografía. Pero un motivo de que las modalidades holísticas sean ahora más prevalentes es que la mayoría de las personas que experimentan la alimentación, el yoga, la acupuntura y similares no necesitan más prueba que cómo se sienten. Para muchos de nosotros, la demostración está en nuestra salud, experiencia y comprensión personales.

Este libro presenta otra forma de acceder a todas nuestras partes y trocitos tangibles e intangibles, para luego hacerlos comenzar a funcionar como un todo unificado. A primera vista, un método para el bienestar que se basa en el zodiaco podría parecer algo fuera de lugar, pero estamos comenzando a recuperar un sistema de creencias antiguo y reconocido, sistema que es un respaldo de la medicina y la ciencia modernas, por muchos conceptos erróneos o controversias que haya. Como nos recuerda el historiador científico Dr. David Lindberg: «Si queremos hacer justicia a las empresas históricas debemos considerar el pasado tal como ha sido. […] Hemos de respetar el modo cómo generaciones anteriores enfocaban la naturaleza, reconociendo que si bien diferían de la manera moderna, de todos modos es de interés porque forma parte de nuestro linaje intelectual».[1] Por lo tanto, en este libro te pedimos que asumas más responsabilidad de tu bienestar, pero también que pruebes una nueva manera de hacerlo, una manera que va a expandir e inspirar tu comprensión de la salud y el bienestar, una manera diferente a la de antes.

La historia de las estrellas presenta poderosos principios que nos capacitan para la más plena expresión de bienestar, que es la más plena expresión del yo. Si prestas atención a estos principios en relación con tu cuerpo, comenzarás a comprender que eres mucho más que lo que se ve. Seguro que te sentirás mejor y más a gusto en tu piel, pero el verdadero regalo del libro es que te guiará para vivir la mejor versión de ti en *todos* los planos: cuerpo, mente y espíritu. Y al hacerlo verás que la vida tiene más densidad: con un cuerpo radiante, pensamientos más ricos, mayores emociones y una fiable intuición. Y por último tu microcosmos personal te reconectará con el macrocosmos al que perteneces naturalmente.

Acerca del libro

Astrología y salud utiliza el zodiaco como un mapa de nuestra forma física y simboliza nuestra conexión con el cosmos de la cabeza a los pies. Esto nos sirve para tomar posesión de nuestro cuerpo y ponerlo en el contexto de un todo más grande y, al hacerlo, recuperar los aspectos que hemos perdido u olvidado. Con este libro simplemente te encaminamos hacia una conexión sanadora.

El primer capítulo, «Como en el cielo, así en la tierra», pone los cimientos para la conexión. Presentamos las estrellas en contexto con la astrología y el cuerpo. Los doce capítulos siguientes tratan de una zona concreta del cuerpo y su signo zodiacal relacionado, dando más detalles informativos respecto de la conexión del cuerpo con las estrellas. La zona del cuerpo (cabeza, pecho, rodillas) dispone el escenario de cada capítulo, con un enfoque de la anatomía musculoesquelética, ya que los huesos, articulaciones y músculos tienden a ser las partes más relacionables

---

1. David C. Lindberg, *The Beginnings of Western Science. The European Scientific Tradition in Philosophical, Religious, and Institutional Context, Prehistory to A.D. 1450*, University of Chicago Press, Chicago, 2007, págs. 2-3. Hay versión en castellano: *Los inicios de la ciencia occidental: la tradición científica europea en el contexto filosófico, religioso e institucional (desde el 600 a.C hasta 1450)*, Paidós Ibérica, 2002.

y de fácil acceso. Despúes conectamos el cuerpo con el espíritu astrológico o carácter del signo zodiacal, el que se presenta por el tema del signo, y explicamos el tema para introducir sus características universales a la vez que subrayamos su importancia personal para ti.

Las secciones *Lecciones* de cada capítulo tienen por fin introducirte a las consideraciones mente-espíritu que podrían acompañar los síntomas corporales. No son para hacerse un diagnóstico ni dan a entender que ciertas fechas o rasgos van a tener por consecuencia ciertos síntomas. Más bien esbozan posibles conexiones entre los signos del zodiaco y manifestaciones físicas que son más complejas de lo que se presentan aquí. El énfasis está en las manifestaciones musculoesqueléticas (con una mirada a algunas otras).

Para hacer el material no sólo pertinente sino también práctico, planteamos preguntas que has de hacerte para elucidar cómo viven actualmente en ti los temas de los signos (así pues, contesta con sinceridad y sin hacer juicios en tus observaciones) y recomendamos movimientos para guiarte en la incorporación de los temas a tu vida física. Los ejercicios recomendados son prácticos para la mayoría de grados de experiencia, y los hemos seleccionado de diversas modalidades: ejercicios de estiramiento y fortalecimiento, yoga, Pilates y otros más. Dado que no hemos podido incluir imágenes para todos los ejercicios, te animamos a preguntar al instructor de ejercicios del gimnasio de tu localidad, o a buscar en Internet las instrucciones visuales que acompañen a las escritas.

Estos ejercicios están pensados para un amplio público, con modificaciones para que cada persona los adapte a su nivel. Dicho eso, te animamos a modificarlos más aún según las necesidades de tu cuerpo (por ejemplo, aumentar el número de repeticiones disminuyendo el tiempo en que mantienes la postura; usar bloques para yoga y cojines para apoyarte). Disminuye al máximo el riesgo haciéndolos con diligencia, buena alineación y atención a tus capacidades. Muchas veces resulta más fácil hacer mal un ejercicio avanzado que hacer bien uno básico.

Observarás que, en los doce capítulos principales, al referirnos al signo alternamos el uso del género (masculino, femenino) de los pronombres, sustantivos y adjetivos. Este uso está conforme a la polaridad del signo de que se trata. Polaridades son dualidades (yin y yang, femenino y masculino, negativo y positivo) que representan el entendimiento mutuo. Estas palabras no se usan en sentido peyorativo ni tienen relación con el sexo de la persona. Por ejemplo, los signos de fuego como Aries se consideran más yang y comparten ciertos rasgos como la acción y la extraversión; dado que es un signo masculino, el pronombre usado en el capítulo es él. Tauro, en cambio, es un signo femenino, por lo tanto el pronombre usado para describir su energía es *ella*. Aunque no es la norma, hemos adoptado este método para mantener la integridad de cada signo.

Al final del libro, añadimos apéndices con información útil: un cuadro con ejemplos de las diferentes manifestaciones relativas a la conexión zodiaco-cuerpo, una exploración rápida del cuerpo de las estrellas e información sobre las estructuras óseas y zonas del cuerpo. Al escribir este libro simplemente hemos introducido los vastos dominios de la astrología y la anatomía y su conexión sanadora; el objetivo de estos apéndices es capacitarte para continuar aprendiendo y experimentando por tu cuenta.

Cómo usar este libro

Creemos que la experiencia es la principal maestra. Muchos lectores de libros de astrología o anatomía tienden a leer solamente el capítulo que creen que les atañe (por ejemplo, la persona cuyo signo solar es Virgo lee sobre Virgo, y el cirujano especialista en rodillas lee lo relativo a las rodillas). Sin embargo, te animamos a experimentar todos los capítulos, porque en ti viven todas las zonas del cuerpo y todos los signos. Puede que por tu nacimiento seas Virgo, pero tienes las manos de los Gemelos (Géminis) y el corazón de un León (Leo). Los diferentes signos se expresan en ti de modo distinto cada día.

Cuando una zona del cuerpo necesita atención debido a un dolor extrínseco o a un desequilibrio intrínseco, también surgen las susceptibilidades del signo; en efecto, tanto el cuerpo como el signo necesitan atención y equilibrio, junto con el resto. Pero, lógicamente, no tienes por qué esperar a que una parte tuya esté en mala forma o enferma para leer acerca de ella. En realidad, te animamos a leer acerca de las diferentes zonas del cuerpo para optimizar su salud, si es eso lo que te atrae. Es decir, te animamos a leer los capítulos en el orden que te atraiga. Así, puedes usar el libro a modo de exploración de tu cuerpo y como libro de consulta para el bienestar al que puedes acudir una y otra vez.

Puedes comenzar la exploración eligiendo un capítulo o bien por la zona del cuerpo de la que trata o por el signo zodiacal. Elige la zona que más te interese. Tal vez está relacionada con tu signo, o es una zona sobre la que has leído recientemente en una revista de puesta en forma, o es una zona en la que sientes dolor. Por ejemplo, si corres y deseas saber más sobre las rodillas, busca el capítulo 11, «Las rodillas de la Cabra marina». Léelo con la mente receptiva, haciéndote preguntas; por ejemplo: ¿Qué son mis rodillas? ¿Qué papel tienen en mi vida? ¿Qué puedo aprender de ellas? Después lee acerca de las zonas anterior y posterior, en este caso «Las caderas del Centauro» y «Los tobillos del Aguador», para informarte acerca de estas partes conectadas que podrían estar relacionadas con el dolor de las rodillas.

Este libro también va de nuestra conexión con los astros, con la antiquísima sabiduría que éstos representan y de cómo podemos aprovechar esta sabiduría a través del cuerpo físico. Por lo tanto, también puedes decidir comenzar por un capítulo basándote en tu signo solar, lunar o ascendente, o en uno de los temas de los signos que más deseas incorporar. Por ejemplo, si tu signo solar es Piscis y deseas saber más acerca de tu naturaleza y la mejor forma de expresarla, busca el capítulo 13, «Los pies del Pez». Mientras lo lees, hazte preguntas como, por ejemplo: ¿Cómo vivo la naturaleza del Pez? ¿Qué lecciones me presenta este signo? ¿De qué manera encarnan mis pies esta parte de mi naturaleza?

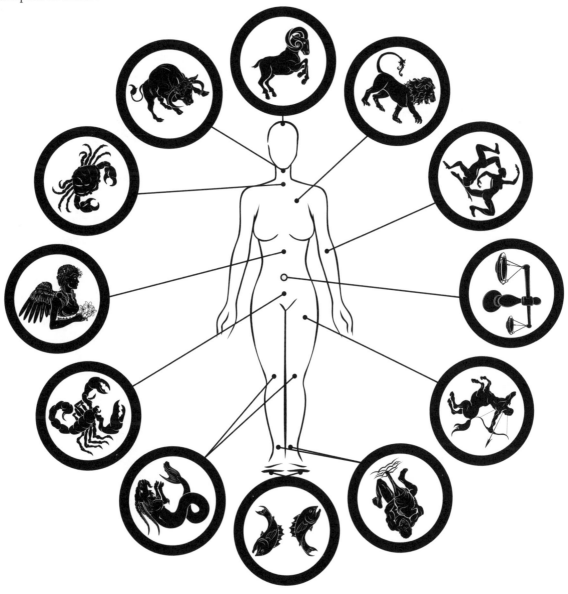

Mientras lees desde tu punto de vista elegido, pon atención a lo que significa para ti. ¿Qué características sientes fuertes y robustas? ¿Cuáles podrías desarrollar más? Contéstate con toda la sinceridad posible para obtener los mayores beneficios de este libro.

Todos tenemos nuestras fuerzas y nuestras susceptibilidades, y ni las unas ni las otras son buenas ni malas. Ser excesivamente fuerte trae su justa cuota de problemas (por ejemplo, tensión muscular, conducta amedrentadora), como la tiene también ser excesivamente susceptible (dislocación del hombro, falta de confianza en sí misma/o). Para estar sanos necesitamos un equilibrio entre ambas características. Es necesario estar fuerte y al mismo tiempo mecerse con el viento, como ese junco proverbial que en una tormenta sobrevivió al roble porque era capaz de doblarse sin quebrarse. A medida que lees ve anotando tus fuerzas y susceptibilidades cuando se te hagan evidentes.

¿Necesitas ayuda para elegir qué características fortalecer? ¿Cuáles equilibrar mejor? Observa las descripciones de las zonas corporales y las características del signo astral que más te afecten o atraigan, esas que al instante destacan como grandes síes o noes. Una reacción fuerte en cualquier sentido indica aspectos que necesitan mayor consideración. Con el tiempo irá cambiando tu práctica, cuando se te llame a incorporar diferentes rasgos; todos viven en tu interior y en diferentes etapas o momentos de tu vida será necesario expresarlos de distintas maneras. Así pues, siéntete libre para volver a cada capítulo para consultarlo a lo largo de toda tu vida. En cada lectura se te revelará algo nuevo.

Más importante aún, este libro pretende llevarte en un viaje por el cosmos que vive alrededor y dentro de ti. Procede entonces con un espíritu de exploración, el que correspondería a un astronauta, junto con una imaginación abierta acerca de cómo puede servirte mejor esta guía para el bienestar. Nuestro universo, galaxia, sistema solar, planetas y cuerpos no son otra cosa que mágicos, y acceder a ellos es magia práctica en su mejor aspecto.

1

Como en el cielo, así en la tierra

El yo que ves en tu espejo es un cuerpo nacido de millones de años de evolución anatómica: cabeza, tronco, extremidades, etcétera, que definen a nuestra especie. Pero, ¿y el resto de ti? ¿Esas partes no visibles ni tangibles que te definen hasta tu esencia, núcleo o centro? (Y al decir centro nos referimos a algo más que a la zona central del cuerpo, el abdomen). Estas partes y trozos del cuerpo son mucho más que forma física: son la encarnación viva de nuestras esperanzas y miedos, fuerzas y susceptibilidades, sueños y decepciones.

A lo largo de la historia las civilizaciones han mirado las estrellas para dar valor al entendimiento de nosotros mismos y de nuestro mundo. Durante miles de años nuestros antepasados no percibían ninguna diferencia entre el cielo y la tierra, lo natural y lo divino; las estrellas se reflejaban en las zonas internas del cuerpo y a la vez ofrecían una guía para el entendimiento de las funciones internas. Por ejemplo, mirémonos las manos; vemos dos apéndices funcionales, mientras que los antiguos griegos se miraban las manos y veían un don de los dioses, un regalo de Zeus, el jefe de los dioses, para ser exactos. Este don tenía la forma de dos hijos gemelos, *Gemini* en latín, representados como una constelación por la que transita el Sol cada año (21 de mayo a 20 de junio).

Según los antiguos griegos, las dos manos representan la conexión Géminis con los dominios mortal y divino y la comunicación entre ellos. Cuando cuidamos conscientemente de las manos (usándolas bastante pero no demasiado, manteniéndolas en buena alineación y fuertes pero flexibles), sea cual sea nuestro signo, evocamos lo mejor de las características de Géminis, como su enorme adaptabilidad y dotes de comunicación. De igual modo, si hay desequilibrio, podrían predominar las susceptibilidades de Géminis; por ejemplo, el dispersarse.

El estudio de esta relación (entre cielo y tierra, cuerpos celestes y asuntos humanos) se convirtió en el estudio de la astrología. Es un arte y una ciencia matemática que durante miles de años se fue desarrollando con la observación y las experiencias de las personas. Y como lo ilustra el mito de Géminis que acabamos de mencionar, nuestros antepasados creían que los mundos físico y metafísico estaban unidos, que los dioses habitaban, animaban y daban forma al mundo terrenal.

Sin nuestro conocimiento científico moderno, el entorno y la sabiduría que emanaba de éste era poesía. Las tormentas no eran la consecuencia de condiciones meteorológicas fluctuantes sino el resultado de potentes choques entre los dioses. La Tierra no surgió por una casual combinación de gases sino que nació del vientre de una gran Madre. El amor no era la activación de zonas del cerebro ricas en dopamina sino una flecha disparada por Eros o Cupido con su arco. No hacían distinción entre la materia y el espíritu, la naturaleza y lo divino. Normalmente los dioses influían y eran influidos por los asuntos terrenos, y no había mejor lugar para observar las actuaciones de estas divinidades que el cielo nocturno.

Como en el cielo...

En una noche oscura y despejada, unas dos mil estrellas son visibles a los ojos; para los ojos entrenados, estas estrellas se combinan para formar doce constelaciones, cada una con su historia y su signo.

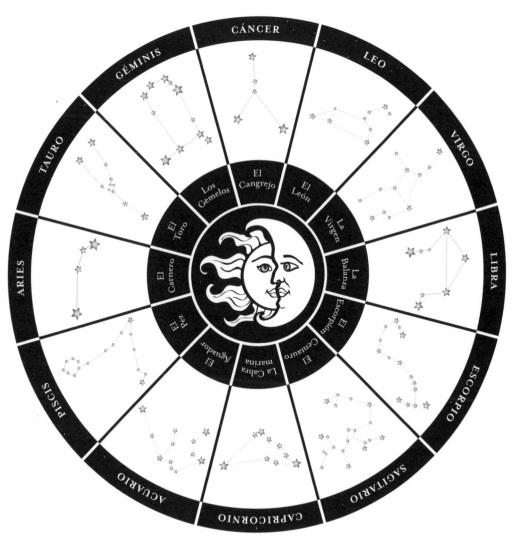

Estas doce constelaciones forman la ruta que sigue el Sol, llamada plano elíptico, y forma un cinturón llamado zodiaco. En principio, el Sol recorre una constelación cada mes y tarda un año en recorrer todo el zodiaco. (Dado que en realidad el Sol no se mueve, su ruta aparente es la trayectoria que parece hacer en el firmamento, desde el punto de vista de un observador que mira el Sol desde la Tierra, la que rota alrededor del Sol siguiendo su órbita.) Nuestro actual sistema para entender el zodiaco proviene de Claudius Ptolomeo, geógrafo, astrólogo, astrónomo y matemático griego que alrededor del siglo II antes de Jesucristo escribió un tratado astronómico que describe más de la mitad de las ochenta y ocho constelaciones conocidas en la actualidad (cuanto mejores son nuestros telescopios más constelaciones podemos ver). Hoy en día la International Astronomical Union (IAU) pone al día los conocimientos astronómicos mediante un grupo de científicos que se reúnen para fijar criterios para la comprensión de los astros y el espacio. No hace falta decir que, dados los catorce mil millones de años de antigüedad del Universo, todavía es muchísimo lo que no se

En el momento de la publicación de este libro, la IAU designa ocho planetas: Mercurio, Venus, la Tierra, Marte, Júpiter, Saturno, Urano y Neptuno. Ahora Plutón entra en la categoría nueva y creciente de planeta enano, junto con Ceres, Eris, Makemake y Haumea.

sabe. Pero para la astrología básica de que trata este libro, los principales actores son los planetas y los signos.

Según los últimos requisitos de la IAU para tener la categoría de planeta, actualmente existen ocho planetas. Dicho eso, la astrología cuenta once, incluyendo a Plutón, además del Sol y la Luna (las luminarias), que no son planetas pero ejercen un efecto similar.

Se lo llame o no planeta, Plutón sigue siendo la misma entidad física y metafísica. Desde el punto de vista astronómico es un bloque de hielo y roca que, desde el punto de vista astrológico, está relacionado con un fuerte sentido de poder y evolución. El descubrimiento de Plutón en 1930 sirvió a los astrólogos para explicar el surgir de acontecimientos individuales y sociales (entre otros, la técnica del psicoanálisis, la energía nuclear), cuyas características guardan una sorprendente similitud con las de su tocayo mítico, el dios romano del inframundo.

Cada planeta representa una dimensión del carácter. Por ejemplo, Marte representa la acción, potente fuerza que impulsa a la persona hacia su objetivo, ya sea durante una maratón o una discusión. Venus, en cambio, caracteriza al amante, y subraya las cualidades que hacen atractiva a la pareja desde el comienzo. Todos los planetas están presentes en tu carta astral.

Si los planetas funcionan como actores en el escenario de nuestra vida, los signos vendrían a ser los papeles que representan los planetas en su tránsito por el zodiaco. Son doce los signos del zodiaco, de 30 grados cada uno, la doceava parte de los 360 grados de la esfera celeste (véase pág. 3). Y si bien el signo solar podría ser el más prominente, en nuestro interior viven y se expresan los doce signos.

Después del signo solar, otros dos signos influyen poderosamente en nuestra disposición. El signo lunar (el signo por el que transitaba la Luna en el momento del nacimiento) revela las necesidades, las emociones y los temores íntimos; es esa parte que ven las personas más cercanas. El signo ascendente (el que está en el horizonte oriental en el momento del nacimiento) indica el modo de proyectarnos ante los demás y suele ser lo que ve el resto del mundo, entre otras cosas la impresión que causamos en los demás. A esto se debe que un fiero Sagitario podría parecerle un cariñoso Cáncer a su cónyuge o pareja y un equilibrado Libra a sus amistades.

Durante su tránsito por los signos zodiacales el planeta recibe la influencia de las diferentes características de cada signo. Por ejemplo, el papel de Géminis es la comunicación. Cuando Marte transita por Géminis introduce su estilo propio, de acción, en el dominio de la comunicación; por lo tanto, podría convertirse en una central de energía verbal que defiende osadamente su causa o sus puntos de vista de una manera que enorgullecería a cualquier comisión de debate. Por otro lado, cuando Venus transita por Géminis es una oradora encantadora, expresa su mensaje con la gracia y desenvoltura que correspondería a la ganadora de un concurso de belleza.

Dada esta complejidad, la astrología resulta ser mucho más que lo que se cree en la cultura popular: pronósticos y predestinación. El primer propósito de la astrología era optimizar la condición humana llevando la conexión entre los planetas y los astros a la vida en la Tierra, emplear el lenguaje del firmamento para conocer el pasado y aprovechar ese conocimiento para mejorar el presente y el futuro. A lo largo del tiempo los astrólogos han utilizado la información astrológica para diversos fines, entre otros para aconsejar en la toma de decisiones políticas, pronosticar el tiempo atmosférico o acontecimientos fortuitos, y el cuidado de la salud. Es decir, la astrología se ha utilizado para responder al *por qué*, el *cuándo* y el *cómo*, en cuanto opuestos al *qué*. Y esto continúa así hoy en día: cada horóscopo podría funcionar como un manual de autoayuda, una manera de entender el verdadero ser y vivirlo en conformidad.

Es más acertado, entonces, considerar la astrología una combinación de descripción y prescripción. Describe quién es la persona en su esencia y recomienda el entorno más propicio para que viva plenamente en ese conocimiento. Es como naturaleza y educación (o crianza) en un todo. Durante años la ciencia ha sabido que la naturaleza influye en la educación y que la educación también influye en la naturaleza. De hecho, el nuevo campo de la epigenética se dedica a comprender mejor el papel de la educación y la crianza. Hasta el momento, los científicos han descubierto que si bien los genes no cambian, factores medioambientales como el alimento, las relaciones y el estrés pueden alterar las señales que le dicen al cuerpo cuándo expresar esos genes. En otras palabras, lo que se elige para comer, la calidad de la relación conyugal o la toxicidad del medioambiente podrían influir en si se manifiesta o no, y cómo, una predisposición a una enfermedad cardiaca, por ejemplo. De igual modo, la astrología entiende la influencia de los factores genéticos y medioambientales en la humanidad, pero amplía el concepto de medioambiente abarcando también el sistema solar.

A lo largo de la historia diferentes culturas han adoptado formas distintas de astrología. Por ejemplo, la astrología occidental define los signos basándose en la posición del equinoccio de primavera, y en la carta astral pone el énfasis en el signo solar. En cambio la astrología védica (originada en India) toma por referencia las estrellas fijas y podría dar más importancia al karma y al signo lunar. La astrología china pone el énfasis en los ciclos anuales, que no mensuales, y en relación con los elementos (madera, fuego, tierra, metal, agua) y animales (entre otros, el dragón, el caballo, el mono).

La astrología occidental pone el mayor énfasis en el signo solar, y en este libro sostenemos lo mismo. Así pues, aunque en nuestro interior viven las características de todos los signos, los del signo solar (el signo por el que transitaba el Sol en el momento del nacimiento) son los que predominan en nuestra verdadera naturaleza. Por ejemplo, si naciste entre el 23 de julio y el 22 de agosto, el Sol estaba en el signo Leo. Por lo tanto, en tu disposición natural están las fuerzas de Leo, como el valor, la ambición y el magnetismo, y sus susceptibilidades, como la soberbia y el narcisismo. Ten presente que la presencia de los rasgos del signo solar no excluye los de los demás signos; sin duda una persona Leo puede ser tan filosófica como una Sagitario, o tan analítica como una Virgo. Encarnamos los rasgos de todos los signos, pero los del signo solar son los que más brillan.

¿De qué sirve saber esto? Bueno, si eres una manzana siempre serás una manzana, nunca una naranja, lo quieras o no. Y ser la mejor manzana posible significa tener conciencia de tu naturaleza de manzana y vivir en conformidad. De modo similar, si eres Leo y sabes que estás hecho o hecha a la medida para estar en el candelero, pues, si eliges la profesión, digamos, de conductor de metro, lo más probable es que ésta no te lleve a un éxito duradero; claro que lo puedes hacer, pero va en contra de la naturaleza gregaria y amante de la luz de tu signo. Para tener la vida más feliz y sana, aprende a trabajar con tu verdadera naturaleza, desarrollando tus fuerzas, aprendiendo de tus susceptibilidades y encontrando el equilibrio adecuado entre tu signo solar y los otros once signos que viven en ti. La astrología ofrece esta comprensión más profunda y orientación personal.

... así en la tierra

Y el estudio de la astrología no para ahí. De hecho, ofrece muchas maneras de aplicar sus enseñanzas a la vida, desde orientación (por ejemplo, estar consciente de los problemas de comunicación y transporte durante un movimiento retrógrado de Mercurio) a consejos de nutrición (alimentos y hierbas relacionados con las cualidades de cada planeta). Pero el cuerpo es la vía de acceso a la astrología que tenemos al alcance de los dedos, literalmente.

El cuerpo es increíble. Es un milagro de la Madre Naturaleza que se ha ido desarrollando a lo largo de unos seis millones de años. De pie ante un espejo puedes ver que su figura se asemeja a una estrella de cinco puntas, formada por una cabeza, dos brazos y dos piernas. Juntas, estas estructuras forman tu yo, la persona que mejor conoces. Sin embargo, la verdadera belleza del cuerpo no son sus partes individuales sino el todo mayor y funcional que forman estas partes, para caminar, correr, patinar, saltar; unidos, los huesos, músculos y resto del cuerpo orquestan una sinfonía que te permite funcionar como consideras más conveniente. Sin embargo, actualmente vivimos en una sociedad en que la mayoría sabemos hacer funcionar el ordenador portátil mejor que a nuestras piernas, un mundo en que la sincronización entre calendarios y ordenadores es más frecuente que entre la cabeza y el cuello. Para no hablar de considerar el cuerpo un todo integrado. Muchas personas ni siquiera saben que existen sus partes; es decir, hasta que una parte deja de portarse como debe y duele, se rompe o deja de funcionar.

Pero no siempre ha sido así. Antiguamente el todo era lo único que se veía. No se prestaba atención a las partes estructurales, hasta que anatomistas como Galeno de Pérgamo usaron escalpelos para disecar huesos, cerebros y venas, y explicar sus detalles en muchos volúmenes, un cuerpo enorme de obras que influyen en la ciencia hasta hoy en día. Pero Galeno no se limitaba a dibujar las partes del cuerpo; también las relacionaba con el espíritu de la persona (ya identificado antes por Platón). Por lo tanto, el corazón se consideraba tanto la causa de la circulación en el cuerpo como la sede de los sentimientos o pasiones de la persona; el cerebro engendraba los nervios y la mente el alma. Para Galeno, la prueba de la divinidad estaba en la materia física.

Lo mismo ocurre en la astrología. Cada uno de los doce signos zodiacales rige una zona del cuerpo, comenzando por Aries en la cabeza y terminando con Piscis en los pies, con todos los otros signos intermedios. Es posible que conozcas la ilustración del Hombre Zodiacal, de la Edad Media, en la que sobre la figura humana están dibujados los doce signos del zodiaco.

Lo que quiere decir esta figura es que el cuerpo es la llave del hombre para acceder al cosmos; la idea es que la energía de cada signo vive en el interior y se puede acceder a ella a través de esa zona corporal. De esta manera todos los rasgos, fuerzas y susceptibilidades de los signos no tienen por qué continuar siendo simples conceptos. Se les puede dar vida, de forma que la persona que

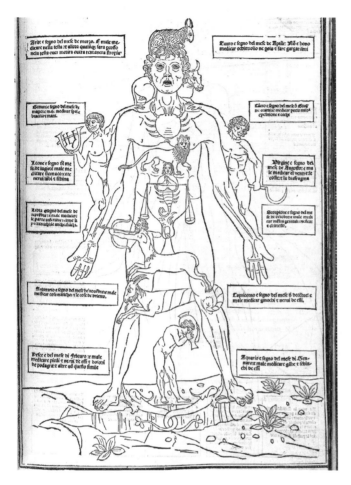

*Johannes de Ketham, «Hombre Zodiacal», Fasciculus medicinae
(o Compendio de la Humana Salud), Gregori, Venecia, 1493.*

eres esté sintonizada, conectada con lo que haces. Por lo que a bienestar se refiere, dar vida al Hombre Zodiacal personal equivale a practicar lo que se predica.

El cuerpo es capaz de dar vida a la historia de las estrellas. Acceder no es tan difícil como podría parecer, porque las estrellas ya viven y respiran en nosotros. De verdad. El ser humano está hecho de la misma sustancia de que están hechas las estrellas, y eso es una verdad indudable. Las estrellas están compuestas principalmente por helio e hidrógeno, y durante sus ciclos de vida y muerte durante los miles de millones de años pasados han fabricado casi todos los demás elementos, entre otros el carbono, el nitrógeno y el oxígeno. Sorpresa, sorpresa: estos elementos esenciales son los mismos que componen la vida como la conocemos, los mismos que se encuentran en la tierra que pisamos, la hierba, los alimentos, y nosotros. El hidrógeno, por ejemplo, forma parte de la molécula del agua (H_2O) y constituye más de la mitad de la masa corporal. El carbono está distribuido en el ADN mediante enlaces dobles. El nitrógeno es parte esencial

Hay muchos dibujos del Hombre Zodiacal, pero todavía se desconoce quién fue su primer ilustrador. La mayoría de los dibujos datan de la Edad Media, aunque la primera referencia al concepto es más antigua, aparece en las obras de Marco Manilio, de los años 20 a 15 a.C. Sus obras, a su vez, se basaban en la sabiduría transmitida por sus antepasados. ¿Cómo descubrieron la relación entre la astrología y la salud? Bueno, durante gran parte de la historia humana conocida, lo natural y lo divino eran sencillamente dos caras de la misma moneda. Las ideas de nuestros antepasados diferían de las nuestras, y no podemos retroceder en el tiempo y atribuir a ellos nuestra mentalidad moderna. Sus pruebas se basaban principalmente en la experiencia de la vida, no en investigaciones empíricas (así como uno sabe instintivamente que dormir es bueno sin que esto lo tenga que decir un estudio científico). Sabían lo que sabían porque lo vivían.

de las proteínas. Y el oxígeno es principalmente el combustible para millones y millones de nuestras células. En resumen, vivimos porque algunas estrella murieron y su materia reciclada somos nosotros.

Éste podría ser tu primer encuentro con la idea de que encarnas tanto la materia como el espíritu de las estrellas, pero ésta es una relación muy antigua, anterior incluso a las tablillas de Babilonia. Mira el cuadro siguiente para ver cómo se relacionan los signos del zodiaco con las partes del cuerpo.

No hay helio en el cuerpo humano, pero, junto con el hidrógeno, forma alrededor del 98 por ciento de la materia conocida del universo.

Puedes averiguar acerca de los signos más prominentes de tu carta, como el signo solar, el lunar o el ascendente, pero ten presente que los doce signos del zodiaco viven en ti. En realidad, eso es lo que significa el principio de la filosofía o ciencia hermética «Como en el cielo, así en la tierra»: el cielo se refleja en la Tierra y la Tierra, a su vez, refleja al cielo. Y esto significa que si tenemos una zona corporal tenemos dentro la historia viva del signo correspondiente; por ejemplo, el corazón del amoroso Leo y las rodillas del cauteloso Capricornio.

Signo	Cuerpo	Signo	Cuerpo
Aries	Cabeza	Libra	Parte inferior de la espalda
Tauro	Cuello	Escorpio	Sacro
Géminis	Brazos, antebrazos, manos	Sagitario	Caderas, muslos
Cáncer	Pecho	Capricornio	Rodillas
Leo	Parte superior de la espalda, corazón	Acuario	Tobillos
Virgo	Abdomen	Piscis	Pies

Te des cuenta o no, las características de todos los signos del zodiaco presentan facetas tuyas, facetas que de ti depende expresar si quieres. El asunto es, entonces, qué facetas expresar y cómo. ¿Cómo dar vida a la historia de las estrellas con el cuerpo?

2

La cabeza del Carnero

♈ ARIES

Fecha de nacimiento: 21 de marzo – 19 de abril
Zona del cuerpo: Cabeza
Tema: Hazte valer con percepción activa

El zodiaco es un ciclo que comienza en Aries y termina en Piscis, para volver a comenzar. Por ser el primer signo del ciclo, Aries destaca lo individual. Representa el nacimiento metafísico en el mundo, haciendo la presentación de la persona, quién es y qué ha venido a hacer en el mundo. Es nuestro sentido del ser, del yo. Así pues, es un reconocimiento de que poseemos nuestro cuerpo, deseos y necesidades únicos. Aunque somos producto del entorno, nos diferenciamos de él, y Aries nos concentra en afirmar nuestra individualidad, ayudándonos a sintonizar con nuestro verdadero yo y hacernos valer conscientemente en nuestro entorno.

El cuerpo: la cabeza

Cabezota es un adjetivo muy aplicable a Aries, y no en menor medida debido a que la cabeza es la zona corporal relacionada con el signo. Pues sí, la cabeza Aries es fuerte. En realidad, la cabeza de toda persona es fuerte, pues debe proteger su contenido, vale decir, el cerebro, que es el centro de mando del cuerpo. La estructura ósea de la cabeza es el cráneo, que es un conjunto de 22 huesos. Pero pálpate la parte superior de la cabeza y notarás que parece ser un solo hueso; esto se debe a que estos huesos están fusionados por articulaciones no móviles llamadas suturas, y por eso el cráneo parece un todo sólido y funciona como tal.

♈ Para el parto, es necesario no sólo que la cabeza del bebé sea flexible sino que también lo sea la pelvis de la madre. Para hacer posible la forma de caminar del ser humano, sobre los dos pies, es necesario que la pelvis sea estable y estrecha; pero durante el parto, ciertas hormonas, entre ellas la relaxina, aflojan los ligamentos para que se ensanche la pelvis.

¿Para qué, entonces, tantos huesos, cuando lo que se necesita es uno solo fuerte? Porque varios huesos flotantes son más flexibles que uno solo sólido. Esta flexibilidad permite que la cabeza relativamente grande de un bebé pase por un canal del parto relativamente estrecho; y una vez que el bebé ha entrado en el mundo, esta flexibilidad también permite que su cerebro crezca. Si tocas la parte superior de la cabeza de un bebé notarás los huesos flotantes en la zona llamada fontanela anterior, espacio membranoso entre los huesos frontal y parietal, que tardan casi dos años en fusionarse y formar una sutura.

Ahí lo tienes: la primera parte del cuerpo que entra en el mundo es la cabeza, y ésta está, literal y figuradamente, abierta. El Aries que vive en cada uno de nosotros, debe, por lo tanto, mantener despejada la cabeza para ser consciente de todo lo que podríamos experimentar para poder elegir nuestras aventuras. Si no, podríamos quedar atrapados en una vida que no es la que nos habríamos forjado, y esto presenta un problema para la energía Aries, que existe para forjar su propio camino.

Afortunadamente, la cabeza se apoya sobre una de las zonas más móviles del cuerpo, el cuello. La movilidad del cuello permite girar la cabeza de lado a lado y hacerla rotar en un ángulo de casi 180º. Gracias a esto los órganos de los sentidos pueden apreciar muchísimo del

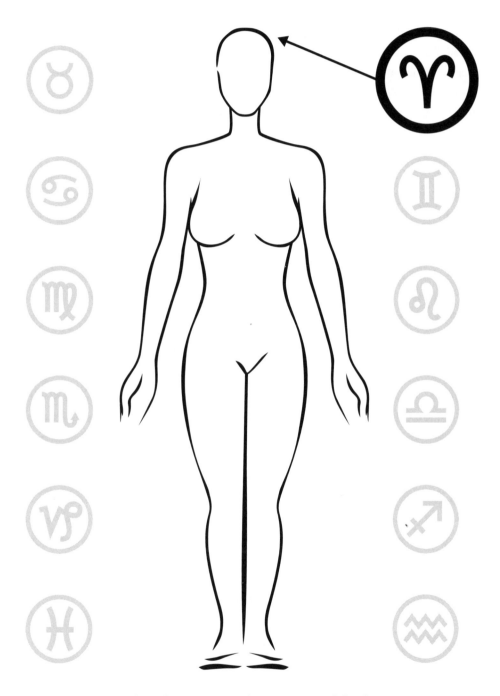

En el apéndice C encontrarás la estructura ósea de la cabeza.

entorno. Además de piel, en la cabeza tenemos los ojos, la nariz y la boca, y son las impresiones que éstos reciben (junto con su procesamiento por el cerebro) las que nos informan de la realidad. Dan la información externa que usa la mente para modelar la interna, y viceversa. Por ejemplo, sin haber visto u oído hablar de un gimnasio no sabrías que existe. Pero una vez que sabes que existe puedes incorporarlo a tu programa normal de salud. Esto es la clave, entonces, para que nuestra naturaleza Aries sintonice todo lo posible con nuestro entorno, de modo que podamos elegir los elementos que mejor funcionan para nosotros.

¿Cuánto captas de tu entorno? Prueba esto para descubrirlo:

1. Lévántate y ve a dar una vuelta de un minuto por tu entorno. Hazlo como lo haces normalmente, mirando esto o aquello como siempre. No sigas leyendo hasta que vuelvas.
2. Cuando vuelvas, escribe diez cosas que has visto.
3. Haz revisión de tu manera de interactuar con tu entorno: ¿Qué viste? ¿Miraste de forma que en tu campo de visión entraran el cielo raso, el suelo y las paredes, o limitaste tu experiencia a lo que tenías delante?
4. Ahora ve a dar otra vuelta, procurando ver más, de modo activo y pleno.
5. Cuando vuelvas escribe cinco cosas que no habías visto antes. ¿Qué elementos notaste que no notaste antes? ¿Qué te exigió eso?

Muchas personas al caminar mantienen la cabeza orientada en una dirección fija, mirando hacia delante (o el teléfono), indiferentes a todo lo que les ofrece el entorno. Mirando solamente al suelo, o escuchando solamente su diálogo interior, no ven la hierba, las personas, el cielo. Los sentidos fijos en una sola dirección sólo reciben una pequeña parte de información. Y sin embargo, desde el punto de vista evolutivo, los sentidos existen por un motivo, para recibir muchísima información del entorno, para que podamos decidir cómo reaccionar, si es que hay que hacerlo. En otras palabras, si no te das cuenta de que hay un león detrás de ti, es clara la posibilidad de que te coma. Así pues, la cabeza, con sus órganos sensoriales y el cerebro que contiene, nos permite estar conscientes.

Las estrellas: Aries

Hazte valer con percepción activa

¿Has oído el dicho: «Como haces una cosa lo haces todo»? Si no, tómate un momento para pensarlo. ¿Cómo caminas por la calle, de modo decidido o como si fueras vagando sin rumbo?

Cuando hablas con personas amigas, ¿cómo acabas las frases, con tono de convicción o de pregunta? Tu forma de caminar, de hablar u otras formas como eliges actuar durante el día son ejemplos de cómo te afirmas o haces valer tu presencia en esta Tierra.

No nos andemos con rodeos, Aries está aquí para hacerse valer, clara y decididamente. Está aquí para declarar su presencia al mundo con un decidido «¡Existo!» y una voluntad para sobrevivir que se refleja en la estación de su nacimiento, la primavera (en el hemisferio Norte). Como la semilla de primavera que sabe que finalmente crecerá y será un árbol, todo Carnero es un pionero, que se abre paso con decisión para avanzar hacia delante y arriba. La energía Aries siempre va dirigida hacia delante. Imagínate al animal cuyo nombre lleva el signo solar, el carnero; con sus largos cuernos, no es fácil disuadirlo; tampoco es fácil disuadir al espíritu Aries. Este espíritu es un formidable compromiso con el verdadero ser y con su finalidad, y al diablo el deber y las expectativas. Y justamente debido a este compromiso brilla el verdadero poder. No se trata del poder que define la sociedad en general, sino el poderoso combustible de un fuego que mora en tu interior, muy al fondo, una fuerza que existe para hacer valer la persona que eres y lo que has venido a hacer.

Vivimos en una sociedad de costumbres y normas, de opiniones y expectativas que viven en los planos consciente y subconsciente y que, en mayor o menor medida, influyen en todos. Por ejemplo, cuando la mente te dice que entres en una cierta universidad para seguir una profesión, con el fin de ganar cierta cantidad de dinero y triunfar, ¿cuánto de ese plan es realmente tuyo? Es una pregunta difícil de contestar, porque la interacción individuo-colectividad nos impregna toda la vida y las decisiones. Pero es posible que esta influencia sea mayor o menor, y en este aspecto Aries va por el lado de la menor influencia, por el lado de arreglárselas y manejarse en la sociedad, y es posible incluso que la desprecie del todo.

Esta concentración en sí mismo es necesaria para el signo zodiacal cargado de autonomía definitoria o, dicho de modo más sucinto, el Yo; es necesaria para el signo relacionado con nuestros pensamientos, mentes, cabezas. Pero no confundamos un énfasis en el yo con la arrogancia. ¿Pueden estar conectados? Por supuesto; pero no tienen por qué estarlo. El yo puede vivir en su estado más simple: el reconocimiento de que la persona es un individuo, diferente de los demás en una multitud. Y esto significa que cuando miramos el entorno y oímos lo que dicen los demás no perdemos de vista quiénes somos ni lo que deseamos. Tomemos, por ejemplo, al líder de los derechos civiles Booker T. Washington, que era Aries. Nació esclavo, y después de la abolición de la esclavitud se las arregló para entrar a estudiar en un instituto, en una época en que todos le decían que eso era imposible y que no era su lugar. Pero estaba tan consagrado a ser lo mejor que podía ser que no sólo consiguió terminar sus estudios sino que, finalmente, se convirtió en líder y primer director del Tuskegee Institute (universidad privada, tradicionalmente dirigida a la comunidad negra) y, además, en consejero de los presidentes Theodore Roosevelt y William Howard Taft, con lo que fue uno de los primeros líderes políticos negros del país. Su sistema de autorrealización se reflejaba en sus creencias cuando abogaba por el progreso mediante educación y trabajo, no con protestas en contra de las leyes de segregación, como era la norma en ese tiempo. Sus propuestas provocaban controversias, pero él se mantuvo firme y, en consecuencia, logró conseguir financiación para construir escuelas rurales y asociaciones de comerciantes o trabajo para los afroestadounidenses, cosas que antes no existían.

Así pues, Washington es un Aries modelo, y modelo para cualquiera que desee incorporar las fuerzas de Aries, concentrándose en su yo y en lo que desea. Conocía sus necesidades y para satisfacerlas luchó contra todas las desventajas. El psicólogo del desarrollo Abraham Maslow dice: «Lo que un hombre puede ser, debe serlo. Debe ser fiel a su naturaleza; esta necesidad podríamos llamarla autorrealización [...]. A esta necesidad podríamos llamarla deseo de ser cada vez más de lo que es la idiosincrasia de la persona, ser todo lo que se es capaz de ser».[2]

Es decir, estamos aquí para autorrealizarnos, para definir y hacer valer nuestro camino; y esto sea cual sea ese camino, mientras sea el nuestro. Cuando decimos lo que pensamos, es la naturaleza de Aries la que encarnamos. La propia naturaleza no puede ni debe ser limitada por las perspectivas de los demás, aun cuando con ello arriesguemos la desaprobación de padres y compañeros. ¿Debemos escuchar las perspectivas de los demás? Claro que sí, pero para usarlas como información, como datos que representan aspectos diferentes de lo que nos ofrece el mundo. Con tantos aspectos, cuanto más conscientes de ellos seamos, tanto mejor. Recuerda que Aries, del comienzo del ciclo zodiacal, es el recién nacido metafísico. Y tal como un recién nacido, nuestra naturaleza Aries atiende a los aspectos de nuestro entorno que nos llaman y dirigen la atención de la conciencia, aunque con la capa del pensamiento racional desplegada sobre la reacción instintiva.

> ♈ En 1943 Abraham Maslow proponía su jerarquía de necesidades en un artículo. Actualmente esta jerarquía se presenta en forma gráfica en la famosa pirámide de necesidades básicas: de abajo arriba, fisiológicas, seguridad, pertenencia a una comunidad y cariño, estima y autorrealización. Un añadido posterior, y controvertido, es autotrascendencia.

¿De cuánto de tu entorno tienes conciencia, te percatas o conoces? Esta forma de conocimiento es la percepción consciente del mundo que nos rodea, desde lo que se ve (una tienda, por ejemplo) a lo que no se ve (una emoción, como la ira). Es un estado de percepción que existe de forma activa y pasiva. Llamaríamos percepción pasiva a la recepción de experiencias sensoriales, sin intentarlo, sin desearlo e incluso sin darnos cuenta de que las

---

2. Abraham H. Maslow, *Motivation and Personality*, Harper & Row, Nueva York, 1970, segunda edición, pág. 46.

recibimos. Por ejemplo, con la visión periférica vemos, fuera del campo de la visión central, en un ángulo de 100° por cada lado, 60° por el medio, 60° por arriba y 75° por abajo; esto significa que cuando vas por la calle mirando tu móvil, los escaparates de las tiendas entran en tu visión periférica aunque no los mires. Percepción activa, en cambio, es una mirada o atención intencional, por ejemplo, cuando vas por la calle y miras los escaparates de las tiendas que te interesan. Es importante cultivar esta atención intencionada, porque cuantos más caminos percibe Aries, más capaz es de elegir el que le conviene, aquel que afirma mejor sus pensamientos e intereses.

Dicho esto, si bien la energía Aries sintoniza más con lo que su entorno puede hacer por él, es necesario que tenga un ojo puesto en el efecto que causa él en su entorno. Si no, podría extraviarse en las maquinaciones de su mente, sus deseos y necesidades, y olvidar los de los demás. Éste es un peligro de dejarse llevar exclusivamente por la naturaleza Aries: al intentar ser más independientes corremos el riesgo de estar demasiado en nuestras cabezas, absortos en nosotros mismos.

La mejor historia de advertencia contra esto es la de un Aries cuyo afán por afirmar su individualidad a toda costa lleva a una enorme destrucción de su entorno; es la historia de Jasón y la búsqueda del vellocino de oro, mito griego relacionado con la constelación Aries. Jasón, joven valiente y seguro de sí mismo, sale del anonimato para hacerse valer como el rey legítimo de un reino cuyo trono le habían robado a su padre. Para abreviar, pues es una historia larguísima, se le da la oportunidad de recuperar el trono a cambio de traer el vellocino de oro. Se creía que este vellocino especial era inalcanzable, pero Jasón, como buen Aries, acepta el reto. Reúne una tripulación de héroes en un barco llamado *Argos* y recupera el vellocino.

Eso sí, no consigue el éxito sin luchas y dificultades, que supera gracias a la ayuda de Medea, hechicera que, mediante una flecha de Eros, se enamora apasionadamente de él. Medea hace inmensos sacrificios para ayudarlo (uno de ellos, matar a su propio hermano) y finalmente abandona al resto de su familia para convertirse en su esposa. Jasón le promete que cuando regresen a Grecia la va a adorar por lo que ha hecho.

Pero cuando el héroe regresa a su país, lo ciegan las ambiciones de realeza. Repudia a Medea, minimiza el papel que tuvo en su éxito y decide casarse con otra mujer, una que aportará fama a su trono. Dolida, Medea aplica la hechicería para despojarlo de todo, e incluso mata a su novia o flamante esposa. Y así, por último, Jasón acaba furioso, solo y absolutamente incapaz de ver que fueron sus pensamientos y actos lo que lo llevaron a su desgracia. Suspiro. Si hubiera podido ver su situación tal como era, que no como deseaba que fuera, habría conseguido toda la gloria que le correspondía por derecho de nacimiento.

Si sólo vemos lo que queremos ver iremos por la vida con anteojeras, a trompicones. Las anteojeras son saludables instrumentos para disminuir las distracciones y mejorar el enfoque, pero sólo van bien si antes hemos tenido la ocasión de ver lo que hay arriba, abajo y detrás. Al reunir todo un espectro de información, nos aseguramos de que el camino elegido es el correcto e incorporamos un conocimiento del mundo que nos rodea.

Lecciones

La mente se forma argumentos de la información que recibe la cabeza. Por ejemplo, si leemos acerca de un nuevo plan dietético y le encontramos sentido intelectual, podríamos decidir que es una buena opción; entonces el argumento sobre alimentación sería: «Solamente como X, Y y Z». Si esto está en sintonía con nuestra verdad personal, pues entonces vamos a comer de acuerdo a lo que desea la mente y necesita el cuerpo. Pero si no está en sintonía, nos vamos a pasar el día comprando, pensando en y comiendo alimentos que sirven mejor al intelecto que a la forma física.

Ya centren la atención en los alimentos o en Foucault, las maquinaciones mentales pueden originarse en diversas fuentes: el yo, la familia, la sociedad, el colegio, y Aries está aquí para descifrar su pertinencia y autenticidad personales. Esto es egocentrismo en su mejor aspecto siempre que el yo de Aries surja de nuestra mayor verdad y reconozca que ésta es una entre muchas. Si logramos conseguir este precioso equilibrio, vamos a vivir eficazmente la lección zodiacal de Aries: definir y afirmar nuestra independencia en sinergia o coordinación con el entorno.

Pero si no logramos identificarnos ni encontramos la manera de congeniar con las personas que nos rodean, surge el lado oscuro de Aries. Nuestro Carnero interior se vuelve irritable, las cosas nunca resultan como se planearon y él le va a echar la culpa a los demás de lo que considera un fracaso. Negándose a poner en duda sus convicciones interiores, no entiende esa falta de logros externos. Ve algo malo en su entorno, y no ve los argumentos anticuados que pasan por su cabeza ni la necesidad de más percepción. Cuando ocurre esto, la energía del Carnero se siente frustrada. Él lo siente como si, por falta de ejecución externa, sus formidables ideas y planes tengan que continuar por fuerza en su cabeza. En la naturaleza, los carneros dan cabezazos a sus enemigos; en este caso, será el Carnero Aries que dé cabezazos, no sólo a los demás sino a sí mismo también. Siendo la zona corporal relacionada con Aries, la cabeza retiene su energía. La energía que no se puede liberar constructivamente se queda estancada dentro, y se manifiesta como ideas y sentimientos frustrados. Aumenta la tensión, y a medida que hay más energía bloqueada, Aries siente la cabeza más y más pesada, atiborrada.

Manifestaciones físicas de la energía Aries estancada o bloqueada podrían ser:

★ Dolor de cabeza

★ Migraña

★ Catarro

★ Infección de oídos

★ Rechinar de dientes o infección dental

★ Irritación de los senos nasales

★ Manchas en la cara

★ Congestión nasal o en la cabeza

★ Tensión o rigidez en la mandíbula

En cambio, si sabemos muy bien quiénes somos y lo que hemos venido a realizar aquí, nuestro Carnero es una fuerza formidable. No obstante, si no tiene una cierta humildad, podría explotar su energía para hacerse valer y pasar por encima de todos o de todo lo que considere que se interpone en su camino. Podría arremeter contra cualquiera que se atreva a oponerse, en último término se causaría más daño que bien. Y en lugar de hacer caso a los consejos que le den, continúa obstinadamente aferrado a sus ideas. Normalmente el fracaso no es una opción para nuestro lado Aries, pero en este caso se convierte en eso que suele llamarse profecía que lleva en sí su cumplimiento.

Entre las manifestaciones físicas de una naturaleza Aries explosiva tenemos:

★ Dolor de cabeza

★ Migraña

★ Catarro

★ Dolor de muelas, infección

★ Audición disminuida

★ Infección en los ojos

★ Manchas en la cara

★ Caída del cabello

¿De cuánto se percata tu cabeza? Ya sea que la sientas atiborrada, explosiva o en algún punto intermedio, la clave es escuchar a tu cuerpo y darle lo que necesita. Despierta a tu Aries interior con las preguntas y ejercicios siguientes.

Tu cuerpo y las estrellas

Lo siguiente te servirá a modo de guía personal para incorporar las estrellas de Aries. Úsala para hacerte valer con la percepción activa.

Preguntas

★ ¿Quién eres, en realidad? Escribe una lista de adjetivos que te describan en tu esencia (por ejemplo, inteligente, apasionada/o).

★ Mira tu lista y rodea con un círculo los tres adjetivos principales que deseas afirmar más durante el día. ¿Qué tendrías que hacer para que eso ocurra? ¿Qué te impide hacerte valer de esa manera?

★ Cuando te haces valer, ¿qué efecto tiene eso en los demás (amistades, otras personas de tu entorno)? ¿Puedes hacerte valer de una manera más eficaz?

★ ¿Percibes activamente tu entorno? Cuando vas por la calle, ¿mantienes la cabeza fija en una posición, o miras intencionadamente alrededor?

★ ¿De qué manera tu entorno te facilita u obstaculiza seguir tu camino?

Ejercicios

Afirmación con la cabeza: Para una mejor afirmación personal

Conoce quién eres y manifiéstalo. Comienza con el movimiento de afirmación con la cabeza, de Pilates, que fortalece los músculos que rodean la cabeza para que se asiente bien sobre el cuello. Una cabeza bien puesta dice muchísimo del sentido de identidad. Se mantiene estable y bien apoyada, no bamboleándose como un muñeco tentetieso. Esta estabilidad da una firme convicción (una buena cabeza sobre los hombros, si quieres) que te sirve para luchar por lo que eres y por lo que has venido a hacer.

1. Tiéndete de espaldas con las piernas flexionadas y las plantas bien apoyadas en el suelo, los brazos extendidos a los costados con las palmas hacia arriba.

2. Encuentra una posición relajada para la cabeza, en posición paralela al cielo raso y que mantenga la curva natural del cuello.

3. Haciendo una inspiración baja el mentón hacia el pecho. Siente este movimiento como un estiramiento del cuello, no como una compresión.

4. Espira y vuelve la cabeza a su posición neutra.

5. A la siguiente inspiración, mueve el mentón hacia arriba; la sensación también es de estiramiento del cuello.

6. Espira y vuelve la cabeza a la posición relajada, neutra.

7. Repite diez veces y termina con la cabeza en la posición inicial.

Los movimientos de la cabeza deben ser lentos y cortos, de forma que tanto en la flexión (mentón hacia abajo) como en la extensión (mentón hacia arriba) el cuello se sienta apoyado; y no olvides volver siempre a la posición neutra o relajada; ésta se aproxima a la posición en que mantienes la cabeza cuando estás de pie.

Flexión hacia delante, de pie: Para renovar el sentido del yo y del entorno

Cada día al caminar tenemos la perspectiva que nos da nuestra postura erguida; es la situación normal para el ser humano. Pero a veces es necesario tener una visión del mundo al revés. Necesitamos ver las mismas cosas de diferente manera, para crecer. Con esta flexión das una nueva perspectiva a lo que reciben tus sentidos.

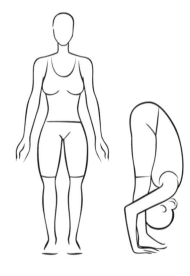

1. Colócate de pie en posición neutra, natural, con los pies separados a la distancia del ancho de las caderas, y los brazos extendidos a los costados. Conéctate con lo que sientes.

2. Al espirar, baja lentamente la parte superior del cuerpo, comenzando por la cabeza, el cuello, la espalda, vértebra a vértebra, la cintura, hasta que quede flexionada la parte inferior de la espalda y las manos toquen el suelo. Si no llegan al suelo, colócalas delante de las piernas a modo de apoyo.

3. Relájate en esa posición flexionada, sea cual sea el grado de flexión que hayas logrado. Procura que no haya ninguna tensión en la cabeza ni en el cuello. Puedes cerrar los ojos.

4. Mueve varias veces la cabeza en gesto afirmativo. Luego de lado a lado en gesto negativo. Y vuelve a moverla en gesto de asentimiento.

5. Continúa la flexión unos cuantos segundos más, de modo que la sangre fluya hacia la cabeza.

6. Si has cerrado los ojos, ábrelos y mira alrededor desde esa perspectiva. Continúa así un momento para asimilar lo que ves.

7. Al inspirar, vuelve lentamente a la posición erguida, enderezándote en el orden inverso, la parte inferior de la espalda, la cintura, vértebra por vértebra, cuello y cabeza.

8. Ya en posición erguida, cierra los ojos y permance así un momento. Nota si hay diferencia en cómo te sientes ahora comparado a cómo te sentías antes de comenzar el ejercicio. Por ejemplo, ¿sientes hormigueo, notas más apertura, relajación?

Meditación sónica: Para la percepción activa del entorno

Pasa de las maquinaciones de la mente y entra en la percepción expandida. En el interior siempre tenemos una mayor percepción de nosotros mismos y del entorno; a veces sólo necesitamos acallar la mente para encontrarla. La meditación acalla la mente mediante un enfoque disciplinado. Algunos investigadores proponen la teoría de que en las sociedades primitivas, cazadoras-recolectoras, podrían haber descubierto el enfoque meditativo contemplando las llamas de sus fogatas. A lo largo de los siglos y de muchas sociedades, la meditación fue evolucionando hasta convertirse en una práctica más estructurada. Por ejemplo, en las escrituras hindúes (vedas) más antiguas, de hace unos cinco mil años, se han encontrado menciones a técnicas de meditación, y alrededor del año 500 a.C., Buda hizo de la meditación un principio esencial de su filosofía. Hay muchas formas de meditar y aún más puntos de enfoque. La siguiente meditación centra la atención en los sonidos del entorno inmediato; de este modo la mente pasa de sus historias y se dirige al entorno.

1. Elige un lugar y una hora en que no vayas a tener interrupciones. Desconecta el teléfono y pon un temporizador o despertador para que te avise cuando hayan pasado los diez minutos para esta meditación.

2. Siéntate en el suelo en una posición cómoda, sobre un cojín o bloque si es necesario, y con las piernas cruzadas. Si no te es posible cruzar las piernas, busca una posición más fácil, con la espalda erguida; si esto no es posible, siéntate en una silla. La mejor posición sentada es la que puedes mantener cómodamente durante los próximos diez minutos.

3. Apoya las manos en el regazo con las palmas hacia arriba. Cierra suavemente los ojos.

4. Concentra la mente en un sonido que oigas donde estás: del tráfico, de grillos, o del agua de un grifo abierto. Mantén la atención en el sonido simplemente escuchándolo.

5. Cuando notes que te vaga la mente y estás pensando en otra cosa, al instante vuelve al acto de sintonizar con tu entorno y concentrarte en un sonido. Esto no lo consideres derrota ni fracaso, nos ocurre a la mayoría. La concentración requiere práctica periódica, y a eso se debe que la meditación se considere una práctica.

6. Cuando suene el temporizador o despertador, continúa en la posición sentada con los ojos cerrados y permanece así un momento. Antes de continuar con las actividades del día, reflexiona sobre esta experiencia.

Si te amedrenta la idea de hacer diez minutos de meditación, siéntete libre para hacerla el tiempo que te parezca factible (por ejemplo, dos o cinco minutos). La parte más importante de cualquier meditación es sencillamente estar presente para hacerla. Con el tiempo irás aumentando naturalmente la duración de tu meditación.

Tetera neti:[3] Para despejar la cabeza

Los yoguis han usado la tetera neti durante miles de años para hacerse el *jala neti*, o limpieza nasal. Es posible que estés más familiarizada/o con su equivalente moderno, la irrigación nasal. Ya sea entonces o ahora, la práctica es similar y consiste en hacer pasar una solución de agua con sal por las fosas nasales. Aunque es una práctica muy sencilla, es necesario un cierto valor para intentarlo. Pero los beneficios bien valen el esfuerzo pues se cree que, entre otras cosas, reduce los síntomas de alergia y sinusitis, descongestiona la nariz y mejora el olfato y el gusto. Comprueba cómo esta antiquísima práctica te despeja toda la cabeza. Y aunque no sientas pesada o atiborrada la cabeza, comprueba cómo siempre hay una oportunidad de hacerla más receptiva para percibir cosas que no percibías antes.

1. Pon agua tibia en la tetera neti y añade no más de un cuarto de cucharadita de sal.
2. Inclínate sobre el lavabo o fregadero y ladea la cabeza.
3. Inserta el pico de la tetera en la fosa nasal que queda arriba de forma que te la tape de manera cómoda.
4. Inspira con la boca abierta.
5. Deja pasar lentamente el chorro de agua por esa fosa nasal para que salga por la otra fosa hasta caer en el lavabo. Usa la mitad de la solución.
6. Sopla suavemente y varias veces con la nariz para despejar las fosas nasales. No te las aprietes.
7. Con la otra mitad de la solución repite la operación por la otra fosa.
8. Después de soplar para despejar las fosas, sécate la nariz con una toalla de tela o de papel.

Nota: Si eres principiante, deberás experimentar con esta técnica varias veces hasta encontrar la mejor posición. Es posible que te caiga agua en la garganta, y la sensación es similar a cuando entra agua por la nariz. Para minimizar la posibilidad de que ocurra esto, no hables ni te rías mientras lo haces. Aunque es probable que experimentes cierta molestia, por ser una sensación nueva, desconocida, si te resulta muy desagradable deja de hacerlo.

Mascarilla exfoliante: Para mostrar tu verdadero yo

Las células de la piel se regeneran cada veintisiete días más o menos, lo que significa que cada mes presentamos una nueva cara al mundo. A lo largo de los siglos se ha comprendido el valor de esta renovación y se ha practicado aplicándose mascarillas faciales. Por ejemplo, se

---

3. En inglés, *neti pot* es una tetera pequeña especial, de pico más largo que el normal. En Google aparecen muchas fotos, explicaciones y lugares donde comprarla, e incluso la forma de fabricarse una. *(N. de la T.)*

dice que Cleopatra usaba una mascarilla de arcilla cogida del barro del mar Muerto, y las personas de la realeza de las dinastías chinas preparaban tónico para la cara con piedras preciosas molidas, por ejemplo, perlas y jade. Si no puedes procurarte piedras preciosas molidas, no desesperes: ingredientes sencillos, como la avena con miel, van muy bien. Esta mascarilla de avena elimina suavemente las células muertas, estimulando su renovación. Úsala para reflejar un renovado sentido del yo o cuando desees invocar uno.

1. Compra avena machacada o harina de avena basta, no totalmente molida.
2. Cuece una ración siguiendo las instrucciones que aparecen en el paquete.
3. Déjala enfriar hasta que esté tibia.
4. Lávate y sécate la cara como siempre. Aplícate una capa de esta avena por toda la cara y déjatela entre diez y quince minutos.
5. Quítate la mascarilla con un paño y agua fría.

Beneficio extra: Puedes añadir miel a la avena hervida antes de dejarla enfriar, unas dos cucharaditas; esto la hará más humectante.

Ejercicio «Existo»: Para tener confianza en quién eres

El lema de Aries es «Existo». Y a veces hay que decirlo para creerlo. Emplea los tres adjetivos que te describen en tu esencia (tomados de las dos primeras preguntas de la pág. 20) o elige otros tres que desees invocar, para recordarte quién eres. Por ejemplo «Soy poderosa/o», «Soy

Una frase similar a «Existo» la acuñó el matemático y filósofo Aries René Descartes: «Pienso, luego existo». Dado su signo zodiacal es apropiado que esta central de energía mental usara el pensar para validar la existencia; claro que hay muchas alternativas, como «Siento, luego existo», «Respiro, luego existo», etcétera.

guapa/o», «Soy inteligente». Sean cuales sean los adjetivos que elijas, dilos en voz alta para ti, mirándote en el espejo. Repítelos todas las veces que sea necesario para creerlos. Y luego entra en el mundo y muestra que lo eres.

Resumen

La cabeza es la zona relacionada con Aries. Con los cinco sentidos (y el cerebro que los procesa) gobierna nuestra percepción del mundo y el sitio que ocupamos en él.

★ Aries es el primer signo del ciclo del zodiaco. Su energía está relacionada con quiénes somos y con lo que hemos venido a hacer aquí, junto con la voluntad de hacerlo ocurrir.

★ Si tu enérgica naturaleza Aries es sofocada o, en el otro lado del espectro, no la controlas (tú), podrías experimentar diferentes síntomas en la cabeza, por ejemplo, pesadez o sensación de atiborramiento, catarro nasal, dolor de cabeza.

★ Sintoniza con tu Aries interior mediante preguntas, ejercicios y actividades que centren la atención en tu cabeza. Haz esto para renovarte, lo que forma parte integral del Carnero y la estación de su nacimiento: la primavera.

3

El cuello del Toro

♉ TAURO

Fecha de nacimiento: 20 de abril – 20 de mayo
Zona del cuerpo: Cuello
Tema: Trasciende lo material exaltando lo sensual

Tauro, el segundo signo, construye sobre el conocimiento de Aries. Ha crecido un poco desde el tiempo de su Aries recién nacido y ya anda; es capaz de identificar su yo y proyecta este conocimiento hacia el mundo; esto lo hace tocando, cogiendo y llevándose a la boca todo lo que está a la vista, para conocer su sabor. Aries entra en el mundo con el lema «Existo», y Tauro le sigue con «Tengo»: ve lo que le ofrece la Tierra y desea hacerse con ello. En efecto, como signo de tierra Tauro tiene un gusto innato por el dominio material y todos sus tesoros: por ejemplo, mucho dinero, el arte atemporal, la buena comida, una vida sexual fabulosa. La Tierra es un patio de recreo para los sentidos, y ha venido a expresar el aprecio por las experiencias sensoriales en su grado más exaltado.

El cuerpo: el cuello

El toro es un bovino de apariencia distintiva, notable por su cuerpo grande (puede llegar a pesar unos mil kilos) y un cuello también grande. El cuello del toro es una zona tan prominente que en la jerga médica se emplea la expresión «cuello de toro» para referirse a una persona cuyo cuello está agrandado (normalmente debido a hipertrofia de los músculos o a la hinchazón de los ganglios linfáticos). Dada la relación entre el toro y su cuello, no es de sorprender que el cuello sea la zona corporal relacionada con el Toro del zodiaco, Tauro.

El cuello es la parte estrecha del cuerpo que une la cabeza con el tronco, formado por siete huesos llamados vértebras (las cervicales). Estas vértebras forman sólo una parte de la columna vertebral o raquis, que recorre toda la espalda, y comúnmente se la llama espina dorsal o espinazo. La columna tiene diferentes tipos de vértebras, y las del cuello son las más delicadas. La vértebra es de estructura delgada para facilitar la movilidad, y aquí y allá tiene agujeros por donde pasan los vasos sanguíneos y los nervios hacia y desde la cabeza.

> ♉ El cuello de casi todos los mamíferos, entre ellos los seres humanos, los toros e incluso las jirafas, tiene siete vértebras.

Pero aunque es delicado, el cuello no es débil, soporta la cabeza, que tiene el tamaño de un bolo, y al mismo tiempo la mueve. De hecho, la zona cervical tiene la mayor movilidad de toda la columna, hasta noventa grados de rotación en cada dirección. Con este grado de flexibilidad, el cuello mueve la cabeza y, junto con los ojos, los oídos, la nariz y la boca, nos permite percibir suficientemente bien el entorno.

Sin embargo, mover la cabeza para que reciba información sensorial sólo es la mitad de su tarea. El cuello es también responsable de la comunicación de esa información que hacemos al resto del mundo. Esto lo hace mediante las cuerdas vocales, que son dos pliegues de tejido membranoso situados en la tráquea, que vibran de modo mecánico y producen el sonido de la voz y luego la palabra; son el don de labia de la evolución.

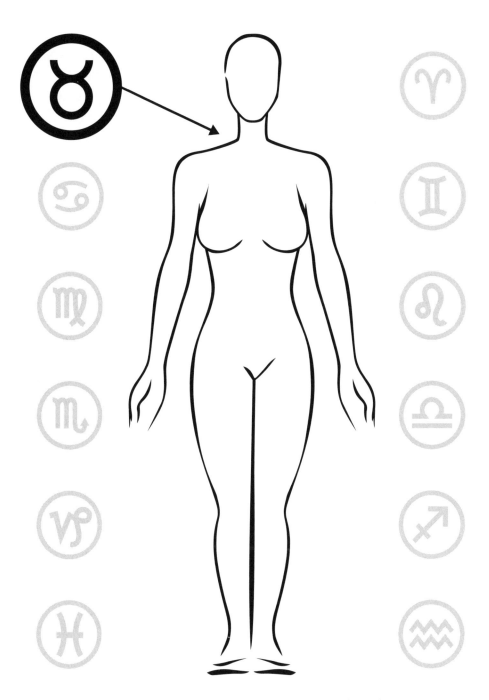

La estructura ósea o esquelética del cuello la encontrarás en el Apéndice C.

Las palabras son uno de los primeros modos de expresión. Las palabras comunican al mundo externo los pensamientos, sensaciones y sentimientos internos. Las palabras que elegimos, junto con la forma en que elegimos decirlas, no sólo reflejan cómo nos vemos o consideramos sino también la idea que tenemos de eso. Es imperioso, por lo tanto, que las palabras que dice Tauro expresen su naturaleza en toda su extensión o medida, desde lo práctico a lo apasionado, desde lo corpóreo o físico a lo culto o refinado; no un solo lado del espectro sino los dos. El Toro necesita informarse con precisión sobre las tasas de interés para un préstamo tanto como necesita elevarse contemplando la bella decoración de su casa. Si nuestro Toro interior expresa sólo una parte de nuestros pensamientos y sentimientos, sólo expresamos una única parte. Y el resto de los pensamientos y emociones no desaparecen por arte de magia; continúan dentro del cuello, alojados en forma de estrés o tensión.

Por desgracia la tensión del cuello se produce con mucha facilidad y puede deberse a diversos motivos. Por el lado físico, se produce tensión en las articulaciones, músculos y ligamentos del cuello a consecuencia de una mala postura de la cabeza y el cuello, como, por ejemplo, cuando sin darnos cuenta tenemos la cabeza inclinada o ladeada, ya sea en posición sentada, de pie, al caminar o cuando estamos leyendo. Dado que la expresión vocal óptima supone la buena posición de las cuerdas vocales, y esto ocurre cuando el cuello está bien posicionado entre la cabeza y el tronco, si alteramos la alineación del cuello (y por lo tanto de las cuerdas vocales), alteramos también la capacidad para expresarnos. Tómate un tiempo para ver o descubrir el estado de tu cuello. Observa cómo está alineado entre la cabeza y el tronco:

1. Ponte de pie ante un espejo y gírate un poco para verte de perfil. Ponte como lo harías normalmente si no estuvieras prestando atención a tu postura (sin hacer trampa).
2. Gira la cabeza lo mínimo posible, mira hacia el espejo y observa si tienes la cabeza y el cuello echados hacia delante.
3. Si lo están, recupera su alineación sobre el tronco de modo que la cabeza, el cuello y la espalda estén en línea recta, y los lóbulos de las orejas queden directamente sobre los hombros; si tienes los hombros encorvados, enderézalos también.
4. Observa la diferencia de esta nueva alineación comparada con la anterior. Esta alineación se acerca más a tu ideal.

En nuestra sociedad moderna muchas personas llevan perpetuamente la cabeza inclinada. En esta posición la cabeza y el cuello sobresalen por delante del tronco, como si dirigieran el espectáculo. Es posible que adoptes esa posición cuando vas por la calle o estás sentada/o ante la pantalla del ordenador. Pero aunque es una pieza importante, la cabeza no está hecha para sobresalir de esa manera. Debe estar posada directamente encima del corazón, con el cuello haciendo de puente. De esa manera el cuello expresa lo mejor del mundo de los sentimientos del corazón y del mundo de los sentidos que están en la cabeza.

Las estrellas: Tauro

Trasciende lo material exaltando lo sensual

Trascender es superar alguna forma de limitación. En matemáticas, por ejemplo, los números trascendentales, como Π y e, superan los límites algebraicos; en la filosofía trascendental (cuyo padre fundador, Immanuel Kant, tenía a Tauro por signo solar y signo ascendente) el conocimiento es trascendental si va más allá del objeto, si va al modo de conocer el objeto. Se interprete como se interprete, en el trascendentalismo la mente percibe la realidad física y luego dice: «Oye, que hay más todavía». Esta mentalidad es especialmente característica de nuestra naturaleza Tauro. A nuestra Tauro le gusta el mundo material, pero el disfrutarlo la induce a pasar más allá de lo material que tiene a mano.

La Tauro que vive en cada uno de nosotros encuentra placer en las cosas materiales que tiene y retiene, y trabaja arduo para tenerlas. Como la constelación relacionada, el Toro, la persona Tauro tiene una naturaleza perseverante y práctica. No es de extrañar entonces que le encanten las cosas buenas que puede comprar el dinero. Representan la recompensa a su paciencia, a su perseverancia en un trabajo y en hacerlo bien. Pero la energía Tauro plenamente realizada trasciende la realidad material y valora su naturaleza superior, pasando más allá de su forma física y entrando en el dominio de las emociones, la mente y el espíritu.

Tomemos, por ejemplo, el alimento o la comida. Como todo lo demás del mundo material, el alimento está hecho de materia, y es algo que se puede consumir simplemente por ser alimento. O puede ofrecer una experiencia trascendental, de la que no hay mejor ejemplo que la magdalena (ese pequeño bollo de bizcocho) que hiciera famosa el escritor Marcel Proust (cuyo signo lunar era Tauro) en su obra clásica *En busca del tiempo perdido*. Un día a la hora del té, la experiencia de comer una magdalena no se limitó simplemente a comerla sino que lo transportó por el tiempo y el espacio. Un delicioso bocado le recuerda el sabor del desayuno de los domingos cuando era niño, el sonido de las campanas de la iglesia y el cariño por su difunta tía. Es decir, la magdalena le ofrece un festín para los sentidos, un campo de experiencia que supera o trasciende con mucho lo que ofrecen los carbohidratos.

Claro que a veces, por citar al psicoanalista Tauro Sigmund Freud, una magdalena es sólo una magdalena. Sin duda los objetos se pueden disfrutar en lo que son, sin tener por qué evocar otras cosas. En realidad, la vida cotidiana sería todo un reto si cada vez que tomáramos un bocado tuviéramos que entrar en un estado elevado de conciencia. Pero éste es el estado que nuestra Tauro interior está llamada a encarnar. Dada su disposición a estar tan íntimamente ligada a la tierra, Tauro debe aprender a no quedarse atrapada en su naturaleza terrena; está aquí para usar la forma física a modo de base para las experiencias aún más fabulosas que existen más allá de lo que podemos coger con las manos y ver con los ojos.

Desde el libro que tienes en las manos a las manos que lo tienen, el mundo material te constituye y te rodea. El componente básico de este mundo material es el átomo, que en cantidad de billones y billones forman el mundo que vemos, tocamos, saboreamos, oímos y olemos. Y aunque los átomos no son entidades sólidas, la interacción entre sus campos electromagnéticos producen la ilusión de solidez, por lo cual percibimos un mundo lleno de cosas.

> ♉ Los átomos son casi enteramente espacio vacío. Pero si cogiéramos todos los átomos del mundo y elimináramos el espacio que los separa, una cucharadita de la masa resultante pesaría unos cinco mil millones de toneladas.

Tauro se siente a gusto, cómoda, en el dominio de las cosas, en especial las lujosas. Le encanta el lujo, desde joyas finas a guantes de piel, y desde comidas para gastrónomos a perfumes exóticos. Le produce un inmenso confort saber que son durables y de naturaleza aparentemente sólida. Es como si tener muchas cosas le sirviera para continuar conectada con la cosa más grande, la Tierra.

La conexión con la Tierra trae cosas buenas. Pero, ¡cuidado, comprador! Nuestra naturaleza Tauro podría apegarse a nuestras pertenencias; podríamos olvidar que el agrado de tenerlas no es por el objeto en sí sino por la experiencia de saber lo que trae. Somos más que cualquiera, o que la suma, de nuestras posesiones. Puede que las posesiones nos faciliten las experiencias que nos hacen felices, pero en último término esa felicidad surge de nuestro interior.

> ♉ Desde hace mucho tiempo se ha relacionado a Buda con Tauro. En realidad, se cree que nació, fue iluminado y murió durante los meses del signo, abril y mayo. Si esto es cierto, entonces quiere decir que al idear una filosofía que se centra en el desapego, aprendió y enseñó la más importante de las lecciones de Tauro.

Así pues, no te conviertas en un rey Midas, ese rey mitológico que convertía en oro todo lo que tocaba (incluso a su hija) y después no podía disfrutar de ninguna de esas cosas. Ciertamente debes disfrutar de los frutos de tu trabajo, arduamente ganados, pero si tu fin último es obtenerlos, nunca te sentirás satisfecha/o, por mucho que tengas. Por ejemplo, trabajarás arduo para comprarte un coche fabuloso, continuarás trabajando para pagar su mantenimiento, seguirás trabajando para comprarte un segundo coche y diez años después te darás cuenta de que nunca has usado los coches para hacer excursiones por placer ni para disfrutar de los trayectos. Estarás tan concentrado en adquirir cosas físicas que te perderás el gran placer que te ofrecen.

El plano físico nos ofrece muchos placeres mayores. Como decíamos en el capítulo de Aries, los órganos de los sentidos (ojos, oídos, lengua, piel, nariz) nos dan información que luego procesa el cerebro. Por ejemplo, cuando leemos un poema, las palabras se reflejan en la luz, que entonces pasa por la córnea, el iris y el cristalino hasta llegar a la retina, donde las neuronas (conos y bastones) convierten esta luz en impulsos eléctricos. Entonces el nervio óptico envía estos impulsos al cerebro, donde se forma una imagen y podemos leer. Esta compleja cadena de hechos es extraordinaria en sí misma. Pero si has leído un poema, o cualquier palabra escrita, sabes que tu experiencia al leer es mucho más que eso. Porque además de ver físicamente las palabras, seguro que piensas o sientes algo. Tal vez al leer un ensayo te formas una opinión, un libro te gusta, o un artículo te estimula a estudiar. A las palabras que ven tus ojos las acompaña un conjunto infinito de impresiones.

Así pues, los poemas son algo más que palabras escritas en el papel, así como los cuadros son más que imágenes; la mayor belleza de los poemas y cuadros, como la de cualquier cosa considerada arte, está en las historias que cuentan o expresan y en los sentimientos que inspiran. Esto significa que los sentidos son algo más que una reacción fisiológica, ya que producen sensaciones mentales, emocionales y espirituales. En este aspecto los sentidos existen en una forma exaltada, van más allá de lo que ven los ojos, huele la nariz, oyen los oídos, etcétera. Un sentido exaltado se anuncia en el plano material como también en uno superior, como los dominios del pensamiento, el sentimiento y la inspiración.

Ver, oler, saborear, tocar. Si bien la Tauro que vive en nosotros es fabulosa para experimentar sus sentidos en su nivel básico, está aquí para evocar sus formas exaltadas. No hace falta que escriba poemas o pinte cuadros, sino que se beneficie de estar rodeada por la belleza de la Tierra, de todos sus magníficos colores, texturas y sonidos. La sensibilidad sensual ofrece el complemento perfecto a su naturaleza paciente, perseverante, trabajadora, orientada a lo material. Es ese lado de ella el que se detiene a

> En astrología la palabra exaltación alude a la relación de un planeta con un signo del zodiaco en la que se amplifican sus energías y potencial. Por ejemplo, para la Luna el signo de exaltación es Tauro, de modo que cuando la Luna está exaltada al transitar por Tauro se intensifican sus cualidades relativas a los cinco sentidos.

oler las rosas después de pasar meses trabajando en el jardín. Y en la sociedad moderna (dejemos en paz al Toro con la nariz pegada al suelo que hay en todos nosotros) detenerse a oler algo no es hazaña fácil; requiere intención y práctica. Pero incluso el verdadero bovino aparta la nariz del suelo y levanta el cuello para mirar al cielo; lo mismo hace Tauro para elevar nuestros deseos desde lo físico a una exaltación de lo sensual.

Lecciones

Para disfrutar de los dones que reciben los sentidos no hacen falta millones de dólares ni la vida de un jubilado. Va de encontrar placer a través de lo material, no de estar cargado o agobiado por las cosas mundanas. Y si bien lo mundano importa, la vida es mucho más que eso. Cada objeto que captan los sentidos posee un valor que supera a su existencia física; contiene una experiencia, un pensamiento, una emoción, una lección u ofrece una sensación mayor. De esta manera, todo es tanto materia como espíritu, y nos permite encontrar un trocito de cielo en cada objeto aquí en la Tierra.

Esta sensualidad exaltada es como un sexto sentido, un sentido de mayor belleza que es innato a la naturaleza Tauro que vive en todos nosotros. No te dejes engañar por la forma vulgar de considerar al toro, ya que normalmente no se considera refinados a los bovinos. El Toro Tauro es muchísimo más que una nariz pegada al suelo. Este signo es uno de los más tiernos, románticos y sensuales del zodiaco. Aunque famoso por su perseverancia y paciente trabajo, los mayores dones del Toro están en su capacidad para mirar hacia arriba y disfrutar de su entorno.

Es esencial, por lo tanto, que el Toro que hay en ti adopte su tendencia hacia un ideal superior y a expresar quién es en toda su gloria inclinada a lo material y amante de lo sensual. Necesita hablar de los méritos palpables de un objeto a la vez que también la embelesa su gran atractivo. Debe proponer lo práctico y también favorecer el juego. Si esta parte de tu naturaleza no aprecia la amplitud de la experiencia que da cada sentido, estará constreñida tu expresión de ti, pues tu Toro está refrenado. No se encontrará esa parte tuya que está aquí para vagar encantada, o estará encerrada artificialmente por miedo a perder terreno. Cierto que el Toro es un animal naturalmente apegado al suelo, pero incluso este bovino puede exagerar en eso.

Manifestaciones físicas de una energía Tauro inmovilizada podrían ser:

★ Tensión en el cuello
★ Rigidez o dolor

★ Limitación de la amplitud o extensión de los movimientos
★ Sensación de chasquido o crujido al moverse
★ Otras: Tos, irritación e infección de la garganta, desequilibrio tiroideo, voz insegura, vacilante

Las raíces profundas del Toro son esenciales para su seguridad, que es una necesidad muy intensa. Pero si confunde la seguridad con los placeres de la sensualidad, se encontrará en una búsqueda perpetua e inútil. Irá acumulando posesión tras posesión, como si fueran piedras para cimentar su estabilidad. Ya sea que tenga muchos zapatos o compre un reloj tras otro, nuestro Toro interior podría depender de una entrada infinita de bienes para sentir su conexión con el suelo. Pero sin la adecuada conexión finalmente ganarán la ansiedad y el miedo subyacentes, relacionados con la falta de seguridad.

Entre las manifestaciones físicas de una energía Tauro deseosa, tenemos:

★ Debilidad de los músculos del cuello
★ Hipermovilidad
★ Inestabilidad
★ Constantes chasquidos o deseo de hacer crujir el cuello
★ Otras: Desequilibrio tiroideo, irritación de la garganta, voz insegura o vacilante

¿Cuán expresivo es tu cuello? Ya sea que lo sientas rígido o deseoso, o en algún punto intermedio, la clave es escuchar a tu cuerpo y darle lo que necesita. Para estirarlo si está rígido o fortalecerlo si está débil, despierta a tu Tauro interior con las preguntas y los ejercicios siguientes.

Tu cuerpo y las estrellas

Las preguntas y los ejercicios siguientes te servirán de guía personal para incorporar las estrellas de Tauro. Úsala para trascender lo material exaltando lo sensual.

Preguntas

★ ¿Qué porcentaje de tu día lo dedicas a obtener objetos (por ejemplo trabajar o comprar)? ¿Qué porcentaje de tu día lo dedicas a disfrutarlos?
★ ¿Hay un sentido del que te fías más que de otros? ¿Descuidas algún sentido? ¿Cómo podrías ocuparte más de tus sentidos durante el día?

★ ¿Con qué facilidad encuentras más belleza en tus asuntos cotidianos? ¿Cuál es tu versión diaria de detenerte a oler las rosas?

★ ¿Cuándo te sientes más libre para expresarte? ¿Con quién estás? ¿En qué lugar estás?

★ ¿Qué personas, lugares y cosas te inhiben la libertad de expresión? Procura fijarte si cuando sientes inhibida tu expresión tiendes a tocarte el cuello.

★ Cuando hablas, ¿qué expresan normalmente tus palabras? ¿Cierta forma de planificación, preparación o recuerdo? ¿O aprecio, disfrute y sentimiento?

Ejercicios

Fortalecimiento isométrico del cuello: Para cimiento físico fuerte

Atiende a tus necesidades físicas; cultiva raíces fuertes para que pueda crecer el resto de ti. Hasta el girasol más alto tiene su cimiento enterrado hondo en la tierra. El siguiente ejercicio isométrico fortalece el cuello mediante toda la gama de movimientos, para dar más respaldo a los sentidos, que están en la cabeza, y a tu capacidad para expresarlos.

1. Comienza en la posición de pie relajada.
2. Apoya las palmas en la frente, y con el mentón paralelo al suelo, presiona la cabeza con las palmas y mantén la presión contando lentamente hasta diez.

3. Apoya las manos detrás de la cabeza y, manteniendo el mentón paralelo al suelo, empuja las manos con la cabeza y mantén la presión también contando hasta diez.

4. Apoya la mano derecha en el lado derecho de la cabeza, por encima de la oreja. Empuja la mano con la cabeza, como si quisieras inclinarla hasta dejar la oreja sobre el hombro. Mantén la presión contando hasta diez. Repite el ejercicio en el lado izquierdo.

5. Apoya la mano en el lado derecho de la cabeza, en la sien. Con el mentón paralelo al suelo, empuja la mano con la sien y la sien con la mano. Mantén la presión contando hasta diez. Repite el ejercicio en el lado izquierdo.

6. Baja las manos a los costados, relajadas, y suavemente sacude la cabeza y el cuello.

Esta serie de ejercicios fortalece el cuello mediante la resistencia de las manos. Por lo tanto puedes ejercer la resistencia que quieras, mucha o poca. Cuanto más contrarrestas el movimiento de la cabeza con la presión de las manos menor será el movimiento de la cabeza y del cuello. Sea cual sea el grado de resistencia que elijas, no olvides mantener los hombros bajos, relajados, no levantados hasta las orejas.

Círculos con la cabeza y el cuello: Para abrirla a más sensaciones

Existe todo un mundo a tu alrededor, y un cuello flexible sirve para percibirlo y apreciar lo que percibes. Mueve el cuello en toda su gama de movimientos de forma que la cabeza vea, saboree, toque, huela y oiga más que antes. Y prepárate para comunicar acerca de todo lo que ingieres. Un cuello abierto es también más capaz de expresarse.

1. Posición erguida con los pies separados a la distancia del ancho de las caderas, las rodillas levemente flexionadas, los brazos relajados a los costados y la cabeza en posición erguida natural, neutra, con el mentón paralelo al suelo.
2. Manteniendo relajados el cuello y los hombros, inclina la cabeza y así inclinada muévela lentamente hacia la derecha y continúa el círculo hacia atrás, al otro lado y al frente. Haz el círculo como si tuvieras una pelota del tamaño de un puño entre la cabeza y el cuello; así te impides moverla con demasiada inclinación. Repite cinco veces terminando con la cabeza en su posición erguida neutra.
3. Ahora cambia el sentido, moviendo la cabeza hacia la izquierda. Repite cinco veces y termina con la cabeza en su posición erguida natural, neutra.

Cuando ya te resulte fácil y cómodo hacer los círculos, cierra los ojos para concentrarte más en el ejercicio. Como beneficio extra, añade respiraciones; cuando llevas la cabeza hacia atrás haz una profunda inspiración, y cuando la llevas hacia delante, espira lentamente.

Mantra: Para una expresión más plena

Aprende un nuevo modo de expresar tu voz entonando mantras. Entonar mantras es una antiquísima técnica en que se emplean sonidos primordiales para expresar significados sagrados. Por ejemplo, el mantra *jam* invoca las cualidades del centro energético conectado con el cuello (chakra *vishuddha*). Repitiendo el sonido sintonizas con la energía y las lecciones del cuello. Aunque los mantras son conocidos por sus raíces hindúes, también se encuentran en el budismo y las religiones sij y jainista. Y el concepto de himnos y cánticos se encuentra en círculos más amplios, entre ellos la cultura judeocristiana, en expresiones como «En el principio era la Palabra» y «Amén». En el antiguo Egipto a Tauro se le llamaba «el intérprete de la voz divina». Practica el siguiente mantra para expresar la tuya.

1. Elige un lugar y una hora en que no vayas a tener interrupciones. Desconecta el teléfono y pon un temporizador o despertador para que te avise cuando hayan pasado los dos minutos para esta meditación.

2. Siéntate en el suelo en una posición cómoda, sobre un cojín o bloque si es necesario, y con las piernas cruzadas. Si no te es posible cruzar las piernas, busca una posición más fácil, con la espalda erguida; si esto no es posible, siéntate en una silla. La mejor posición sentada es la que puedes mantener cómodamente durante los próximos dos minutos.

3. Apoya las manos en el regazo con las palmas hacia arriba. Cierra suavemente los ojos.

4. Pronuncia la palabra jam (la jota suave, la a abierta) sintiendo la vibración que se produce en el pecho. Haz largo y expansivo el sonido al subir por el pecho y pasar por la garganta. Siente la vibración mmmm al salir este sonido por tus labios. Repite este mantra de modo que un sonido siga inmediatamente al otro, sin pausa.

5. Cuando suene el temporizador o despertador, continúa en la posición sentada con los ojos cerrados y permanece así un momento. Siente pasar por todo el cuerpo la vibración residual.

Para un mayor efecto, practica el mantra cada día durante al menos cuarenta días. A medida que aumente tu percepción del sonido y su ritmo, tu meditación podría progresar de forma que lo entones más suave. Finalmente, cuando estés familiarizada/o con el sonido y su vibración, podrías entonarlo en silencio, para tus adentros.

Caminata por la naturaleza: Para trascender lo material

El Toro ha nacido para apreciar la munificencia de la Tierra. Disfruta de tu naturaleza terrenal con una caminata al aire libre por el lugar qué más te inspire, ya sea un parque, una colina o la orilla de un arroyo. Camina ocupando todos tus sentidos, sintonizando con el entorno: huele el aire, oye a los pájaros, ve los rayos del sol y siente su calor sobre la piel. Entonces da un paso más y aplica el sexto sentido de Tauro para apreciar más belleza. Por ejemplo, ¿qué otras sensaciones te evoca el sol aparte de su calor? ¿Recuerdos de la infancia? ¿Felicidad? ¿Relajación? Fíjate en qué sensaciones experimentas durante la caminata que no sentías antes de comenzar. Con la práctica puedes hacer tuya esta capacidad para sintonizar con tus sentidos. Después de unas cuantas caminatas así enfocadas, notarás que conoces cada vez mejor no sólo tus sentidos básicos sino también las cosas magníficas a las que llevan.

Beneficio extra: Mientras caminas usa el cuello para expresarte, silbando o tarareando una melodía. La cantante Ella Fitzgerald, Tauro, dijo una vez: «No quiero equivocarme al decir algo, lo que siempre me pasa. Creo que lo hago mejor cuando canto».[4]

Adornar el cuello: Para realzar la expresión

Lo que llamamos escote en la mujer es esa parte del cuerpo que comprende el cuello, los hombros y la parte superior del pecho y de la espalda. Y aunque es simplemente una parte del cuerpo, lo que dice, por la forma de estar adornado, es muchísimo más. Ya sea un escote muy pronunciado enseñando parte de la hendidura entre los pechos, de la época barroca, o con todo cubierto por un cuello alto de la época victoriana, lo que hace la mujer con su escote puede servir a modo de afirmación tanto de la estética de la moda como de normas sociales. Lo mismo vale para los hombres. Llevar corbata puede ser apropiado en un lugar u ocasión o no apropiado en otros, y en los dos casos dice más acerca del hombre que la lleva o no que lo que éste podría sospechar.

Considera lo que dice de ti tu escote:

★ ¿Cómo llevas adornado actualmente el escote (cuello cisne, collar, corbata de pajarita, jersey con escote en V, pañuelo, fular, bufanda)?

★ ¿Qué expresa ese adorno o falta de adorno? ¿Cómo podrías adornar, enseñar u ocultar tu escote para que te exprese con más fidelidad?

★ ¿Qué sensaciones experimentas cuando llevas una blusa muy escotada, la corbata suelta o un fular de seda? Incluso sin tener que llevarlos, ¿qué connotaciones te evocan?

Durante una semana presta especial atención a cómo cubres o descubres el cuello y el escote cada día. Prueba distinta ropa y ve cómo llevar (o no llevar) algo diferente cambia sutilmente tu tipo y grado de expresión. Sin duda el gallinero tendrá sus opiniones. Escucha las opiniones, pero en último término decide tú cómo se expresa mejor tu cuello y escote.

Detente a oler las rosas: Para exaltar lo sensual

Se requiere práctica para apreciar las cosas más finas de la vida, y no hay mejor momento que el presente para comenzar. Ésta es una manera de hacerlo:

---

4. Jim Moret, «Ella Fitzgerald dies at age 78», CNN Web Archive, 15 de junio de 1996, http://web.archive.org/web/20061129231320://www.cnn.com /SHOWBIZ/9606/15/fitzgerald.obit/index.html.

1. Cómprate un ramo de rosas «simplemente porque te apetece».

2. Ponlas en un florero sobre una mesa junto a la cual pasas con frecuencia.

3. Cuando pases, detente a gozar de la sinfonía de sensaciones que ofrecen: su exquisito color, la textura aterciopelada de sus pétalos y su fragante aroma.

4. Concéntrate en el aroma cerrando los ojos. Acerca la cabeza a un botón y haz una inspiración profunda, aspirando su aroma. Nota adónde te lleva.

5. Repite una vez más.

6. Nada dura eternamente, así que un día las rosas ya no estarán. Aprécialas mientras las tienes.

7. Cuando se hayan marchitado, alarga tu disfrute de ellas, adornando la casa con los pétalos secos (diseminados sobre la colcha, adornando una mesa bien puesta, o añadiéndolos a un baño de burbujas).

Esta práctica no debe realizarla nadie que tenga alergia a las flores.

Resumen

★ El cuello es la zona relacionada con Tauro. Con las cuerdas vocales localizadas en su interior expresa cómo nos vemos o consideramos y al mismo tiempo da forma a nuestra idea de eso.

★ Tauro es el segundo signo del ciclo zodiacal. A su energía le incumbe vivir y celebrar en toda su magnitud quiénes somos, desde lo material a lo sensual.

★ Si tu estética naturaleza Tauro está obsesionada por la seguridad o excesivamente deseosa de placeres sensuales, podrías experimentar diferentes síntomas (por ejemplo, tensión o debilidad en el cuello, tos).

★ Sintoniza a tu Tauro interior con preguntas, ejercicios y actividades que se centren en el cuello. Hazlo para que tu Toro interior coja la vida por los cuernos y la disfrute.

4

Las manos de los Gemelos

♊ **GÉMINIS**

Fecha de nacimiento: 21 de mayo – 20 de junio
Zona del cuerpo: Brazos, antebrazos y manos
Tema: Sirve de mensajero de tu mente iluminada

Aries y Tauro, los dos primeros signos del zodiaco, perfilan a la persona como individuo, como una gota de agua separada del resto del mar. Este cimiento personal es importante porque, llegado Géminis, el yo, que ya es sólido, comienza a reconocer que pertenece a un nosotros mayor. Reconoce que en realidad residimos en un cuerpo de agua más grande, y aunque separados, pertenecemos al mismo tiempo a un todo mayor. Géminis es, por lo tanto, el primer signo del zodiaco que no actúa como un yo en contra de otro sino que comienza a tender un puente entre los dos. Dotado de una mente brillante a la que acompaña la destreza, Géminis está aquí para comunicar sus ideas individuales al mundo más grande.

El cuerpo: Brazos, antebrazos y manos

En el título del capítulo «Las manos de los Gemelos», en realidad «manos» es una abreviatura o signo taquigráfico, porque las dos extremidades superiores están formadas por brazo, antebrazo y mano. Géminis es el único signo del zodiaco que está relacionado con más de una zona corporal musculoesquelética.

> **♊** El enfoque más egocéntrico de Aries y Tauro está representado por un aspecto singular en sus signos: la definición del yo, representada por una constelación (el Cordero o el Toro) y una zona del cuerpo relacionada (la cabeza o el cuello). Con Géminis, en cambio, nace el concepto de dos. Presenta a dos individuos (el otro además del yo), representados por una constelación de dos seres y una zona corporal formada por dos extremidades, cada una compuesta por brazo, antebrazo y mano.

Sin embargo, estas diferentes zonas funcionan juntas para realizar un objetivo único: permitir que las manos conecten con objetos en el espacio. Los brazos y antebrazos, si bien útiles en sí mismos, existen para que uno pueda agitar la mano en señal de saludo o despedida, estrechar otra mano, abrir puertas, encender una cerilla, y realizar una cantidad de otros gestos que permiten al ser humano comunicarse con su entorno como sólo puede hacer el ser humano.

Comencemos por el brazo, la parte de la extremidad superior que conecta con el resto del cuerpo y también con el entorno más amplio. Hubo un tiempo en que nuestros antepasados primates aprovechaban esta capacidad para conectar con inmensas regiones de su selva trasladándose colgados de rama en rama. Actualmente los brazos nos permiten conectar de otras maneras, coger verduras o frutas de un estante alto o coger flores. Su largo alcance viene de los hombros: dos articulaciones, formadas por cabeza y cavidad (cotilo), que son las más móviles del cuerpo; el húmero aporta la cabeza y la escápula aporta la cavidad.

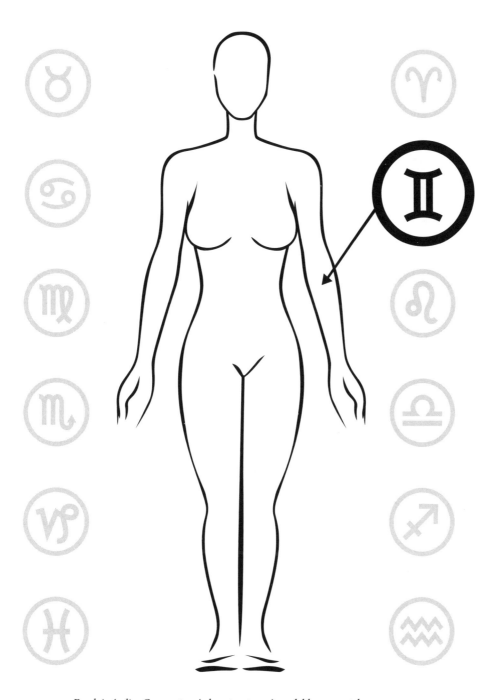

En el Apéndice C encontrarás la estructura ósea del brazo, antebrazo y mano.

De cada brazo sale el antebrazo, parte que normalmente no recibe mucha atención pero hace su trabajo. El antebrazo se extiende entre el codo y las articulaciones de la muñeca. Sus dos huesos, el radio y el cúbito, permiten el movimiento de las dos articulaciones (aunque con menor movilidad que el hombro), pero su papel igualmente importante es tomar la fuerza del brazo y transferirla a la mano. Este paso, junto con la atenuación de la fuerza, controla y afina los movimientos de las manos.

A diferencia de los movimientos toscos de los brazos, los movimientos de las manos son delicados, sutiles; piensa cómo las manos cambian muy levemente la forma de asir algo, por ejemplo para sostener un lápiz, introducir una llave en la cerradura o coser un botón. Esta destreza la dan los aproximadamente treinta huesos, once conjuntos de músculos y las cuatro zonas de articulaciones que se encuentran en cada mano. Esta compleja estructura es distintiva de nuestra especie y contiene un pulgar que, dado que no está unido a los otros dedos por ligamentos y está unido a la mano en otro ángulo, es oponible, es decir, su movimiento le permite colocarse sobre la palma y tocar los otros dedos.

En fin, gracias a su infinita variedad de movimientos y manipulaciones, las manos son las principales mensajeras del cuerpo. Las manos son tan diestras en la comunicación que millones de personas las usan incluso para comunicarse por señas, las cuales componen todo un lenguaje.

Pero no está de más repetir que las manos (como las estrellas de Géminis demuestran) no funcionan solas. Funcionan en unión con los brazos y antebrazos para conectar las ideas internas con el mundo externo. Por ejemplo, si tienes una fabulosa idea para crear una nueva empresa por Internet, una de las primeras cosas que haces es escribir la idea y el plan, una vez que tus brazos, antebrazos y manos te han permitido obtener el papel y la pluma. Escribiendo el plan, los dedos, con la pluma cogida, convierten los pensamientos intangibles en realidad tangible. Con el plan en la mano, estás preparada/o para presentar tu idea a un inversor.

Imagínate la presentación en su forma perfecta: mientras defendemos la idea con los labios, es probable que usemos los brazos, antebrazos y manos para gesticular con entusiasmo, para dar más vida a la causa. Ahora imagínate haciendo esa misma presentación con los brazos firmemente cruzados en el pecho. Aunque digamos las mismas palabras, el cuerpo transmite un mensaje del todo diferente, y esto simplemente debido a cierta flexión y extensión de las articulaciones de los hombros, codos y muñecas.

Pulgar corresponde a la palabra latina *pollex*, y por eso los nombres de los músculos que mueven el pulgar tienden a contener la palabra *pollicis*, por ejemplo, el músculo flexor se llama *flexor pollicis longus*. No hay que confundir *pollex* con *Pólux*, que es el nombre de la estrella gigante color naranja de la constelación de Géminis, y también del hermano mitológico de Cástor.

No es sorprendente que la palabra latina *manus* (mano) sea también la raíz de la palabra *manifestar*, que es exactamente lo que hacen las manos cuando convierten un pensamiento (por ejemplo la idea de una empresa) en algo visible a los ojos (la escritura del plan para la empresa).

En este ejemplo las extremidades superiores nos han servido para desarrollar la idea y comunicarla al mundo de dos modos diferentes, lo que nos lleva al papel de Géminis, mensajero. ¿Cuál es el mensaje? ¿Cómo lo damos o comunicamos? ¿Cómo usamos, o no usamos, los brazos, antebrazos y manos para comunicar los conceptos del mensaje a las personas que lo necesitan? Muchas personas van por la vida sin tomar conciencia de la utilidad de sus extremidades; en consecuencia, los movimientos de sus brazos y manos quedan encerrados en el interior. ¿En qué medida estás conectada/o con los movimientos de tus extremidades superiores? Compruébalo con este sencillo ejercicio:

1. Elige una posición, sentada/o o de pie. Cruza los brazos en el pecho.
2. ¿Qué brazo cruzaste primero, el derecho o el izquierdo? ¿Has necesitado un momento para pensar la respuesta o lo has sabido por instinto?
3. Repite el gesto, lentamente, y fíjate en qué brazo cruzas primero.
4. Relaja los brazos a los costados.
5. Ahora repite cruzando primero el otro brazo.

Es posible que tengas mejor conexión con el brazo que cruzaste primero, y que ése sea el dominante (el que, según las estadísticas, es el derecho); tal vez cruzar primero el brazo no dominante te llevó un momento de vacilación. Esto ocurre debido a que tus extremidades son asimétricas; has desarrollado un lado más que el otro porque comes, escribes y te cepillas los dientes usando predominantemente una mano. Pero esto no significa que no puedas cultivar los dones de la otra. Es haciendo los malabarismos de Géminis, con su naturaleza dual y destreza manual, como podemos acceder a los dos lados de nuestra naturaleza para beneficiarnos de A y de B, y no sólo del uno o del otro. Y si tenemos la destreza para usar las dos, ¿qué ganamos con depender de una excluyendo a la otra?

> Se sabe que la mano derecha está regida por el hemisferio izquierdo del cerebro y viceversa. Sin embargo, la realidad de la mayor destreza de una u otra mano es mucho más compleja; al parecer, interviene la confluencia de muchos factores: neurológicos, genéticos, conductuales, fisiológicos, sociales, y es necesario hacer muchísimos más estudios de investigación para llegar a una conclusión definitiva.

Las estrellas: Géminis

Sirve de mensajero de tu mente iluminada

Hay muchas maneras de servir, de ser de utilidad en algo que es mayor que o superior a uno mismo. Esta utilidad puede darse en muchas formas diferentes (por ejemplo, ayudando a mudarse a un amigo, conduciendo un bus, dedicándose a la política) y en muchas escalas (de a uno, en grupo, mundial). Servicio es la acción que supera, va más allá de la utilidad o promoción personal. Un acto que sale del yo hacia el otro o los demás.

Géminis trae al zodiaco el concepto de servicio introduciendo «al otro» o «a los demás». Los demás representan a todas las personas del mundo que son distintas de uno, que tienen sus propios pensamientos, sentimientos, esperanzas y sueños. Normalmente alrededor de los dos años el niño se da cuenta de que no está solo jugando en la caja de arena. Esencialmente comprende que hace un mejor servicio, a sí mismo y a los demás, no llorando ni chillando, sino comunicando con palabras su deseo o no deseo de compartir un juguete, por ejemplo diciendo *quiero* o *no quiero*. El aprendizaje es igual en la edad adulta: podemos hablar para oírnos la voz, o para comunicar nuestros pensamientos de un modo que tome en cuenta a las personas con las que estamos conversando, lo que normalmente es mucho más eficaz para hacerse oír, ya sea por las amistades en una fiesta o por los clientes en una reunión para vender o comprar algo.

En realidad, Géminis está aquí para servir a los demás mediante la comunicación. La energía Géminis está para crear y conectar comunidades valiéndose de ideas. Pero no está de más repetir que su aporte más importante al servicio es la introducción del otro. No es la emisora de radio del zodiaco, y su energía no está para hacer prosélitos en nombre de un bien mayor; este cometido está relacionado con las lecciones que se aprenden mucho más avanzada la rueda del zodiaco. Géminis está aquí simplemente para comunicar al mundo lo que pasa por su cabeza, aun cuando su motivo sea servirse a sí mismo. Eso está bien. A todos se nos permite beneficiarnos y no sólo beneficiar a otros, y nuestro Géminis interior nos recuerda esta realidad dual.

En esta fase del juego ya no se trata de yo contra ellos sino de yo y ellos, emparejamiento que consiste en un par complementario. Así, mientras para algunas personas la visión del mundo es blanco o negro, cielo o tierra, masculino o femenino, bueno o malo, alto o bajo, Géminis ve los dos lados de la ecuación. Esta dualidad es el fundamento de su naturaleza y, como parte del zodiaco, existe en tu naturaleza también. Invocar a tu Géminis interior te servirá para vivir en un mundo que es al mismo tiempo bueno y malo, cielo y tierra.

Lo hermoso de reconocer la dualidad es que no hay que elegir entre uno y los demás sino que se puede abarcar ambas cosas. Puedes cultivar tus dones y disfrutarlos, y también comunicarlos a los demás de un modo que los beneficie. Por ejemplo, Walt Whitman fue un poeta Géminis cuyos poemas, como los de su famosa colección *Leaves of Grass* (Hojas de hierba), transformaron el campo de la poesía introduciendo el verso libre. El campo podría haberse encontrado frustrado en ritmo y rima si Whitman hubiera limitado su poesía a una afición personal y se hubiera concentrado más en su profesión como cajista tipógrafo de un diario local.

Claro que no hace falta ser un Whitman para servir bien. Se puede servir a una persona desconocida entablando una animada charla en el metro, servir a la familia contando historias fantásticas a la hora de ir a acostarse, o servir a los colegas escribiendo un informe inspirador. Servicio es servicio sea cual sea la cantidad de público. Y resulta particularmente bien para nuestra naturaleza Géminis cuando incluye conversación.

Un mensajero comunica un pensamiento o una idea por un medio; ya sea éste el telégrafo, una carta, la palabra o los puños, los mensajeros han llevado noticias de todo tipo desde el comienzo de los tiempos. Los ángeles son los más antiguos mensajeros de nuestro mundo y, de hecho, la palabra ángel viene de la palabra *angelos*, del griego clásico, que significa «mensajero». Aunque no creas en los ángeles, tal vez sabes que según el saber popular su papel es entregar mensajes del cielo a la humanidad, lo que no difiere mucho del papel de los Gemelos.

El signo zodiacal Géminis está representado por gemelos que no son ángeles sino seres a la vez terrenales y divinos. Gracias a esta naturaleza dual pueden servir eficazmente de mensajeros entre los dos dominios. En realidad, están aquí para traer a la vida en la Tierra los más elevados ideales del cielo. Están para inspirar a la humanidad a ser mejor y hacerlo mejor con pensamientos y perspectivas nuevos. El origen de su papel lo ilustra bien un mito griego, del que hay muchas versiones, al igual que la naturaleza versátil de Géminis. La versión más típica comienza con el nacimiento de los Gemelos, de una misma madre, Leda, y dos padres diferentes. Cástor, el hijo gemelo de un rey espartano, era mortal; Pólux, hijo del dios griego Zeus, era inmortal.

Los gemelos se querían y disfrutaban de muchas aventuras juntos, entre otras la búsqueda Aries del vellocino de oro (véase capítulo 2, «La cabeza del Carnero»). Pero en una de sus aventuras, en tierra extranjera, Cástor resulta muerto. Según algunos mitos, su muerte se debió a una pelea por un castillo; según otros, fue por causa de mujeres. Sea como sea, Pólux queda inconsolable, desea morir y ruega que lo maten. Zeus accede a su deseo, pero con la condición de que viva la mitad de su tiempo bajo la tierra, en el inframundo (el Hades) y la otra mitad en el cielo. Según una versión del mito, los gemelos están juntos siempre, ya sea en el cielo o en la tierra; según otra, no están nunca juntos, mientras uno está en el cielo el otro está en la tierra, y van cambiando de lugar. Se cuente como se cuente la historia, los gemelos Géminis se mueven entre el cielo y la tierra, entre lo mortal

> También era Géminis Allen Ginsberg, poeta más o menos contemporáneo de Walt Whitman y dedicado estudioso de sus obras. Como Whitman, era inconformista y utilizó su agudo intelecto para introducir una nueva ideología por medios literarios, y finalmente se convirtió en destacada figura de la Generación Beat y del subsiguiente movimiento contracultural que aquella inspiró.

y lo divino. Cuando están en el cielo relatan historias de la tierra, y cuando están en la tierra transmiten el espíritu del cielo.

Y así resulta que Géminis está en todas partes al mismo tiempo. La naturaleza Géminis es adaptable y nos sirve para deambular por cualquier entorno, tanto para captar información como para transmitirla. En todos sus designios la energía Géminis cuenta con la ayuda de su planeta regente, Mercurio, que lleva el nombre del dios romano de la comunicación. Asistido por la perspicaz energía de este planeta, Géminis capta al instante las situaciones y las sintetiza.

También tiene el don de labia para comunicar sus perspectivas con viva fuerza. Eso sí, su perspectiva podría parecer volátil a su público, pues un día dice una cosa y al siguiente otra diferente. Pero esto se debe simplemente a que en cualquier situación ve todos los aspectos en su conjunto; no es una paradoja, como podría parecer exteriormente, sino la realidad multifacética de los Gemelos. Y esta naturaleza que está en cada uno de nosotros nos puede servir para hacer lo mismo.

> ♊ El planeta Mercurio recibió el nombre del dios romano que volaba veloz de lugar en lugar, y es el origen de la palabra «mercurial», que describe un comportamiento voluble, mudable, caprichoso.

La buena comunicación toma en consideración las perspectivas de los demás; nuestras palabras, inevitablemente, afectan o influyen en las personas con las que hablamos, y es importante tener en cuenta qué efecto interesa causar. Es decir, el buen comunicador debe ser consciente no sólo de lo que comunica sino también de cómo se va a recibir el mensaje. ¿De dónde proviene el mensaje? ¿A quién lo vamos a transmitir? ¿Cómo lo vamos a transmitir? ¿Y para qué, con qué fin? Por su natural capacidad para conectar con ideas, con personas, e ideas con personas, es de la mayor importancia que hagamos intervenir a nuestro Géminis para que realice este papel en nuestra vida con integridad. Para que el mensaje llegue en su integridad es necesario que esté en sintonía con quien lo transmite, con quien o quienes lo reciben y con su origen. Por ejemplo, si el mensaje es «ama a tu prójimo», es probable que tenga su mejor efecto si lo da un sacerdote desde el púlpito a la congregación de fieles, como una enseñanza de Jesucristo. En cambio, ese mismo mensaje impreso en un cartel de publicidad junto a una carretera, en el que una immobiliaria anuncia venta de pisos, lo más probable es que se considere engañoso y no cause el efecto deseado.

Un mensaje eficaz tiene el poder de cambiar el mundo. Tomemos, por ejemplo, la inolvidable frase del presidente Géminis John F. Kennedy en su discurso inaugural en 1961: «No preguntes qué puede hacer tu país por ti sino qué puedes hacer tú por tu país».[5] Con estas sencillas palabras Kennedy llamó a la acción a su nación. Su mensaje era de esperanza, al pedir a sus conciudadanos que emplearan todas sus fuerzas en afrontar los retos que les aguardaban. Pedía valor, comunidad y paz, conceptos que son eternos y, de hecho, el mensaje ha sobrevivido al mensajero.

Un mensaje eficaz, en especial de la variedad eterna, suele ser compuesto por una mente iluminada. ¿Y qué es una mente iluminada?, preguntarás. Estamos familiarizados con nuestra mente normal y corriente, famosa por su capacidad de pensar, racionalizar, compartimentar y encontrarle sentido a nuestro mundo. Es esa parte tuya que está leyendo este libro y formándose opiniones sobre él; es esa parte que percibe. Ahora imagínate que tu mente es capaz de formas aún mejores de obtener información; esta modalidad de operación superior es el dominio de la mente iluminada. Es esa parte de nosotros que sabe algo sin tener que entenderlo, esa parte capaz de dar sentido a la realidad de un modo más amplio, expansivo, integrador y misterioso que las maquinaciones de nuestra mente inferior normal. Es esa parte que está conectada con… ¿quién lo sabe, en realidad?, pero es una fuente de sabiduría al parecer superior a uno. Es esa parte que, sin tener que pensarlo, te hace resonar la información de este capítulo, de modo que dentro de unos días o semanas lo que estés leyendo adquirirá sentido bajo una nueva luz.

Necesitamos tanto la mente superior iluminada como la mente inferior normal, porque funcionan juntas. Idealmente, las conexiones de orden superior de la mente iluminada se filtran a la mente normal, de forma que lo que sabemos viene de la fuente más superior posible, y entonces podemos comunicar esa información de una manera que los demás la entiendan. Sin embargo, actualmente esta asociación mente superior-mente inferior es más la excepción que la norma. Dado que en este mundo occidentalizado muchos pasamos horas en oficinas pequeñas, tendemos a depender de la mente inferior para encontrar los pensamientos, las preguntas, las respuestas y la manera de ponerlos por obra. Por este motivo muchas personas están tan cansadas al final de la jornada: sólo usan la mitad de sus recursos mentales. Ya es hora, entonces, de que reequilibremos la ecuación cultivando la mente superior.

Por fortuna, los Gemelos Géminis están a la altura de la tarea. Al fin y al cabo, la mente iluminada es el superpoder de Géminis. Ésta es su fuente de creatividad e inspiración, el lugar de donde deben surgir nuestros mensajes. Así es como Géminis nos ayuda a servir a un bien mayor, conectándonos con esa parte superior y comunicándolo. Pero para hacer esto hemos

---

5. Agencia de comunicaciones de la Casa Blanca, «Inaugural Address, 20 de enero de 1961», Biblioteca y Museo John F. Kennedy, visitado el 12 de junio de 2015 en www.jfklibrary.org/ASSET-viewer/BqXIEM9F4024ntFl7SVAjA. aspx.

de invocar a nuestro Géminis interior para reconocer nuestra naturaleza dual. Así como la energía Géminis es tranquila y nerviosa, fuerte y débil, diligente y perezosa, también es de mente superior e inferior, y debemos elegir conscientemente cultivar la superior.

Claro que es más fácil decirlo que hacerlo, pero es posible, con la práctica. La práctica de recibir un relámpago de inspiración y confiar en él; tener una idea brillante, osada, y comunicarla, aunque sea nueva y se salga de la norma. Al principio, trabajar con las dos mentes podría parecerse a hacer malabarismos, con varias bolas moviéndose en el aire, sin saber bien cuál va y cuál viene. Pero al final del día hacer malabarismo ya es un juego. Afortunadamente, nuestro Géminis interior está bendecido con una natural ligereza de mano.

Lecciones

Un malabarista usa las dos manos para mantener en el aire las bolas; tal vez no nació ambidextro, pero cultivó la capacidad de llegar a usar los dos lados igualmente. Ésta es la lección que aprendemos de nuestro Géminis: reconocer nuestra naturaleza dual y equilibrar todos los aspectos. Y los aspectos que normalmente necesitamos equilibrar son los superiores, principalmente la mente superior y nuestra conexión con el otro o los demás, los cuales están ahí esperando a que los desarrollemos. Es probable que los otros aspectos, por ejemplo la conexión con el yo y con la mente inferior, ya nos sean fáciles.

Si nuestro Géminis no consigue realizar su misión, podría sentirse limitado en lo que es y en lo que puede hacer, como si tuviera ideas fabulosas para comunicar al mundo y no dieran resultado una vez que salen de su mente. Por ejemplo, si nuestra naturaleza Géminis depende demasiado de nuestra mente inferior como fuente de ideas, estas ideas podrían no llegar bien a su destino porque no son las que hemos venido a comunicar, o tal vez no resuenan, no encajan en los ideales superiores de la comunidad. O podrían ser aceptadas e incluso dar frutos en el aspecto financiero, pero no dejan satisfecho o realizado a nuestro Géminis porque sirven con demasiada fidelidad a lo establecido y no introducen algo nuevo. Entonces podríamos sentirnos fracasados, agobiados o constreñidos, lo que va en contra de la naturaleza de este brillante signo de aire.

Entre las manifestaciones físicas de una naturaleza Géminis limitada tenemos:

- ★ Tensión en los hombros
- ★ Dolor en los hombros, codos, antebrazos, muñecas o manos
- ★ Sensación de crujidos en las articulaciones de las extremidades superiores
- ★ Rigidez en los omóplatos

★ Rigidez o limitación de los movimientos de las articulaciones de los hombros, codos, muñecas y manos

★ Menor agilidad o destreza en las manos

También nuestro lado Géminis se siente insatisfecho si está disminuida su capacidad para conectar con los demás, si se desentiende de la otra mitad de su ecuación. Por ejemplo, si tenemos ideas maravillosamente imaginativas pero sólo las usamos para el interés o ganancia propios. En este caso podríamos acabar alejando a los demás y con la sensación de estar dispersos, sin ninguna conexión interpersonal sólida. O también podría ser que nuestras ideas no tuvieran ninguna aplicación práctica; esto ocurre cuando el lado Géminis queda atrapado en el brillo o la aptitud de sus ideas y no se pregunta si sirven a un público más amplio. No cabe duda de que muchas ideas son excelentes, procedan de donde procedan, pero si no cumplen una finalidad mayor dejan insatisfecho a nuestro lado Géminis.

Manifestaciones físicas de una naturaleza Géminis dispersa podrían ser:

★ Hipermovilidad de las articulaciones, en especial los hombros, codos o dedos
★ Debilidad o inestabilidad de las extremidades superiores
★ Omóplatos salientes
★ Excesivos chasquidos en los nudillos
★ Poca destreza
★ Debilidad al apretar algo o estrechar la mano

¿Comunican y conectan bien tus extremidades superiores? Si las notas rígidas, débiles o algún punto intermedio, la clave es escuchar a tu cuerpo y darle lo que necesita. Para aflojarlas si están rígidas o fortalecerlas si están débiles, despierta a tu Géminis interior con las preguntas y los ejercicios siguientes:

Tu cuerpo y las estrellas

Lo siguiente te servirá de guía personal para incorporar las estrellas de Géminis. Úsala para hacerlas servir de mensajeros de tu mente iluminada.

Preguntas

★ ¿Para comunicar qué mensajes de alto nivel estás aquí? ¿A quiénes están dirigidos (personas, comunidades)?

★ ¿Cómo comunicas tu mensaje (mediante poemas, artesanía, PowerPoint)? ¿Cómo te gustaría comunicarlo?

★ Cuando te comunicas, ¿hablas con las manos? Cuando estrechas la mano de una persona, ¿qué mensaje transmites (seguridad, pasividad)?

★ ¿De qué manera usas los brazos, antebrazos y manos para dar vida a tus ideas?

★ ¿Cuál ha sido tu inspiración o idea más reciente? ¿Con qué frecuencia comunicas tus ideas? ¿Con qué frecuencia las pones por obra o actúas según ellas?

Ejercicios

Ochos con manos y muñecas: Para transmitir mensajes con facilidad y fluidez

Este ejercicio es una modificación del básico, que es trazar círculos en el aire. La fluidez necesaria para describir la figura de un ocho con la mano ofrece una amplia gama de movimientos de extensión de la muñeca que no se experimentan necesariamente cada día, aunque deberían. Estos movimientos son rápidos y fáciles, y se pueden hacer en diversos lugares, incluso en la oficina, como breve descanso del trabajo en el ordenador.

1. Siéntate en una silla con los dos pies en el suelo, la espalda recta, la cabeza erguida natural, con el mentón paralelo al suelo.

2. Flexiona el brazo por el codo en un ángulo de noventa grados y con la mano dibuja un ocho en el aire. Que los dedos dirijan el movimiento de trazar la forma.

3. Traza diez ochos, lentamente. Después cambia el sentido del movimiento.

4. Repite el ejercicio con la extremidad izquierda, en ambos sentidos.

5. Sacude las dos manos.

Una vez que te resulte fácil y cómodo el ejercicio, experimenta con la cualidad del movimiento. Dibuja los ochos dando al movimiento las diversas cualidades que deseas transmitir, por ejemplo, amabilidad (con los dedos elegantemente extendidos), o rabia (con los dedos formando una garra). Fíjate en cómo, solamente usando los dedos, la mano y la muñeca, puedes enviar muchos mensajes diferentes.

Planchas: Para conectar y comunicarse con fuerza

Esta poderosa posición es fabulosa para fortalecer las extremidades superiores, en especial los músculos que rodean las articulaciones de los hombros. Unos brazos fuertes te sirven para comunicar con convicción tus ideas a tu entorno (y convicción necesitamos especialmente cuando proponemos ideas procedentes de una mente iluminada). Si no puedes hacer este ejercicio comenzando con el cuerpo en la posición horizontal correcta, prueba con esta modificación para disminuir el peso que soportan los hombros, codos y muñecas.

1. Comienza en la posición mesa, apoyándote en las manos y las rodillas. Las muñecas deben estar directamente bajo los hombros, con los brazos y antebrazos formando una línea recta; las palmas firmemente apoyadas en el suelo con los dedos extendidos. La cabeza, el cuello y el tronco deben estar paralelos al suelo, y los ojos mirando hacia abajo y levemente hacia delante.

2. Centra el peso entre las extremidades superiores e inferiores. Manteniendo recto el tronco, dobla los dedos de los pies y estira las piernas. Ya estás en la posición plancha. Mantén la posición por lo menos hasta una respiración completa.

3. Al espirar flexiona los codos, formando un ángulo de hasta un máximo de noventa grados.

Sólo baja el cuerpo hasta donde puedas mantener la posición plancha (no está permitido hundir la espalda). Mantén la posición durante al menos una respiración completa.

4. Al espirar extiende los codos volviendo a la primera posición plancha.
5. Continúa en esta posición hasta una respiración completa, manteniendo la alineación correcta (la clave está en mantener plano el abdomen, véase «Abdomen de la Virgen»).
6. Sal de la postura bajando lentamente todo el cuerpo, en plancha, hasta el suelo.

Modificación: Estando en la primera posición plancha, apoya las rodillas en el suelo, manteniendo las piernas y los pies elevados durante el resto del ejercicio. Para mayor facilidad, las flexiones de brazos se pueden hacer con las manos apoyadas en una pared, no en el suelo.

Mudra: Para invocar la mente iluminada

Los mudras son posiciones simbólicas de los dedos que invocan y evocan diferentes estados de conciencia. Aunque su origen sigue siendo un misterio, se sabe que en muchas culturas se consideran sagrados los gestos con las manos y dedos. Los podemos ver en imágenes o dibujos de dioses hindúes y también en el gesto de bendición con la mano en los servicios de la Iglesia cristiana. Según la tradición del yoga kundalini, cada zona de la mano se corresponde con el cuerpo y mente superiores, por lo que la persona usa las manos para acceder al resto de su ser. Si deseas acceder a tu mente iluminada, antes de dar una charla o mientras escribes un libro, haz el mudra *uttarabodhi*, que es el de la más elevada iluminación. Al realizar estos movimientos comprobarás que no sólo se expande tu conciencia sino que además aumenta la destreza de tus manos y dedos.

1. En posición de pie o sentada/o, coloca las manos delante del corazón como para hacer oración.
2. Con los dedos índices y pulgares tocándose, entrelaza los demás dedos.
3. Apunta hacia abajo con los pulgares, podrían tocarte el esternón, a la vez que apuntas hacia el cielo con los índices.

4. Cierra los ojos y conecta con la sabiduría superior que deseas inducir. Relájate y respira.

Este mudra lo puedes hacer en cualquier momento, durante todo el tiempo que quieras.

Masaje: Para practicar el servicio y mejorar la comunicación no verbal

Una manera fabulosa para comunicar el cariño es dar un masaje a la persona querida. Eliges el tipo de masaje, de los pies, cuello y hombros, espalda, manos, o una combinación. No hace falta decir que tanto la persona que da el masaje como la que lo recibe deben estar de acuerdo, y que hay que respetar los límites de la persona receptora. Sea cual sea la parte elegida, ocupa los brazos, los antebrazos y las manos al dar el masaje. Como ocurre en toda dualidad, el dar viene con el recibir, y mientras das el masaje también fortaleces tus extremidades superiores. Si quieres equilibrar aún más la experiencia, tanto para ti como para la persona receptora añade a la crema de masaje aceites esenciales amigos de Géminis, como el de lavanda, hierba limón o bergamota.

Esferas chinas: Para unir las facultades superior e inferior

Se cree que este ejercicio con las esferas chinas tiene su origen en la ciudad de China Báo-ding, más o menos en el tiempo de la dinastía Ming. Actualmente podemos encontrarlas en el barrio chino o por Internet. Con estas bolas se pueden hacer muchos ejercicios, y se cree que éstos no sólo aumentan la fuerza de los dedos y los antebrazos al mejorar su agili-dad, sino que también acceden a los meridianos energéticos que conectan todos los sistemas orgánicos del cuerpo. Por lo tanto, usar estas esferas nos sirve para conectar cuerpo, mente y espíritu. Un ejemplo de ejercicio: hacer rodar en círculo las esferas en la palma de la mano, varias veces, en el sentido de las agujas del reloj, y luego en el otro sen-tido, y repetir cuantas veces te resulte cómodo; un ejercicio más avanzado es hacerlas rodar en círculo dejando un espacio entre ellas de forma que no suenen al chocar. Sea cual sea el número de veces que lo hagas debes a) practicar con cada mano y b) prestar atención a la postura de los hombros y codos mientras lo haces. Lo ideal es que estés en posición sentada con los hombros y codos relajados, las manos en el regazo con las palmas hacia arriba; o con los codos flexionados en un ángulo de más o menos noventa grados, los antebrazos apoyados en una mesa o almohada. Al hacer rodar las esferas las manos pueden natural-mente ladearse un poco para ayudarse con la gravedad.

Escribir en estilo libre: Para manifestar las ideas

Como mensajero del zodiaco, Géminis es una fábrica de ideas. Genera ideas por docenas, pero no siempre es fabuloso para actuar según ellas. En una mente Géminis se han originado muchos libros, comienzos de empresas y aparatos, pero no han pasado más allá. Sin embargo, sólo cuando una idea pasa del interior a la realidad externa se puede comunicar y servir a alguien aparte del generador de la idea. Escribir las ideas es el primer paso para darles vida. Así pues, deja fluir esa corriente de conciencia y usa las manos para escribirlas o mecanografiarlas durante cinco minutos. Pon un temporizador para que te avise cuándo han pasado los cinco minutos, aunque escribe todo el tiempo que quieras. Escribe lo que sea que te pase por la cabeza. En este ejercicio no importan el estilo ni la gramática, como tampoco la mente superior o inferior; la importancia está simplemente en sacar fuera tus ideas. Guarda lo que escribes para consultarlo algún día. Es probable que tus cavilaciones te produzcan enorme placer.

Resumen

★ Las extremidades superiores son las zonas relacionadas con Géminis. Los brazos, antebrazos y manos que las componen nos conectan con el entorno, y comunican a los demás lo mejor que tenemos.

★ Géminis es el tercer signo del ciclo zodiacal. A su energía le atañe acceder a nuestra iluminación e imaginación interiores para comunicar mensajes que inspiran de cierto modo o forma.

★ Si tu brillante naturaleza Géminis llega a encontrarse demasiado limitada en su amplio alcance o, a la inversa, está dispersa por todas partes, tus extremidades superiores podrían experimentar diferentes síntomas, por ejemplo, tensión muscular o inestabilidad de las articulaciones.

★ Equilibra a tu Géminis interior con preguntas, ejercicios y actividades que se centren en tus extremidades superiores. Hazlos para acceder a los dos lados de todo dualismo, ya sea yo/el otro o inferior/superior, y haz una alegre prestidigitación en un mundo de infinitas posibilidades.

5

El pecho del Cangrejo

♋ CÁNCER

Fecha de nacimiento: 21 de junio – 22 de julio
Zona del cuerpo: Pecho
Tema: Inicia el ciclo de dar y recibir

El primer cuarto del ciclo zodiacal, Aries, Tauro y Géminis, representan el nacimiento en este mundo: quiénes somos, cómo lo expresamos, y la comprensión de que no estamos solos. El segundo cuarto, Cáncer, Leo y Virgo, florece con el verano. Ha madurado un poco la dinámica de autoexploración de la primavera, y la semilla que comenzó en Aries ya es una planta.

Con Cáncer comienza esta nueva fase. Es una fase que coge la danza yo-y-el-otro introducida en Géminis y la pone en un ciclo. Este ciclo es de dar y recibir, conceptos complementarios que forman los cimientos de la mayoría de las relaciones en este mundo, comenzando por uno mismo, ampliándola a una forma interpersonal, al hogar y la comunidad. Cáncer no sólo inicia este ciclo de dar y recibir sino que también se ocupa de que todos los aspectos estén bien apoyados, equilibrados y cuidados.

El cuerpo: El pecho

Para el cangrejo su caparazón es muy literalmente su casa, su hogar. Para el Cangrejo humano y todos los que centramos la atención en nuestra naturaleza Cangrejo, la casa, el hogar, es donde está el corazón: el pecho. El pecho, la zona corporal relacionada con el signo Cáncer, es la representación física del sustento, la atención y el cuidado, el lugar al que puede recurrir nuestra sensible energía Cáncer para sentirse apoyada y protegida. Comenzando ya de bebés, el pecho se considera el hogar, cuando mamamos del pecho de nuestras madres.

Por el acto de mamar el bebé recibe la nutritiva leche de su madre y al mismo tiempo forja un sustentador lazo con ella. Este lazo madre-hijo dura toda la vida y, con toda probabilidad, también rige el comportamiento durante toda esa vida. Muchas personas repiten o buscan el grado de atención o cuidados que recibieron o no recibieron, y lo representan en sus relaciones posteriores. Por ejemplo, si la persona Cáncer se crió con una madre que era incapaz de darle una influencia nutritiva, es probable que repita esta dinámica en relaciones en que la pareja está ausente física o emocionalmente y no la sustenta. Más que en los demás signos, la naturaleza Cáncer busca volver a un hogar que la apoye y proteja.

Desde el punto de vista musculoesquelético, el pecho es ese lugar. Forma una caja protectora, la caja torácica, que guarda dentro su precioso contenido. Su armazón se compone de doce pares de costillas que nacen en el esternón, en la parte delantera del cuerpo, rodean los dos lados del tronco y completan el círculo en la espalda, articulándose con la columna vertebral. Y si bien tiene una cierta movilidad (las costillas suben y bajan al inspirar y espirar) la caja torácica se especializa en la estabilidad. Tiene que serlo, para mantener seguro y a salvo lo que está en su interior: los pulmones, la tráquea, el esófago y el corazón.

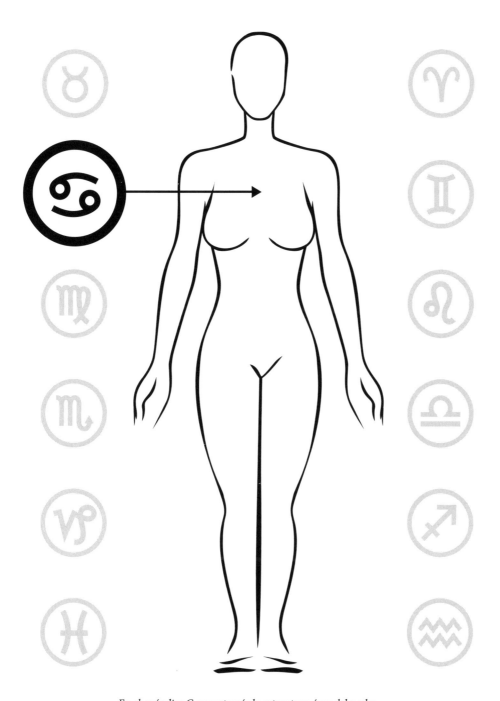

En el apéndice C encontrarás la estructura ósea del pecho.

La presencia de estas estructuras respiratoria y digestiva indica que aquí ocurren dos importantes procesos biológicos: la respiración y la digestión.

Como los pechos, los dos procesos están relacionados con el tema de Cáncer de cuidado y sustento. La digestión es sustentadora porque alimenta. En el plano físico, damos a las células el alimento que necesitan para desarrollarse y mantenernos. Y luego está el contexto que rodea a muchas comidas, que también son reconfortantes; por ejemplo, un excelente festín en compañía de buenos amigos. La expresión *alimentos reconfortantes* existe por un motivo.

Ten en cuenta que el corazón, aunque dentro de la caja torácica, ocupa un compartimiento separado de los pulmones y, junto con la parte superior de la espalda, está relacionado con el signo Leo (véase «El corazón del León»).

Las vías respiratorias también se consideran sustentadoras porque, como el tubo digestivo, llevan combustible a las células. Pero este combustible está en la forma de oxígeno, el que a través de la boca, la tráquea y los pulmones se difumina en la sangre, la que lo transporta a todas las células del cuerpo. Este valioso oxígeno, que recibimos del entorno gracias a los árboles y plantas, se usa para generar un tipo de energía llamada trifosfato de adenosina, más usualmente adenosín trifosfato (por su nombre en inglés, *adenosine tri-phosphate*, sigla ATP). El ATP es la energía circulante en el cuerpo, alimenta a todas las células, lo que nos permite caminar, respirar o, en otras palabras, vivir. Es nuestra verdadera fuerza vital.

Aunque el esófago forma parte del aparato digestivo pues por él pasa el alimento desde la faringe al estómago, no hay digestión propiamente tal en él; por lo tanto, la digestión, que ocurre en el estómago y el intestino delgado, está relacionada con Virgo.

No es sorprendente, entonces, que en muchas tradiciones se considere que el aliento es el vehículo de la fuerza vital. Se le llama *prana* en las tradiciones ayurvédica y yóguica, y *chi* o *qi* en la medicina china tradicional. En el cristianismo el aliento se refiere a una fuerza vivificante, o espíritu, aunque la etimología viene del siglo XIII; la palabra *espíritu* deriva de la latina *spiritus*, que significa «alma, vigor, aliento» y está relacionada con *spirare*, «respirar». De igual modo, el origen etimológico de la palabra *inspiración* (como se llama técnicamente el acto de introducir aire en los pulmones) hace referencia a la influencia de Dios o de un dios. El diccionario Lisan-al-Arab concuerda en esto y observa que la raíz de *spirit/soul* (espíritu/alma) es la misma que la de aliento, conexiones que comparten el hebreo, el alemán y el griego.

Así pues, el aliento, o aire que inspiramos, nutre el cuerpo y el alma, pero sólo si se hacen respiraciones nutritivas. ¿Recibes lo que necesitas con respiraciones completas, largas inspiraciones y largas espiraciones? ¿O te encuentras siempre en un estado de ansiedad, haciendo respiraciones rápidas y superficiales? Si te ocurre esto último, aunque sin duda subsistes con respiraciones menos que óptimas, te privas de la fuerza vital en todos los planos. En este sentido, lo bien o mal que respiras podría ser un indicador de lo bien o mal que te cuidas o sustentas. Haz las siguientes mediciones para evaluar la calidad de tu respiración:

1. *Velocidad o ritmo.* Cuenta el número de respiraciones que haces en un minuto. (Una respiración incluye la inspiración y la espiración.) El ritmo normal de respiraciones está entre doce y dieciséis veces por minutos.
2. *Profundidad.* Una inspiración plena no sólo ensancha el pecho sino también el abdomen. El aire que inspiras normalmente ¿te llena los pulmones o sólo llega aproximadamente a las clavículas? ¿Se te expande el abdomen con cada inspiración, o continúa plano?
3. *Calidad.* Cierra los ojos, relájate y, sin alterarlo, presta atención al fluir natural del aire que inspiras y espiras. Debe ser parejo y continuo. ¿Lo es? ¿O es irregular? ¿Vacilante? ¿Entrecortado?

¿Cuándo fue la última vez que prestaste atención a tu respiración? La respuesta de muchas personas es nunca, ya que es un proceso que suele darse por descontado. No es de sorprender, entonces, que la respiración de mala calidad sea la norma en lugar de ser la excepción en nuestra sociedad moderna, en la que muchas personas olvidan el ser y respirar por un estado de estrés crónico. La consecuencia son respiraciones más cortas, más rápidas y más superficiales, ciclo que recuerda la influencia de las prisas, que han contribuido a darle forma. Lo bueno es que tenemos la capacidad de cambiar el modo de respirar. Podemos decidir respirar desconectando el piloto automático, porque el respiratorio es uno de los pocos sistemas biológicos que funcionan de modo tanto involuntario como voluntario. Esto significa que podemos redescubrir y reformar nuestra respiración natural. Cambiarla por una más larga, más profunda y, en fin, mucho más nutritiva. Sólo tienes que desear dártela y recibirla.

Las estrellas: Cáncer

Inicia el ciclo de dar y recibir

Iniciar es comenzar un nuevo proyecto o empresa con un cierto estilo impulsor o ceremonial. Tomemos, por ejemplo, la frase «se inicia el lanzamiento» que se dice un momento antes de que salga el chorro del cohete o la lanzadera espacial. O pensemos en las ceremonias rituales de iniciación de los adolescentes en la edad adulta en las sociedades cazadores-recolectores, o las enseñanzas sagradas que se revelaban a un iniciado después de caminar sobre el fuego en las escuelas de misterio. En cuanto a Cáncer, la iniciación viene en la forma de una nueva fase del ciclo del zodiaco. Mientras la primera fase es toda acerca del yo, la fase siguiente marca el comienzo de una relación más significativa con el nosotros, en forma de una relación que toma en cuenta las necesidades de todos. Esta fase contribuye a establecer un marco sólido desde el cual atender a estas necesidades; por ejemplo, iniciar una empresa relacionada con la atención a la salud, entrar en un trabajo de servicio social o ser un progenitor dedicado al hogar a tiempo completo.

Para la sensible naturaleza del Cangrejo, el impulso de iniciar significa que hay ocasiones en que tiene que salir de su caparazón, ocasiones en que tiene que exponer al duro mundo la blanda parte inferior de su cuerpo, a pesar de todas las excusas en contra (normalmente una combinación de recuerdos de la infancia, «podría, querría, debería» y reproches a los padres). Para nadie es fácil liberarse de los apegos al pasado y salir de nuestra zona de confort, y nuestra energía Cáncer, emotiva e intuitiva, podría hacerlo más difícil aún cuando salimos de lo conocido y entramos en el miedo. Para bien o para mal, la única manera de pasar el miedo es, bueno, pasarlo, y la luz al final del túnel anuncia la siguiente fase de crecimiento. Así pues, si bien el duro caparazón del cangrejo ofrece un refugio maravilloso y seguro, si la persona nunca se aventura a salir, el caparazón se convierte en un escondite y deja de ser un hogar protector.

El conflicto de Cáncer entre lo interior y lo exterior es un componente esencial de la vida. Todos necesitamos pasar un tiempo dentro del caparazón para consolidar o reunir recursos, lamernos las heridas, hacer acopio de energía para crecer y, en suma, incubar libres del mundo. De modo similar, necesitamos conectar con los demás, experimentar un medio más grande y devolverle los recursos que reunimos, hasta que llegue el momento de volver al interior del caparazón. La clave para la naturaleza Cáncer es no quedarse atascada, ni dentro del caparazón (en un estado vulnerable, de dependencia o de autocompasión) ni fuera (dando, atendiendo, cuidando, sacrificándose). Está aquí para enseñarnos a todos que debemos encontrar el equilibrio entre la atención y cuidado de sí mismo y la atención y cuidado de los demás. De esta manera, Cáncer inicia un ciclo entre ambas cosas.

Un ciclo es una serie de acontecimientos o actos que ocurren una y otra vez en el mismo orden, como los ciclos estacionales o económicos. Pero no nos engañemos pensando que «mismo orden» significa «lo mismo» o «igual». Por ejemplo, cuatro estaciones componen un ciclo, comenzando con la primavera, terminando con el invierno y comenzando nuevamente con la primavera. Dicho eso, aunque en concepto las estaciones son iguales, en realidad no lo son. Sí, cada primavera incluye componentes similares, como el brote de hojas en los árboles. Pero las hojas que brotan cada año son totalmente diferentes de las del año anterior; las hojas de hierba no son las mismas, y tampoco lo somos nosotros. De una primavera a la siguiente somos personas diferentes, desde nuestros pensamientos y emociones hasta la infinidad de células de nuestros cuerpos.

Abundan nuestros ciclos bioquímicos sin que movamos un dedo. Claro que podemos detener el ciclo respiratorio un momento reteniendo el aliento, pero el ciclo circadiano está siempre funcionando, gobernando los procesos fisiológicos de veinticuatro horas, como lo están el ciclo cardiaco (que genera los latidos del corazón), el ciclo de la urea (que ayuda al hígado a limpiar o desintoxicar la sangre) y muchos más.

Los ciclos nos ofrecen la oportunidad de aprender del pasado, de pensamientos, emociones, actos y situaciones del pasado. Piensa en dónde estabas hace un año, en qué situación o circunstancias. ¿Reconoces circunstancias, formas de actuar o lecciones similares en tu vida? Si es así, ¿logras verlas ahora desde otra perspectiva? Nos demos cuenta o no, no hay ningún ciclo que no nos cambie. Inevitablemente nos hemos transformado de lo que éramos a lo que somos en este momento, y tenemos la oportunidad de volver a hacerlo. En efecto, cada ciclo es una forma de muerte y renacimiento, un flujo y reflujo de dar y recibir que corresponde a la naturaleza sensible del signo del zodiaco al que sirve y a nosotros nos corresponde asumir esa responsabilidad en esta vida.

Los ciclos comienzan en un lugar y nos llevan a otro, tanto en el plano físico como en el metafísico. Tomemos, por ejemplo, el ciclo del héroe (también llamado el retorno a casa del héroe). Ocurre cuando un héroe, como el rey Ulises (u Odiseo) de Homero, sale de su reino y entra en otro. Por el camino se encuentra con pruebas y tribulaciones de todo tipo, desde cíclopes a sirenas, que le hacen necesarias enorme fuerza física y de voluntad. Así el héroe se transforma y vuelve de su aventura con nuevos poderes y conocimientos para comunicar. En un plano más cotidiano, incluso el ejercicio más corriente es un ejemplo importante: después de trotar por un camino o pista y dar unas cuantas vueltas, el cuerpo acaba en un estado físico diferente al de antes de comenzar (tal vez cansado pero más fuerte), y del mismo modo se han transformado los pensamientos y emociones. De acuerdo a esto, el consejo coloquial para superar alguna forma de estrés

Además de los muchos ciclos internos que ocurren en el cuerpo están los externos. Por ejemplo, mientras lees este texto nuestro planeta gira sobre su eje dando lugar al ciclo día-noche, mientras al mismo tiempo gira alrededor del Sol siguiendo su órbita, en un ciclo anual, y a la vez, junto con todo el sistema solar, da una vuelta en torno al centro de nuestra galaxia (la Vía Láctea) cada 225 millones de años. Pues sí, incluso nuestra galaxia tiene ciclos.

El ciclo de la vida fue un tema recurrente en la obra del pintor Cáncer Gustav Klimt. Por ejemplo, en *Las tres edades de la mujer* (1905), las tres figuras femeninas representan fases del ciclo, expresadas por una niña, una madre y una mujer mayor.

físico o psíquico es liberarse corriendo; comienzas a correr en un estado físico y mental y vuelves en otro.

El poder del ciclo, ya sea que te lleve a la isla de los cíclopes o a la pista del estadio de la universidad, proviene de un proceso muy abarcador que incluye elementos aparentemente reñidos entre sí. Si leíste el capítulo «Las manos de los Gemelos» recordarás que el superpoder Géminis es ver no esto *o* lo otro, sino esto *y* lo otro, lo bueno y lo malo, lo correcto y lo incorrecto, el cielo y la tierra. Nuestra naturaleza Cáncer nos ayuda a entender mejor que estos elementos duales no sólo existen sino que además actúan en colaboración. De hecho, uno lleva al otro. Bueno y malo, correcto e incorrecto, estos atributos no se oponen necesariamente, y tampoco son las dos caras de una moneda; son dos puntos del mismo ciclo.

Flujo y reflujo es una expresión que normalmente se refiere al ciclo de movimientos del mar; cuando sube la marea, al movimiento de ascenso se le llama flujo, y cuando baja, al movimiento de descenso o de retirada se le llama reflujo. Las mareas están regidas por los ciclos de la Luna, como también la muda de piel de los cangrejos, que ocurre cuando hay marea alta y luna llena. La Luna es también el planeta regente del signo zodiacal de agua Cáncer, Cangrejo. De más está decir que los ciclos de la Luna ofrecen incontables oportunidades para desprenderse de lo viejo y revelar lo nuevo.

Tomemos, por ejemplo, el ciclo de dar y recibir relacionado con Cáncer. En nuestra sociedad ponemos un especial acento en dar. Los buenos dadores se consideran buenas personas; a las personas receptoras, en cambio, se las podría considerar egoístas. Sin embargo, si todo el mundo solamente diera, ¿quiénes quedarían para recibir? Una manera de recibir es aceptar con gusto, de corazón, y esto produce una inmensa satisfacción a la persona dadora, la que entonces recibe gracias a lo que ha dado. ¡Fiu! Así pues, dar convierte en receptora a la persona dadora y a la receptora en dadora, y de pronto no hay ninguna dicotomía entre las dos cosas. No hay valores distintos sino sólo el propio ciclo.

Uno de los beneficios del ciclo dar y recibir es un Cáncer interior atendido, querido, un intercambio dinámico que da atención y cuidado a la persona y a los demás. Es una forma para sentirse sano y totalmente sustentado, a la vez que un medio para permitir que otros hagan lo mismo, siempre que la intención y la ejecución del intercambio sean legítimas, sinceras. Dado el valor que da la sociedad al dar, sería fácil dar como forma de validar la propia valía, establecer dominio o evitar la intimidad (aun cuando no sea esa la intención consciente). En estas circunstancias, el acto de dar se convierte en un falso ciclo de autosustentación, dando, dando y dando con el fin de recibir algo mayor que parece que nunca se recibe. Cuando ocurre esto, lo que hacemos en realidad es exteriorizar nuestro sentido del sustento, y es una indicación de que necesitamos volver al interior para encontrar el sustento dentro del caparazón.

El ciclo natural de dar y recibir debe ser bien equilibrado. El concepto «lo que se va vuelve» se encuentra a lo largo del tiempo y el espacio y en las escrituras, desde la doctrina budista referente al karma, hasta el Nuevo Testamento en «Dad y se os dará» (Lucas 6, 38). Incluso el multimillonario magnate-depredador y filántropo del siglo XIX John Davidson Rockefeller escribió: «Creo que es el deber religioso de todo hombre adquirir todo lo que pueda honradamente y dar todo lo que pueda».[6] Y, en efecto, este Cáncer vivió ambos aspectos equitativamente. Si bien su manera de «adquirir todo lo que pueda» sigue siendo discutible, su inmenso recibir estaba equilibrado con su inmenso dar. A su muerte Rockefeller había donado casi la mitad de su fortuna de miles de millones de dólares a centros médicos, universidades, iglesias y fundaciones de arte que todavía sirven a la sociedad.

Sin duda el dinero dista mucho de ser lo único que se puede dar y recibir. Hay muchas cosas que cumplen los requisitos porque no se trata tanto de lo que se da cuanto del cómo se da. Por eso una sonrisa cariñosa puede ser un regalo tan valioso o mejor que un nuevo juego de porcelana. Dado que la parte importante es el corazón con que se da y se recibe (¡aunque sea a uno mismo!). Así pues, sea el regalo una sonrisa o un juego de loza, o lo que sea, lo que realmente se da y se recibe es una forma de amor. Lo cual, al final del día, es lo que hace sustentador el ciclo para todos.

Lecciones

En realidad no es fácil dar, y a veces recibir es aún más difícil. Estar receptivos a lo que nos ofrece otra persona presupone vulnerabilidad, genera una situación en que permitimos que alguien nos afecte, nos influya. ¿Y si me hace sentir así o asá? ¿Y si me echo a llorar? Estas preguntas ya asustan bastante, y no digamos el viaje para encontrar la respuesta. Pero si no viajamos en el ciclo de la vida, nos quedamos detenidos. Y si estamos detenidos mucho tiempo, corremos el riesgo de que la rueda se quede atascada; atascada por ahí en el otro mundo entre dar y recibir, lo cual es una receta infalible para no sentirnos nunca totalmente sustentados.

Así pues, Cáncer nos enseña a aprender a recibir mejor, para dar mejor, a nosotros mismos en primer y principal lugar. Todas las vibraciones de Cáncer van de atender y sustentar,

---

6. Rockefeller Family & Associates, «John D. Rockefeller 1839-1937», Rockefeller Archive Center, septiembre de 1997, www.rockarch.org/bio/jdrsr.php.

y es importantísimo que nuestra naturaleza Cangrejo se sienta interiormente bien atendida, para así ayudarnos exteriormente a dirigir su empática energía a la familia, amistades y comunidad. Pero la vulnerabilidad implícita en recibir ayuda, atención o cuidado es un punto débil de Cáncer, la que induce al Cangrejo a retirarse a su caparazón muchas veces, no sea que quede expuesta su naturaleza sensible o la exploten.

Esto es así incluso cuando Cáncer se hace el regalo a sí misma. La resistencia con que nuestra energía Cáncer recibe algo de los demás sólo es un reflejo de nuestra incapacidad para recibir afablemente algo de nosotros mismos. Darse a sí mismo es la forma más elevada de amarse, cuidarse, sustentarse, y Cáncer está aquí para generar ese espacio. ¿El último toque? Cuanto más capaz seas de satisfacer tus necesidades, más capaz serás de satisfacer las necesidades de los demás. Si no sabes satisfacer tus necesidades, tu naturaleza Cáncer podría quedarse atascada permanentemente, retirada dentro de su caparazón, enterrando sus sentimientos con la pregunta «¿Por qué yo?» que indica que la culpa de su atascamiento la tienen circunstancias externas.

Manifestaciones físicas de la energía Cáncer interiorizada podrían ser:

★ Sensación de opresión en el pecho
★ Pecho encorvado, hundido
★ Postura encorvada propia de la cifosis
★ Respiración entrecortada
★ Irritación o inflamación de las costillas
★ Otras: problemas respiratorios, problemas del esófago, bultos en los pechos (por ejemplo, quistes, miomas)

En contraposición a ser interior, al tratar de llenar su caparazón con cariño y sustento, Cáncer podría volverse hacia todo y todos los demás. Emocionalmente recargada, podría concentrarse en «él, ella o ellos» como la causa de sus problemas y soluciones. Una vez que uno cede su poder en el ciclo dar y recibir, la energía Cáncer podría convertirse en víctima inconsciente, y las emociones podrían fluir sin límite al no comprender que a uno, y a nadie más, le toca cambiar el ciclo.

Manifestaciones físicas de una energía Cáncer exteriorizada podrían ser:

★ Lesiones en las costillas (por ejemplo dislocación, separación)
★ Dolor del pecho
★ Pecho hundido

★ Otras: problemas respiratorios, exceso de flema, comer debido a emociones, acedia, bultos en los pechos (por ejemplo, quistes, miomas)

¿Cuánto cuidado recibe tu pecho? Ya esté interiorizado, exteriorizado o en algún punto intermedio, la clave es escuchar a tu cuerpo y darle lo que necesita. Para aflojar la opresión en el pecho o fortalecerlo si está débil, despierta a tu Cáncer interior con las preguntas y ejercicios siguientes.

Tu cuerpo y las estrellas

Lo siguiente te servirá a modo de guía personal para incorporar la historia de las estrellas de Cáncer. Úsala para iniciar un nuevo ciclo de dar y recibir.

Preguntas

★ ¿Cuál consideras que es tu caparazón personal, el lugar que encuentras más sustentador (dormitorio, playa, meditación)? ¿Qué te motiva a entrar en tu caparazón? ¿Qué te motiva a salir de él?

★ ¿Qué necesitas darte para sentirte segura/o, satisfecha/o y sustentada/o? ¿Qué necesitas recibir de los demás para sentirte segura/o, satisfecha/o y sustentada/o?

★ ¿Cómo te das a ti misma/o? ¿A los demás? ¿Cómo recibes lo que te das? ¿Cómo recibes lo que te dan otros?

★ ¿Qué percepciones o comportamientos podrían impedirte dar amablemente? ¿O recibir amablemente?

★ ¿Qué conexión notas entre tu respiración y lo bien (o mal) atendida/o o cuidada/o que te sientes? ¿Estás tranquila/o y tu respiración es relajada, o acelerada/o y tu respiración es rápida?

Ejercicios

Respiración global: Para dar y recibir con la respiración

Cuando inspiramos recibimos del entorno el oxígeno que da a las células lo que necesitan. Cuando espiramos damos al entorno lo que ya no necesitamos (dióxido de carbono) de forma que recibe lo que necesita. De esta manera, el ciclo de la respiración imita al ciclo de dar y recibir, así que hay que hacer buena cada respiración. Reforma tu manera de respirar con esta respiración global, la que le recuerda a tu pecho el modo de facilitar una respiración sustentadora:

1. Elige un lugar tranquilo y cómodo para tenderte de espaldas en el suelo con las piernas extendidas.

2. Coloca las manos, una sobre la otra, en medio del pecho, debajo de las clavículas. Haz cinco respiraciones profundas y lentas, y con cada inspiración siente en las manos la expansión *anterior* del pecho al subir.

3. Extiende los brazos a los costados con las palmas apoyadas en el suelo. Haz cinco respiraciones profundas y lentas y en cada inspiración siente la expansión *posterior* del pecho al presionar el suelo con la espalda.

4. Coloca una mano a cada lado de la caja torácica (suele ser cómodo colocarlas bajo el nivel de los pechos), con los dedos hacia dentro, apuntándose. Haz cinco respiraciones profundas y lentas, y en cada inspiración siente cómo se expande hacia *los lados* la caja torácica, aumentando la distancia entre las manos.

5. La respiración global: es el momento de juntarlo todo. Extiende los brazos a los costados con las palmas apoyadas en el suelo. Haz cinco respiraciones profundas y lentas, y con cada inspiración siente cómo la caja torácica se ensancha al mismo tiempo hacia arriba, hacia abajo y hacia los lados (como un globo).

Como lo indican estos pasos, con cada inspiración la caja torácica se expande en muchas direcciones, anterior, posterior y laterales. Por eso hay tantos músculos sobre y entre las costillas, para moverlas. Sentirlo en algunas direcciones será más fácil que sentirlo en otras, y eso es natural; no hay por qué juzgar, sino simplemente observar. Practicar este ejercicio te servirá para expandir la caja torácica de forma más equilibrada. Y además de reformar tu modo de respirar, aprovechas también el efecto calmante de la respiración global como medio para la relajación, mejor enfoque mental y mayor energía. Ten en cuenta que la primera vez te llevará más tiempo, porque tienes que aprender las instrucciones. Una vez que lo hayas practicado podrás hacer esta secuencia en unos cinco minutos, aunque es muy recomendable hacerlo sin prisas.

Perro mirando hacia arriba: Para salir del caparazón

Aunque a Cáncer le encanta estar calentita y cómoda dentro de su casa, hay ocasiones en que debe salir. ¿De qué otra manera puede enseñar a los demás la importancia de un cuidado equilibrado? Dicho eso, para el Cangrejo es mucho más fácil estar dentro de su caparazón que fuera (donde están todos los predadores). La siguiente postura te ayudará a salir y continuar fuera del caparazón con un pecho fuerte y abierto. Cuando somos capaces de exponernos no hay por qué temer que nos expongan otros.

1. Tiéndete boca abajo, con las piernas extendidas y los empeines apoyados en el suelo, los codos flexionados y las palmas apoyadas en el suelo de forma que queden directamente debajo de los hombros.

2. Ejerciendo igual presión en el suelo con cada mano, endereza los brazos y levanta el tronco hasta que quede arqueado, con el cuello y la cabeza siguiendo este arco de forma que quedes mirando ligeramente hacia arriba (pero sin comprimir el cuello). Al mismo tiempo presiona el suelo con los empeines, con lo que levantas las piernas unos pocos centímetros. En este punto, sólo las palmas y los pies tocan el suelo.

3. En esta postura mantén los muslos ligeramente vueltos hacia dentro y los brazos hacia fuera, de forma que el lado anterior del codo quede hacia delante. Echa hacia atrás los hombros que han quedado caídos. Relaja la parte inferior de la espalda y afloja las nalgas.

4. En esta postura haz diez respiraciones, inspiración y espiración, y luego baja lenta y suavemente todo el cuerpo hasta el suelo.

Si necesitas disminuir la intensidad de esta postura, honra la sensibilidad de Cáncer y aumenta tu comodidad manteniendo ligeramente flexionados los codos.

Abridor del pecho kundalini: Para iniciar tus ciclos

Cuando un cangrejo rey cambia de piel, se desprende del caparazón y entra en uno nuevo. El proceso comienza un día antes del cambio, cuando el cangrejo absorbe agua de mar que lo ayuda a ensanchar el caparazón viejo, que comienza a separarse por las junturas. Después de unos quince minutos de moverse, empujando y tironeando, sale de su vieja piel ya recubierto por la nueva. Éste es un ciclo de reencarnación que le ocurre unas veinte veces en su vida. Y esto puede ocurrirnos a nosotros también. Esta práctica kundalini, llamada «postura fácil con flexión de la parte superior de la columna», es una manera fabulosa de entrar intencionalmente en el ciclo y mantener su flujo para no quedar estancados.

1. Siéntate en el suelo en posición cómoda con las piernas cruzadas en los tobillos. Extiende lo más que puedas las piernas si es necesario para mantener la espalda recta. Si lo necesitas para ponerte en esa posición o para mantenerla, siéntate sobre un cojín.

2. Cógete firmemente los tobillos con las manos, con los brazos rectos, sin flexionar los codos.

3. Manteniendo rectos los brazos, arquea el pecho hacia delante de modo que quede delante de los brazos, y luego cúrvalo hacia atrás formando un arco detrás de los brazos. Ésta es una ronda. Practica este movimiento cinco veces, manteniendo el mentón paralelo al suelo, de forma que la cabeza no cambie de posición cuando flexionas la columna.

4. En las siguientes rondas, cada vez que arquees el pecho, inspira, y cada vez que lo curves hacia atrás, espira. Mantén la atención en el pecho, que es la zona del cuerpo que inicia el movimiento. Los movimientos deben ser rápidos y vigorosos, pero fluidos.

5. Cuando te parezca que has encontrado la fluidez, repite treinta veces con la respiración coordinada.

Una vez que captes el ritmo del movimiento y hagas el ciclo atrás y adelante con facilidad, experimenta con la respiración. En lugar de añadir inspiración o espiración a cada movimiento, mira a ver si logras iniciar el movimiento mediante la respiración. Es probable que esto te resulte más difícil, pero vale la pena.

Torsión del tronco de espaldas: Para cuidarse y sustentarse

Como hemos dicho, los seres humanos modernos estamos muy atrincherados en la reacción del sistema nervioso simpático, coloquialmente llamado del estrés, o la disposición para hacer frente al peligro o huir. Revisar la lista de deberes cuando salimos de casa para ir al trabajo, al gimnasio o al supermercado, y volver nuevamente a casa nos mantiene activado el sistema simpático. Pero esta parte de nuestra fisiología está mejor adaptada para huir de un león, no para mantener un estado de alerta durante mucho tiempo. Esto lo equilibra la función del sistema parasimpático, el del descanso y la asimilación, la que nos permite respirar profundo, comer con buen apetito y digerir bien. Es decir, es la parte que va de ser, que no de hacer; esa parte que es sustentadora, no realizadora. Cuida de ti relajándote en esta torsión que te hace el pecho receptivo:

1. Tiéndete de espaldas, con las rodillas flexionadas y las plantas de los pies bien apoyadas en el suelo. Extiende los brazos hacia los lados (formando una T), con las palmas hacia arriba, y siente pasar el estiramiento desde los hombros hasta los dedos.

2. Baja las piernas flexionadas hacia la derecha, manteniendo firmemente apoyados en el suelo el hombro, el brazo y la mano izquierdos. Procura que los muslos formen un ángulo recto con el tronco, y baja las piernas solamente hasta donde puedas mantener hombro,

brazo y mano izquierdos apoyados en el suelo. Si no logras que las rodillas lleguen al suelo, coloca un bloque o un cojín debajo para apoyarlas.

3. Gira lentamente la cabeza hacia la izquierda, en el sentido opuesto a donde apuntan las rodillas. Mantén esta posición durante diez respiraciones profundas.

4. Ahora cambia de lado. Vuelve las piernas flexionadas hasta el centro y bájalas hacia la izquierda; la espalda continúa bien apoyada, y procura mantener firmes en el suelo el hombro, brazo y mano derechos. Cuando las rodillas estén en su posición final (apoyándolas en un bloque si es necesario), gira lentamente la cabeza hacia la derecha. Mantén esta posición durante diez respiraciones profundas.

5. Ahora vuelve la cabeza y las rodillas al centro. Antes de incorporarte quédate así un momento para disfrutar de tu estado relajado y receptivo.

Tú programas: Para priorizar el cuidado de ti misma/o

El ejercicio anterior, la torsión del tronco, te abrió para hacerte receptiva/o a cuidar de ti. Con este ejercicio llega el momento de elegir lo que más valoras del cuidado de ti misma/o y darle prioridad en tu vida cotidiana. Puede ser cualquier actividad que consideres sustentadora: leer un buen libro, hacer punto, cocinar, hacer ejercicio, etcétera. El truco es comprometerse a lo que sea con un buen plan que introduzca en tu día nuevos y saludables hábitos.

1. *Toma de conciencia*: Haz tres listas para identificar 1) lo que te sustenta en tu estilo de vida *ideal*, 2) cuánto te sustentan los hábitos que existen en tu sano estilo de vida *real*, y 3) los *obstáculos* que existen entre ambos. Por ejemplo, si consideras sustentador leer un libro antes de dormir, aunque deseas hacerlo cada noche (ideal) sólo lo haces una vez al mes (real) debido al tiempo que ocupas en leer y contestar e-mails por la noche (obstáculo).

2. *Compromiso*: De tu lista ideal elige algo que desees hacer y puedas hacerlo. Da el primer paso hacia cambiar a tu estilo de vida deseado escribiéndolo, grabándolo en un vídeo, contándoselo a un compañero de trabajo u obligándote a ser responsable.

3. *Plan*. Para ser fiel a tu compromiso, idea un plan que sea factible en tu situación. No importa si tu plan te compromete a hacer algo una vez o cinco veces a la semana; lo importante es que sea factible, fácil de hacer. Comienza por cosas pequeñas y los resultados hablarán por sí mismos: tu práctica de salud aumentará naturalmente.

4. *Ayuda*. Pídeles a tus seres queridos que te ayuden a poner por obra tu plan. ¿Cómo o en qué aspecto te pueden ayudar o apoyar mejor? Explícalo de la manera más concreta

posible. Tal vez te sorprenda comprobar que una vez que pides claramente apoyo lo recibes.

Felicitación o cumplido: Para recibir con gratitud y amabilidad

Este ejercicio habla por sí solo, y sin embargo es probable que te resulte más difícil de lo que crees. Descubre por qué haciéndolo.

★ *Primera parte*: Piensa en algo que eres o que haces muy bien. Por ejemplo, puede que seas muy generosa/o o fabulosa/o para hacer punto. Debe ser algo de lo que ya te sientas bien. Ante el espejo, mírate a los ojos y felicítate diciéndote más o menos: «¡Soy [palabra elegida]! Eso es maravilloso; de hecho, soy maravillosa/o». Sonríe mientras lo dices y después de decirlo. Continúa mirándote un momento y permítete sentirte bien.

★ *Segunda parte*: La próxima vez que alguien te felicite, sea cual sea la magnitud del cumplido o creas o no en su validez, recíbelo de corazón, como hiciste en la primera parte. Responde con una verdadera sonrisa y con palabras que muestren gratitud, no alegando que no es nada, dando explicaciones, disminuyendo tu merecimiento, ni comenzando con la palabra «pero».

★ *Tercera parte*: Felicita a alguien. Puede ser a una persona amiga, a una desconocida a un/a compañero/a de trabajo, que te inspire el momento; no hace falta tenerlo pensado de antemano. En el momento que te des cuenta de que una persona se ve fabulosa con su traje o vestido, o alguien ha hecho un buen trabajo, o preparado una comida deliciosa, díselo. Díselo francamente, con palabras sencillas y sonriendo. Observa cómo reacciona y cómo te hace sentir su reacción o respuesta, sea cual sea.

Resumen

★ El pecho es la zona relacionada con Cáncer. Encierra estructuras que nos permiten literal y figuradamente hacer una respiración profunda. El pecho, nuestro tesoro personal, representa el cuidado, atención y sustento.

★ Cáncer es el cuarto signo del ciclo zodiacal. A su energía le atañen los dones de dar y recibir, unidos en un ciclo que nos aprovisiona a nosotros mismos y a los demás.

★ Si tu sensible naturaleza Cáncer se retira con mucha facilidad dentro de su caparazón o se expone con mucha frecuencia, podrías experimentar diversos síntomas en el pecho (por ejemplo, opresión o respiración superficial).

★ Equilibra a tu Cáncer interior con preguntas, ejercicios y actividades que centren la atención en el pecho. Hazlo para profundizar más en el ciclo dar-recibir, teniendo presente que cuidar de ti y sustentarte es necesario para cuidar y sustentar mejor a los demás.

6

El corazón del León

♌ LEO

Fecha de nacimiento: 23 de julio – 22 de agosto
Zona del cuerpo: Corazón y parte superior de la espalda
Tema: Haz brillar la luz de tu corazón

El signo anterior, Cáncer, nos lleva al tronco del cuerpo, viaje que Leo continúa entrando en lo profundo del corazón, un corazón que representa el valor, la adhesión, la generosidad y, más aún, el cariño, el amor. Y es amor, principalmente en la forma de amor propio, lo que Leo viene a dar, recibir y hacer brillar. Su constelación posee una de las estrellas más brillantes del cielo nocturno, Regulus (también llamada Alfa Leonis, o simplemente Alfa Leo), estrella que refleja exactamente qué ha venido a hacer Leo: hacer brillar la luz de su corazón sobre todo su entorno y todos los que le rodean.

El cuerpo: Corazón y parte superior de la espalda

El corazón y la parte superior de la espalda son las zonas corporales relacionadas con el León. En lo que a anatomía y fisiología se refiere, el corazón es un órgano esencial que bombea sangre por los vasos sanguíneos. Esta sangre lleva oxígeno y nutrientes a todas las células del cuerpo, al mismo tiempo que elimina sus desechos (por ejemplo, el dióxido de carbono). Sin esta circulación el cerebro moriría en cuatro a seis minutos; los huesos, la piel y los tendones resistirían más tiempo, pero sólo hasta doce horas. Tomado todo esto en cuenta, es un trabajo enorme para un músculo que sólo pesa unos trescientos gramos.

El músculo cardiaco está situado cerca del centro de la caja torácica, entre los dos pulmones. Y aunque está entre los pulmones, está separado de ellos por el pericardio, membrana delgada que lo envuelve y protege. Separado físicamente de los pulmones, también lo está energéticamente, pues la astrología lo asocia con la parte superior de la espalda, también zona de Leo, y no con la zona del pecho, de Cáncer. Hay que observar, sin embargo, que el pecho y la parte superior de la espalda son dos caras de la misma moneda: el pecho relacionado con el lado anterior de la caja torácica, y la parte superior de la espalda con el lado posterior. Juntos forman un contenedor de 360 grados para el corazón, pero claro, la astrología lo asocia con la parte superior de la espalda.

La parte superior de la espalda está formada por las vértebras dorsales o torácicas, que son los huesos de la columna a los que se unen las costillas. Estas doce vértebras se encuentran entre el cuello (vértebras cervicales) y la parte inferior de la espalda (vértebras lumbares). Normalmente la espalda se puede considerar compuesta por tres partes, superior, media e inferior, o por dos, superior e inferior. En todo caso, «superior y media» o «superior» es la zona formada por la columna dorsal o torácica. La parte inferior la forma la columna lumbar (véase capí-

♌ Durante unos 2.160 años la estrella Regulus ha formado parte del signo zodiacal Leo. Dicho esto, a fines de 2011 (desde la Tierra) se observó que Regulus entraba en el signo Virgo, donde estará otros 2.160 años y entonces entrará en Libra. Hay que hacer notar, sin embargo, que la estrella continúa en la constelación Leo. Estas diferencias se explican por el aparente movimiento de avance de las constelaciones y estrellas por los signos del zodiaco.

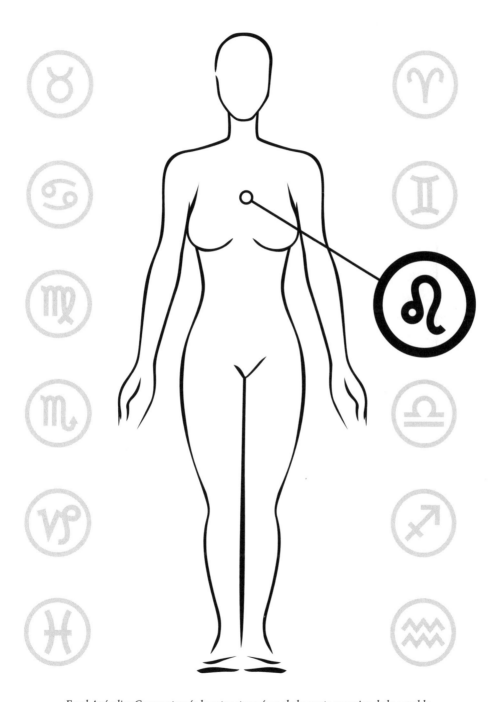

En el Apéndice C encontrarás la estructura ósea de la parte superior de la espalda.

tulo 8: «La espalda de la Balanza»). Mientras el cuello y la parte inferior de la espalda están diseñados para dar movilidad, la parte superior se destaca por su fuerza y estabilidad. Es en parte lo que mantiene erguido el tronco. Además, dado que las vértebras dorsales están unidas con las costillas, esta parte superior contribuye a proteger los órganos que se encuentran dentro de la cavidad torácica, como el corazón.

La parte superior de la espalda podría llamar la atención en nuestra sociedad cuando está más curvada de lo debido a consecuencia de malas posturas, además de a una predisposición genética. La curvatura excesiva de la columna dorsal se llama *cifosis* y se manifiesta en hombros encorvados y esa parte de la espalda redondeada. Es posible que en este momento estés en esta postura, leyendo este libro, o que la adoptes cuando te sientas ante el ordenador. En esta posición la espalda superior está desalineada y el centro cardiaco queda oculto. La cifosis aparta de su centro al corazón y lo mueve hacia atrás, como cuando un león se retira a su cueva. Este apartamiento, o la excesiva curvatura de la columna dorsal, es una postura cuya causa es el miedo; es un mecanismo evolutivo destinado a proteger los órganos vitales ante una amenaza o peligro; por ejemplo, el ataque de un león. Pero no estamos hechos para mantener todo el día esta postura causada por el miedo. Estamos hechos para estar erguidos, con los hombros derechos y el corazón en su centro.

Para muchas personas esconder el corazón es una costumbre tan arraigada con el tiempo que asusta desprenderse de ella, aun cuando hacerlo sencillamente devuelva el tórax a su alineación y estabilidad naturales. Esta posición podría resultar más expansiva que aquella a la que estamos acostumbrados, nos deja más expuestos. Y esto significa que la persona podría sentirse vulnerable al llevar el corazón abierto, vulnerable a que los demás la juzguen. Pero nadie tiene el poder de hacernos sentir de cierta manera a no ser que se lo permitamos. Así pues, si la persona se siente herida, enfadada o simplemente acusada por los comentarios de otra, podría deberse a que el comentario le ha tocado una parte que no ha aceptado totalmente, la parte oscura de su interior, la que también juzga, aunque sea sin darse cuenta. Esta parte oscura podría ser el motivo de que nuestro Leo no desee mirar su interior. Podría considerar más fácil esconder el corazón o cubrirlo con una capa de falsos orgullo y seguridad. Y así, paradójicamente, es posible que hinche el pecho para parecer grande y compensar el sentimiento de ser pequeño. Tal vez la imagen más representativa de esta postura es la que se ve en los retratos del emperador Leo Napoleón Bonaparte y el complejo al que se le ha dado su nombre.

 Complejo de Napoleón es una expresión popular que alude a la opinión de que los hombres de baja estatura lo compensan con una desmesurada ambición, narcisismo y delirio de grandeza. Dicho esto, si bien Napoleón Bonaparte no era el más alto de los hombres, algunos historiadores creen que era de altura normal en la Francia de ese tiempo y que en los retratos se ve bajo por estar rodeado de guardias muy altos.

¿Cómo llevas tu centro cardiaco? Para comprobarlo mírate la postura de la espalda:

1. De pie ante un espejo, gírate un poco para verte de perfil. Ponte como lo harías normalmente si no estuvieras prestando atención a tu postura (sin hacer trampa). Girando la cabeza lo mínimo posible, mira hacia el espejo y observa si es o no prominente la curva de la parte superior de tu espalda.

2. Exagera la curva natural de forma que los hombros queden encorvados. En esta postura, también quedan inclinados el cuello y la cabeza. Ahora di el lema de Leo «¡Aquí estoy!». ¿Cómo lo sientes? ¿Cómo suena?

3. Ahora endereza la espalda, en la alineación que considerarías ideal. La cabeza deberá quedar en línea sobre el corazón, el corazón en línea sobre las caderas, las caderas alineadas sobre las rodillas, y las rodillas sobre los pies. Tendrías que sentirte como si tuvieras el cuerpo colgando recto de una cuerda. Repite el lema de Leo «¡Aquí estoy!». ¿Cómo lo sientes y cómo suena ahora?

Es posible que tu postura natural (paso 1) esté más o menos entre la curvada de la cifosis (paso 2) y la que consideras ideal (paso 3). Si es así, quiere decir que escondes el corazón durante tus actividades diarias; de esta manera, por lo tanto, renuncias a o te privas de toda la fuerza y estabilidad que daría la parte superior de tu espalda a todo tu ser, y ése es el motivo de que resulte difícil vocalizar en la postura del paso 2. Lo bueno es que siempre tenemos la capacidad para acceder más y más a esta zona. Cada día tienes la oportunidad de enderezar la columna, expandir el corazón y entrar en un estado de seguridad en ti misma/o que dice «¡Soy león, oídme rugir!».

Las estrellas: Leo

Haz brillar la luz de tu corazón

El Sol es el centro de nuestro sistema solar. Su fuerza de gravedad atrae a su alrededor a ocho planetas, por lo menos a cinco planetas enanos, a diez mil asteroides y a millones de cometas. Ya sea que consideremos a un planeta que gira alrededor de su órbita, a una planta que crece hacia él, a una persona de la antigüedad que lo adoraba o a un amante de la playa que disfruta tomándolo, el sol llama la atención. A todos nos atrae la luz, y por lo que respecta a nuestro sistema solar, el sol es la luz más brillante. Sentimos su poder como calor en la piel y vemos su luz con los ojos. Ilumina todo y a todos, desde planetas a personas.

Su luminosidad ilustra al signo Leo, cuyo planeta regente es, por cierto, el Sol; la relación sol-león es antiquísima, como lo vemos en las tradiciones persa, semita y del antiguo Egipto. Así pues, la energía Leo representa el brillo que posee el sol, presente y resplandeciente en el interior de todos nosotros. Brillar significa emanar, emitir luz. Leo hace esto con su postura erguida, confiado en quién es y en su deseo de exhibir su gloria ante el mundo. Es como si durante los cinco signos anteriores hubiera estado ensayando entre bastidores y ya esté preparado para dominar el centro del escenario. La energía Leo sabe quién es y para qué es bueno, y se siente tan a gusto en su piel que desea lucirse ante quienes lo rodean. Y, como la del sol, la energía que hace brillar Leo es inmensa, tanto que cuando brilla no sólo se ilumina él sino que también ilumina a los demás. Esta naturaleza radiante los halaga, los alienta y los ayuda a cultivar su brillo también, siempre que, como el sol en la antigüedad, nuestro Leo interior reciba reverencia a cambio.

Si nuestro Leo interior no recibe lo que considera que se le debe, ¡ojo con las llamaradas solares! Así como de repente el sol emite rayos de alta intensidad, así puede estallar el León si no obtiene lo que desea. Desea, no, se siente con derecho a recibir los elogios, los adornos y la adulación que van con el centro del escenario. Con un jactancioso rugido, este voluble rey (de la selva y más allá) exige imponerse, o imponer algo. Piensa en exgobernantes del mundo como Napoleón, Mussolini y Castro. Estos tres eran Leos cuya megalomanía actuaba con mucho dramatismo en el escenario del mundo, al exigir el respeto y la admiración de militares y naciones. Y mientras sus partidarios eran recompensados con los más elevados puestos y distinciones, si no encontraban el sometimiento u obediencia deseados, o si había oposición a sus creencias, las represalias eran rápidas y decisivas. Así es de dañino el desmedido orgullo del Leo que está tan cegado por su luz que no ve su lado oscuro.

Además de con el sol, al león se le ha relacionado con la realeza, se le considera el rey de la selva. Así pues, la figura del león se ve en muchas banderas, escudos o blasones, desde Gran Bretaña a Sri Lanka, Irán, Australia y otros países. Incluso la constelación Leo está íntimamente asociada con la realeza pues el nombre de su estrella más brillante, Regulus, significa «reyecito» (diminutivo de *rex*, rey). Esta estrella, situada debajo de la melena del león celeste, es 140 veces más brillante que nuestro Sol.

Nuestra luz interior sirve a la misma finalidad que el sol, nos permite ver. Es una llama interior que resplandece con el brillo de quienes somos en nuestro ser más sano, feliz y elevado. Y brilla no sólo con la verdad personal sino también con la verdad superior incorporada en la luz del Universo. Es esa parte de nuestro ser que se siente divina, especial, mágica, como que todo es justo lo que se necesita para ser y estar bien. Es comparable a estar en la Zona, el espacio en que deja de existir el tiempo, como también las preocupaciones, los temores y las inquietudes. Si creemos en esto, podríamos llamar a esta luz el espíritu o el alma. Y cuando estamos situados en él, podríamos decir que estamos iluminados.

Sí, nuestra luz interior es cintas, arco iris y todo bonito. Pero también es la causa de nuestras sombras más oscuras y profundas. Sombra es el lugar donde no llega la luz debido a un obstáculo. Fuera, cuando vamos caminando por la calle por la tarde, el obstáculo somos nosotros mismos, impedimos que la luz del sol llegue al pavimento, y por eso proyectamos una sombra. En el interior, la sombra es esa parte que llamamos lado oscuro, la parte que es menos que pura luz, los baches personales en el camino que representan rasgos que no hemos aceptado, nos negamos a ver o no nos gustan, aun cuando no sepamos qué son ni cómo llegaron ahí.

Normalmente nos resulta difícil aceptar nuestras partes menos que perfectas; es mucho más fácil ir por el camino mirando hacia el sol y simulando que la sombra no existe. Como dicen, la ignorancia es dicha. Pero una de las tareas de Leo es usar su luz para reconocer su lado oscuro; de lo contrario, nuestra naturaleza Leo se puede descarrilar como lo ilustran los gobernantes de que hemos hablado. Y es adecuado que fuera el psicoterapeuta Leo Carl Jung quien arrojara luz sobre este tema, con su teoría de la sombra. «La sombra —escribe— es esa personalidad escondida, reprimida, en su mayor parte inferior y cargada de culpa cuyas ramificaciones esenciales se remontan al reino de nuestros antepasados animales y por lo tanto comprenden todos los aspectos históricos del inconsciente».[7] Forma parte de nuestro yo primordial, una oscuridad que está tan atrincherada en nosotros como la luz. Negar nuestro lado oscuro o en sombra es negar un aspecto de nosotros mismos. Lo creamos o no, esas partes que no nos gustan, que consideramos oscuras, han servido a su finalidad ayudándonos a llegar a donde estamos o a lo que somos hoy (recuerda la lección de Géminis, en la que no se trata de luz u oscuridad sino de luz y oscuridad). Estos aspectos oscuros han desempeñado su papel, y Leo está aquí para ayudarnos a hacerlos participar activamente en el juego.

El Universo nos cuenta su historia mediante la luz, la que es emitida o absorbida por todo ser vivo y cosas no vivas de la Tierra, como también por las estrellas, los planetas y las galaxias. También nos muestra la inmensa mayoría del Universo (el 96 por ciento) que consiste en materia y energía oscuras, que de otro modo no sabríamos que existe.

Hacer participar a estos aspectos más profundos y oscuros requiere mucha luz (porque es imposible ver las sombras sin luz) junto con una buena dosis de valor. Porque después de ver nuestra sombra, la bravura de nuestro Leo nos ayuda a no huir de ella sino enfrentarla y mirarla cara a cara. Y después de enfrentarla una vez, nuestro Leo nos ayuda a volver a

---

7. Stephen A. Diamond, «Shadow», en *Encyclopedia of Psychology and Religion L-Z*, David A. Leeming y otros (eds.), Springer Science + Business Media, Nueva York, 2010, pág. 836.

hacerlo una y otra vez, ya que reaparecerá continuamente. Una sombra, como la luz que la produce, podría tomar diversas formas; en las personas en cuya carta Leo es prominente, estas formas suelen mostrar orgullo excesivo, arrogancia y narcisismo; también lo podría experimentar la persona que simplemente esté bloqueada en ese aspecto. Sea cual sea su manifestación, Leo ayuda a elegir: o bien asumir la responsabilidad de desarrollar esos aspectos inferiores de nuestra naturaleza o bien evitarlos. Si uno elige lo primero, la naturaleza Leo podría sentirse victoriosa al evolucionar tanto interior como exteriormente. Si uno elige lo otro, Leo podría proyectar sus cualidades no deseadas hacia otros o ser dominado por ellas sin siquiera darse cuenta. Es decir, o matas a tu bestia interior o ésta te mata a ti.

♌ En el primero de sus doce trabajos (en castigo autoimpuesto por haber matado a su familia), el héroe de la mitología griega Heracles (o Hércules) debía matar al león de Nemea, monstruo que tenía la piel tan gruesa que ningún arma lo podía herir. Hércules tuvo que enfrentarlo cara a cara y luchar con él para estrangularlo. Finalmente mata al monstruo, el que representaba su oscuridad interior, y sale victorioso, y usa su piel como capa, en señal de orgullo.

Pero anímate, porque esta forma de nuestra naturaleza Leo está aquí para ayudarnos a superar los obstáculos interiores. A lo largo de los tiempos y culturas, el corazón ha representado nuestras cualidades más elevadas. Por ejemplo, en el *Libro de los muertos*, los antiguos egipcios igualaban el corazón con el carácter; al final de su vida la persona sería juzgada según el peso de su corazón, comparado con el de una pluma. Si su corazón era más liviano tendría acceso al otro mundo; si era más pesado sería condenada a la no existencia. Claro que los antiguos egipcios no fueron ni los primeros ni los últimos en simbolizar el corazón como la puerta de entrada a lo divino. Según la medicina china tradicional, el corazón alberga al espíritu (*shen*), que da presencia, sentido y elevada finalidad a la vida. De modo similar, en una frase atribuida a uno de los Upanishads hindúes se determina que el espíritu reside en el corazón: «Radiante en la luz pero invisible en el lugar más secreto del corazón, el espíritu es la morada suprema donde reside todo lo que se mueve, respira y ve». Incluso René Descartes, adalid del dualismo filosófico mente/cuerpo, creía que el corazón es la fuente del calor del cuerpo y un ejemplo de «el cuerpo-máquina creado por la mano de Dios».[8]

No hace falta decir que en innumerables culturas el corazón se conecta con muchas cosas: alegría, valor, fuerza; como la propia luz, la luz del corazón adopta muchísimas formas; pero tal vez su forma más famosa es el amor, que se presenta en una gran cantidad de formas y tamaños. La energía Leo está más conectada con el amor propio: un estado de totales conciencia y aceptación de uno mismo, aprecio tanto de la luz como de la oscuridad

---

8. René Descartes, *Discourse on Method and Meditations*, Macmillan, Nueva York, 1960, pág. 41.

propios. Es también una práctica que honra al yo totalmente integrado sintonizando pensamientos con actos, intención con ejecución. Se manifiesta diariamente en decisiones coherentes con el crecimiento biológico, psíquico y espiritual, en decisiones tomadas sin miedo. El amor propio, entonces, es lo que da a cada León el valor para brillar a su manera. Cuando nos sentimos maravillosamente bien por nuestro brillante yo, deseamos que los demás sientan ese mismo amor y satisfacción por sí mismos.

> En la medicina china tradicional los órganos representan sistemas metafísicos que complementan sus estructuras y funciones fisiológicas. Por ejemplo, el corazón hace circular la sangre y, además, alberga el *shen* (espíritu, inteligencia); los riñones regulan los niveles de líquido y el *jing* (esencia) del cuerpo, y los pulmones rigen la respiración y la distribución del *chi* (fuerza vital).

Pero el amor propio ha de estar ya en el interior para que pueda irradiar; este concepto se refleja en una de las frases más famosas del evangelio de san Mateo: «Ama al prójimo como a ti mismo». Ésa es la belleza del amor propio cuando es correcto, va todo de uno mismo y de los demás. Una vez que hemos incorporado a nuestro Géminis sabemos que no se trata o del uno o del otro, y luego nuestro Cáncer nos ayuda a reforzar ese intercambio de dar y recibir. Ahora Leo nos puede ayudar a adoptar la forma más pura de amor propio, un amor propio que no es narcisismo ni sentirse con derechos; es más bien una valoración de quiénes somos y de lo que tenemos para dar, junto con asumir la responsabilidad de hacerlo ocurrir. Sabemos lo que necesitamos y merecemos, y no servirá nada inferior, y no debería servir.

Lecciones

Vivir con el corazón es algo que podemos hacer todos, desde el principiante al practicante más avanzado. Y aunque uno piense que ya vive con el corazón, que actúa desde el centro de su corazón, el trabajo aún no está hecho. Esto se debe a que la luz metafísica que brilla a través del órgano es eterna, provee de una provisión infinita de combustible para crecer y brillar. Infinita en alcance, está en contraste con el combustible finito de la mente, con sus continuas filtraciones, racionalizaciones y cuantificaciones. La mente proporciona un medio muy importante para percibir el yo y su entorno, pero su medio es sólo uno de muchos.

La luz del corazón proporciona otro valioso medio de comprender la vida, con su percepción, reverberación, exposición, exploración y celebración. Seguro que con el respaldo de tu corazón tu energía Leo será magnífica. Cuando uno se ama se siente seguro para dar sus opiniones en voz alta, con osadía y elocuencia; es decir, para rugir. Nuestro Leo está aquí para canalizar la expansión del corazón y hacerlo brillar en su forma humana, en cada uno de nosotros.

Y al hacerlo equilibra la ecuación cabeza-corazón reencendiendo el fuego del corazón. Con esto da tácitamente permiso a todos los que le rodean para hacer lo mismo. Leo es la primera persona que entra en la pista de baile, el valiente que con su entusiasmo inspira a los demás a levantarse y ponerse en la onda.

Pero, cuidado. Cuanto más brilla Leo, más sombras aparecen. Así pues, cuando hayamos incorporado realmente a nuestro Leo debemos estar dispuestos a mostrarnos las partes oscuras, antes de salir al escenario para que las vean todos los demás. Si no, podría haber dos resultados: el primero, si nuestro Leo nos ha llevado a centrar la atención solamente en lo bueno, sin hacer caso de lo malo y lo feo, lo que enseñemos o mostremos será falso: falso orgullo, falso valor, falsa seguridad, falso amor propio. Lo falso crea una fachada, un reflejo externo que no está respaldado por fuerza interior. Cuando ocurre esta bravata, la naturaleza Leo podría manifestarse como egocentrismo, narcisismo, egoísmo y actitud exigente, imponiendo normas imposibles de cumplir, con el fin de sentirse mejor o superior.

Manifestaciones físicas de una naturaleza Leo grandiosa podrían ser:

★ Pecho hinchado
★ Retención del aliento
★ Rigidez o tensión en la parte superior de la espalda
★ Movilidad limitada en la parte superior de la espalda y los omóplatos
★ Otras: Enfermedad cardiaca

O si nuestro Leo presenta batalla a la percepción y aceptación de su sombra, podría dejar de lado la falsedad y retirarse, entrando de cabeza en su madriguera, y una/o acabará viviendo más pequeña/o de lo que es. Al fin y al cabo Leo tiene el poder de eclipsar su propia luz, así como el Sol puede ser eclipsado por la Luna. Y así como un eclipse finalmente termina, sin duda Leo puede volver a brillar, pero sólo después de haber entendido la oscuridad y haberla incorporado a la luz.

Entre las manifestaciones físicas de una naturaleza Leo cobarde podríamos tener:

> ♌ Dado que la columna dorsal es naturalmente estable (debido a la protección de la caja torácica), sufre menos lesiones y procesos degenerativos que sus vecinas las columnas cervical y lumbar.

★ Pecho hundido
★ Postura encorvada propia de la cifosis
★ Dolor, debilidad o cansancio en la parte superior de la espalda
★ Respiración superficial
★ Otras: Enfermedad cardiaca

¿Cuán expansivo es tu centro cardiaco? Ya sea que se sienta grandioso, cobarde o algún punto intermedio, la clave es escuchar a tu cuerpo y darle lo que necesita. Para aflojar la rigidez de la parte superior de la espalda o para fortalecerla si está débil, despierta a tu Leo interior con las preguntas y ejercicios siguientes:

Tu cuerpo y las estrellas

Lo siguiente te servirá de guía personal para incorporar las estrellas de Leo. Úsala para hacer brillar la luz de tu corazón.

Preguntas

★ ¿Cuándo te sientes más brillante (con quién estás, dónde, qué vistes, qué estás haciendo)? ¿Qué te impide brillar?
★ ¿Cómo conectas con tu luz interior?
★ ¿Cómo describirías tu lado oscuro? ¿De qué manera estos rasgos te sirven o ayudan? ¿De qué manera te obstaculizan?
★ ¿Cómo animas a brillar a tus amistades, familiares y colegas?
★ ¿Llevas la espalda recta y el corazón abierto? ¿Qué circunstancias facilitan esta postura? ¿En qué circunstancias te sorprendes con la espalda encorvada y el corazón oculto?

Ejercicios

Postura Esfinge: Para reforzar tu poder

En el antiguo Egipto la esfinge era un ser mítico con el cuerpo de león y la cabeza de ser humano. Se cree que simbolizaba al faraón y su gobierno: poder y razón. El cuerpo del león representa enorme fuerza, y el semblante del ser humano simboliza la inteligencia y el mando. Restablece tu reino conectando con tu faraón interior, tu noble león. La postura de la esfinge hará aflorar estas partes, ya que abres y alineas en toda su extensión la zona que rodea al corazón: pecho, parte superior de la espalda e incluso los omóplatos.

1. Tiéndete boca abajo, con las piernas juntas y extendidas y los empeines apoyados en el suelo.

2. Incorporándote lo necesario, flexiona los brazos de forma que los codos queden en línea con los hombros y los antebrazos apoyados en el suelo, paralelos, apuntando hacia delante.

3. Estira los pies como si quisieras tocar la pared de atrás con los dedos.

4. Haciendo una inspiración, levanta más la parte superior del cuerpo en una suave extensión de la espalda.

5. Ya estás en la postura esfinge. Perfecciónala bajando los hombros si los tienes encogidos. Mantén vivos y alertas los antebrazos, hasta los dedos. Siente el hueso púbico presionando suavemente el suelo a la vez que relajas la parte inferior de la espalda. Afloja las nalgas si las tienes apretadas. El cuello debe estar posicionado como una extensión natural de la columna, no estirado. Mantén la postura durante cinco respiraciones profundas.

6. Para salir de la postura baja lentamente al suelo esa parte.

7. Haz la postura una o dos veces más.

Aun cuando ésta es una postura inmóvil, infúndele la energía dinámica que correspondería a la historia regia y al misterio de la esfinge. Por ejemplo, aunque no muevas los brazos ni las piernas, mantenlos ocupados en estar extendidos.

Postura Camello: Para abrirte a la luz de tu corazón

Los camellos son famosos por su capacidad para transportar grandes pesos. Atraviesan el desierto con el lomo cargado de bolsas o maletas, y soportan vivir sin agua hasta seis meses. Aunque esta carga es física, a lo largo de los siglos los camellos han llegado a simbolizar el aguante necesario para transportar cargas metafísicas también. La descripción de Friedrich Nietzsche de una vida espiritual contiene tres metamorfosis, y la primera la simboliza el camello. La segunda fase es la del león; como león ya no estás abrumada/o por el peso del mundo; en lugar de eso impones tu voluntad en el mundo. De esta manera entras en tu propia luz y al hacerlo eres más capaz de combatir la oscuridad (representada por un dragón). Haz la postura camello para transportar tus cargas y entrar en la luz de tu corazón.

1. Arrodíllate en el suelo con las rodillas separadas la distancia del ancho de las caderas. Presiona el suelo con las espinillas y los empeines. Encuentra una posición natural o neutra para la pelvis, de forma que no quede ni extendida ni encogida.

2. Coloca las palmas en la parte posterior de la pelvis, bajo la cintura, una a cada lado de la columna, con los dedos juntos apuntando hacia abajo; los hombros bajos, alejados de las orejas.

3. Inspira y echa hacia atrás la parte superior de la espalda, en una suave extensión, elevando y abriendo el corazón; la cabeza y el cuello deben ser una continuación de la columna, y en ese arco sostenido dirige la mirada hacia arriba. (Si esta posición es muy agobiante para el cuello, baja el mentón de forma que el cuello lo soporte.) Con la parte superior del tronco echada hacia atrás, procura no doblar la parte inferior de la espalda y que la pelvis continúe en la posición neutra de partida. Mantén esta postura durante diez respiraciones.

4. Con las manos en la posición en que están, vuelve lentamente a la posición erguida, haciendo participar a tu centro, la caja abdominal. Para mayor estabilidad, al enderezarte dirige el movimiento con el corazón, no con la cabeza y el cuello.

5. Repite dos veces.

Cuando estés más avanzada/o en la práctica, para una mayor apertura puedes hacer esta postura aumentando la extensión de la espalda apoyando las palmas en las plantas de los pies. Para todos: una agradable postura contraria a la del camello es la flexión en la postura Niño, en la que bajas las nalgas hasta dejarlas apoyadas en los talones, si es posible, y el tronco flexionado hacia delante reposando entre los muslos y la frente tocando el suelo, con los brazos extendidos a los costados. El niño, por cierto, es la tercera y última fase de Nietzsche.

Postura León: Para rugir con seguridad

¿Cuando fue la última vez que pusiste una cara divertida? Es posible que nunca desde que eras niña o niño, o con un niño. Los niños siempre sacan la lengua, en parte porque no les importa lo que piensen los demás, ponen la cara divertida porque les gusta hacerlo. Es una expresión de quienes son en el momento y no lo piensan dos veces, porque el niño vive menos en la cabeza y más en el corazón, que es un lugar que no conoce el miedo. Es una pena que muchos adultos pierdan esa seguridad innata y se retiren a sus madrigueras. Al fin y al cabo, una cara divertida es sólo flexión y extensión de músculos faciales. Eso es en el plano físico, pero en el plano metafísico, poner cara divertida siendo adulto tiene mucho más que ver con lo que piensan los demás o, mejor dicho, lo que uno cree que piensan los demás. Así pues, sal de tu cabeza y entra en tu corazón con la postura león. Haz caso a tu sincera seguridad en ti de la infancia y ¡ruge!

1. Ponte de rodillas, con los dedos de los pies doblados, las yemas apoyadas en el suelo y las nalgas sobre los talones. Coloca las palmas sobre los muslos con los dedos bien abiertos.
2. Haz una inspiración profunda por la nariz, llenando de aire el pecho y la parte superior de la espalda.
3. Espira con fuerza, emitiendo el sonido «jaa»:
   * Abriendo bien la boca y sacando la lengua dirigida hacia el mentón, hasta donde llegue.
   * Abriendo bien los ojos y mirando hacia arriba, hacia el tercer ojo (en el medio de la frente).
   * Presionándote los muslos con las palmas, con los brazos rectos.
4. Repite tres veces, cada vez más fuerte y con más vigor.

Postura Delfín: Para fortalecer el corazón

Esta postura es eficaz para fortalecer y estabilizar las estructuras musculoesqueléticas que rodean el corazón. Lo importante es mantener la espalda recta, no hundida, el pecho a todo lo ancho, no encogido, y los omóplatos aplanados. La fuerza engendra fuerza, así que cuanto más practiques esta postura más fácil te será mantener el centro cardiaco en buena alineación, sobre la colchoneta y fuera de ella. Con el tiempo comprobarás que te resulta más fácil no sólo mantener el corazón fuerte sino también actuar con él.

1. Comienza en la posición mesa, apoyándote en las manos y las rodillas.
2. Baja al suelo los antebrazos de modo que los hombros queden alineados directamente sobre los codos. En

esta posición junta las palmas (los antebrazos formarán un ángulo) y entrelaza los dedos, procurando que los dedos meñiques queden tocando el suelo.

3. Haciendo presión con los antebrazos, dobla los dedos de los pies y estira las piernas de modo que el cuerpo quede flexionado formando una V invertida, con los pies separados a la distancia del ancho de las caderas. La cabeza y el cuello deberán ser una extensión de la columna formando una línea recta, y la mirada dirigida hacia la zona de entre los muslos.

4. Aplana los omóplatos de forma que no se curven los hombros (si notas que se curvan un poco, flexiona levemente las rodillas), y mantén los hombros relajados, no encogidos hasta las orejas. Todo el tronco, desde la pelvis a los codos, deben formar una línea recta.

5. En esta postura, haz por lo menos cinco respiraciones lentas y controladas.

6. Al hacer la última espiración, sal de la postura bajando las rodillas hasta el suelo.

Primero leones, luego camellos, ahora delfines; los animales pueden ser grandes maestros si sintonizamos para recibir sus mensajes. Ya sean los animales totémicos que se han encontrado en las tribus indígenas americanas o en las tradiciones chamánicas, los mensajes son similares. El delfín, por ejemplo, representa, entre muchas otras cualidades, la forma más pura del amor. ¿Recuerdas el *Libro de los muertos* del que hablamos antes en este capítulo? En lugar de Anubis entregando un alma digna al otro mundo (después de pesar su corazón), en algunos mitos romanos, un delfín las llevaba a las Islas Afortunadas (o de los Bienaventurados). Y según la mitología griega, el delfín es compatriota de Apolo, el dios sol y, por lo tanto, un dios relacionado con Leo. Así pues, la postura delfín lo tiene todo, una manera de fortalecer tu conexión con tu corazón en todos los sentidos.

Una lista: Para enfrentar tus lados oscuros

Solemos llevar tan bien escondidas esas partes nuestras que no nos gustan que a veces las proyectamos en los demás. Por ejemplo, la soberbia para exigir aquello a que creemos tener derecho podría ser uno de los rasgos que te enfurecen, el que no soportas en otras personas. Cuando ves esa actitud podrías pensar: «¡Qué creída es! ¡Yo jamás actuaría así!». Pero con frecuencia los rasgos que más nos disgustan en los demás representan los que más nos disgustan en nosotros mismos. Por eso te enfada tanto verlo, porque reflejan una parte tuya que aún no has aceptado.

Si es así, es probable que ese rasgo (o lo que sea que te disguste) gobierne más tu vida de lo que te das cuenta; es decir, hasta que arrojes luz sobre él y lo hagas aflorar a tu percepción activa. Una vez que lo ves puedes hacer algo al respecto y decidir si lo dejas que siga gobernando tu comportamiento o le das la vuelta a la tortilla y lo gobiernas tú. Ve lo que no has querido ver hasta ahora arrojando luz sobre tus partes oscuras.

1. Haz una lista de los rasgos que no soportas en los demás. No te censures, cualquier cosa que te venga a la cabeza está bien.
2. Elige los tres rasgos principales que te fastidian. Piensa en ejemplos concretos de cómo, cuándo y con quién te los has encontrado.
3. Con cada uno de estos rasgos haz una revisión para ver si es uno que has manifestado en el pasado o en el presente. Piensa en ejemplos concretos. Hazlo con sinceridad y objetividad. Este ejercicio no va de sentirse culpable ni de castigarse. Es sencillamente para observar partes tuyas que tal vez no has observado antes.
4. ¡Ya está! Percibirlas es el primer paso para superar tus partes oscuras y eso solo ya contribuirá a que ocurra la necesaria transformación. Podrías incluso ser más consciente de cómo surgen esos rasgos en tus encuentros y conversaciones diarios.

Los pasos siguientes comprenden la aceptación y la responsabilidad de los rasgos oscuros, seguidas por un plan de acción para que evolucionen.

Abrázate: Simplemente por amor a ti

Ámate. Leo va todo de abundancia y siempre hay más que suficiente amor. Ábrete a recibir más amor, darlo, recibirlo y volver a darlo. ¿Recuerdas cuando entraste en este ciclo de dar y recibir de la fase Cáncer del zodiaco? Ahora es el momento de abrazarlo, literal y totalmente.

1. Siéntate en una silla con la espalda recta y las plantas bien apoyadas en el suelo. Cierra los ojos.
2. Haciendo una inspiración profunda, levanta el corazón, el cuello y la cabeza y abre bien los brazos hacia los lados. Esta posición debe ser lo más expansiva que te sea posible.
3. Haciendo una larga espiración vuelve el tronco a su posición normal rodeándote con los brazos, en un abrazo. Se te inclinará la cabeza pero procura que no se te hunda en el pecho.
4. Repite los abrazos durante un minuto, en movimientos continuos entre las inspiraciones y espiraciones. Al hacer los movimientos siente el amor al que te abres, recibes y das.

Hazlo a tu estilo. Este movimiento debe ser placentero, incluso divertido, es posible incluso que te haga sonreír.

Un abrazo imparte amor en todos los sentidos y planos. Por ejemplo, se cree que, entre sus beneficios, un buen abrazo libera oxitocina para producir sensaciones de conexión y confianza, activa los receptores de la piel que bajan la tensión arterial y disminuye el nivel de cortisol para producir calma.

Resumen

- ★ El corazón y la parte superior de la espalda son las zonas relacionadas con Leo. Representan el valor, el amor y la dedicación a lo que somos y tenemos.
- ★ Leo es el quinto signo del ciclo zodiacal. A su energía le atañe nuestra luz interior y la capacidad de hacerla brillar desde el corazón (a pesar de las sombras que produce).
- ★ Si nuestra naturaleza Leo se vuelve muy egocéntrica o se retira por temor a los focos, el corazón y la parte superior de la espalda podrían experimentar diferentes síntomas (por ejemplo, tensión, rigidez o debilidad muscular).
- ★ Equilibra a tu Leo interior con preguntas, ejercicios y actividades que centren la atención en el corazón y la parte superior de la espalda. Hazlo para amplificar tu luz y encender la de los demás.

7

El abdomen de la Virgen

♍ VIRGO

Fecha de nacimiento: 23 de agosto – 22 de septiembre
Zona del cuerpo: Abdomen
Tema: Sirve con pureza de intención

Procediendo de Leo con la percepción de la naturalea luminosa y oscura, Virgo desea destilarla, eliminando todas las impurezas, domar a la bestia de Leo. La vida ya no va de ella sino de lo que es capaz de dar. Después de todo, es la estación de la cosecha. Los cultivos que han dado su fruto con Leo, ahora, al final del verano, están listos para la cosecha. Listos para que el grano se convierta en pan y la uva en vino. Pero antes Virgo debe separar el trigo de la paja, porque está aquí para servir a la fecundidad y munificencia de la tierra en su forma más pura.

El cuerpo: El abdomen

¿Has oído el dicho «Eres lo que comes»? Bueno, es cierto, porque los alimentos que comemos finalmente pasan a formar parte de nuestro cuerpo. Esto es la magia práctica que ocurre con la asimilación, función del intestino delgado, uno de los órganos de la zona abdominal relacionada con Virgo. En él una nuez, que comenzó siendo algo distinto y separado, termina siendo digerida y formando parte de las moléculas del cuerpo, como proteína, grasa, etcétera. Estas moléculas, transportadas por el torrente sanguíneo se reparten al resto del cuerpo y se convierten, por ejemplo, en parte del pelo o de las hormonas.

Virgo es la constelación más grande del zodiaco y la segunda más grande en el firmamento, despúes de Hidra. Comprende el equinoccio de otoño, punto en que el ecuador celeste corta el plano de la eclíptica del Sol. Pero en astrología es Libra el signo que celebra el comienzo del otoño en el hemisferio Norte.

El intestino delgado, el autor de esta magia práctica, sólo es uno de los componentes de la cavidad abdominal. De hecho en ella residen varios otros órganos, entre ellos el intestino grueso, el hígado y el estómago. Una de las raíces latinas de abdomen es *abdere*, que significa «esconder», y en realidad hay mucho escondido dentro del abdomen. El abdomen es la zona del cuerpo que se extiende desde el diafragma a la pelvis. Si bien muchas personas conocen los nombres de los órganos que contiene el interior del abdomen, es posible que te resulte más familiar su capa externa, las cuatro capas de músculos que componen la pared abdominal; el músculo más famoso es el recto abdominal, el más exterior, que forma las seis ondulaciones. Lo veas o no lo veas, tienes ese músculo, forma parte del ADN, y está formado por inserciones tendinosas que dividen en seis partes el recto abdominal, e incluso en ocho. El transverso abdominal es el músculo más interior, cuya finalidad o función es comprimir el contenido del abdomen. Este músculo forma la parte anterior del abdomen y realiza el increíble trabajo de estabilizar los órganos internos; los lados lo forman otros músculos llamados oblicuos.

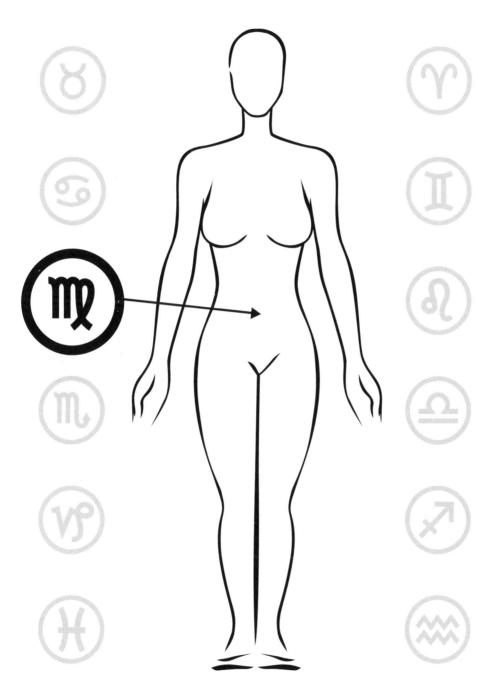

En el Apéndice C encontrarás la estructura del abdomen.

Desde el punto de vista astrológico, la zona central del cuerpo (en inglés, *core*[9]) contiene la energía Virgo. Este término lo aplicamos a los músculos de la parte inferior de la espalda, del abdomen y de la pelvis, interconectados anatómica y funcionalmente. Estos músculos estabilizan sinérgicamente la columna; entre ellos están el diafragma, el diafragma pelviano, los músculos de las paredes abdominales y los profundos de la espalda. Juntos mantienen el tronco en postura protectora ante fuerzas desestabilizadoras, por ejemplo el movimiento de un tren en marcha, un marcaje en fútbol o los giros y movimientos de piernas y brazos en una clase de baile.

Estos músculos se distinguen de otros estabilizadores en que están situados rodeando, o circundando, el centro de masa (o centro de gravedad) como un corsé. El centro de masa es importante porque el resto del cuerpo se comporta como si toda su masa estuviera concentrada ahí. El centro de masa o de gravedad es, por lo tanto, el punto alrededor del cual se puede equilibrar todo el cuerpo (piensa en un móvil colgado). Por ejemplo, una vez que tenemos localizado el centro podemos sostenernos sobre una pierna sea cual sea la posición de la otra. El otro pie puede estar apoyado en el tobillo, en la pantorrilla o suspendido en el aire y no se pierde el equilibrio. Tampoco se pierde si tenemos las manos en la cintura o los brazos levantados. También es cierto a la inversa: si no localizamos nuestro centro no podemos sostenernos sobre una pierna, estén donde estén la otra pierna y los brazos.

♍ El vientre tiene su mente propia. De hecho, tiene todo un sistema nervioso que contiene unos cien millones de neuronas. Se sabe que este segundo cerebro supervisa los procesos fisiológicos del aparato digestivo (digestión, asimilación, eliminación) sin necesidad de recibir órdenes específicas del cerebro (de la cabeza), y está cada vez más claro que también contribuye a regular las emociones.

Encontrar el centro no es tarea fácil en clase de yoga, y no digamos en el resto de la vida, en que abundan las fuerzas desestabilizadoras. Ya sea que estas fuerzas provengan del trabajo, de presión familiar o simplemente de pensar en lo que es necesario hacer, es fácil que nos sintamos como si hubiéramos perdido el centro y nos empujaran en muchos sentidos al mismo tiempo. Lo bueno es que, en realidad, el centro no se pierde nunca; aunque creamos que no lo encontramos, siempre está ahí, porque es nuestro centro, nuestro núcleo, nuestra autoridad interior, nuestro instinto visceral, por así decirlo. Ese lugar que sabe exactamente quiénes somos y por qué estamos aquí.

Cuando estamos en ese lugar, en nuestra finalidad, también damos poder al resto de nosotros. En el plano físico, cuando nuestros movimientos parten de este centro, los brazos y piernas funcionan de la mejor manera, es decir, para servir con más eficiencia a nuestro propósito o

---

9. En general *core* significa centro, núcleo, medio. En su acepción anatómica, se llama *core* al conjunto de músculos del tronco del cuerpo humano, los que estabilizan la columna, la pelvis y los hombros. En este libro se refiere especialmente a lo que llamamos «caja abdominal», es decir los músculos que forman las paredes anterior, posterior y laterales de la zona central o abdomen, y los diafragmas. *(N. de la T.)*

finalidad. Y nuestra Virgo interior muy, muy eficiente. En sentido metafórico, cuando sintonizamos con nuestro centro conectamos con un combustible profundo que es como un fuego ardiendo en el vientre. Es una percepción profunda de nuestra identidad, valía y poder que supera la capacidad de la mente, un grado de análisis y exactitud respecto al yo que forma parte de este signo zodiacal. ¿Sabes acceder a tu centro? Prueba esta posición plancha modificada para comprobarlo:

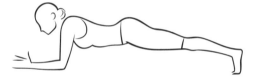

1. Comienza en la postura mesa, apoyándote en las manos y rodillas, las muñecas directamente debajo de los hombros y las rodillas directamente bajo las caderas. El cuello relajado y mirando hacia abajo y ligeramente hacia delante.
2. Coloca los antebrazos en el suelo, paralelos. Haciendo participar a la zona abdominal, haz presión con los antebrazos y estira las piernas doblando los dedos de los pies. Ya estás en la posición plancha con los antebrazos. Mantén la postura durante un minuto.

Si has podido mantener la postura sin hundir la cintura escapular o la pelviana o bajando las rodillas, tienes buena fuerza en el centro. Si no, necesitas fortalecerlo.

A veces se ve la falta de resolución de una persona en su postura desmadejada, decaída; esta postura indica que su cuerpo está bajo en energía y a la persona le falta convicción; no hay un centro claro, no hay resolución en su cuerpo. Ninguna intención u objetivo dirige sus movimientos; incluso vaga su mirada. Si intentas adoptar esa postura verás que no es fácil andar así por la vida. Es difícil armar de energía al cuerpo cuando está todo disperso. Y sin embargo, sólo tenemos un cuerpo. Y para cuidarlo, y cuidar de ti, sus movimientos no han de producirse por casualidad sino con propósito, finalidad. En cualquier momento toma conciencia de cómo está posicionado tu armazón esquelético en el espacio. Comienza por encontrar tu centro, tu núcleo.

Las estrellas: Virgo

Sirve con pureza de intención

Servir es ayudar, asistir o atender, hacer un acto de ayuda. Y hay que decidir cómo, pues no hay especificaciones ni limitaciones en lo que constituye el servicio que damos. Mientras podamos concebir y dar un servicio, éste existe, desde una sonrisa a un bocadillo a un sermón. Su magia está en el cómo, y esto es lo que diferencia un servicio de, digamos, una transacción. El cómo es la manera de sonreír y cómo se da el bocadillo, la intención, la integridad, la sinceridad y el corazón con que se hace. El servicio aparece muchas veces como tema en el ciclo del zodiaco, y en la fase Virgo el servicio no es servicio sin estos componentes.

Estos componentes definen no sólo lo que se da sino el modo en que se da, lo que hace inseparables la naturaleza de la servidora y su servicio. Tomemos, por ejemplo, a la granjera que vende su maíz en el mercadillo de la localidad. La atención y diligencia que ha puesto en el cultivo del maíz es similarmente aparente en el modo como lo vende en su puesto. Podría dar al cliente un trozo gratis para que pruebe lo bueno que es y darle una idea de qué hacer con el zuro que queda después de desgranado, o simplemente mirarlo a los ojos y sonreír. Y esto es lo que hace esta experiencia de compra muy diferente a una transacción en que se compra una mazorca de maíz similar en un supermercado de ciudad.

Ahora se puede entender en más profundidad el concepto de servicio. Recuerda que se introdujo bajo la vigilancia de Géminis (véase capítulo 4: «Las manos de los Gemelos»). Era necesario que su servicio, en la forma de ideas y mensajes innovadores, llegara a un público más amplio; no bastaba que el mensaje fuera atractivo sólo para la mente de Géminis; también tenía que beneficiar a otros. Ahora, con Virgo, el servicio encuentra sus raíces, no en la persona servidora ni en la servida, sino en el propio servicio. Por eso la compra en el mercadillo local es tal vez más satisfactoria que en un supermercado, el puesto del mercadillo de granjeros existe no sólo por el vendedor o el comprador sino también por el maíz. Porque el maíz no es sólo maíz sino que también representa la tierra, la naturaleza, el sustento, la comunidad y el trabajo arduo. Así el aspecto Virgo de la plantación, cultivo, cosecha y lo demás

En la antigüedad las vírgenes vestales eran las sacerdotisas responsables de mantener encendido el fuego sagrado de la ciudad; mientras este fuego ardiera, la ciudad perduraría. Adecuadamente, Vesta es el nombre de la diosa romana del fuego y, más recientemente, el nombre del asteroide más brillante visible desde la Tierra.

sirve al maíz porque Virgo se considera un conducto para el maíz y todo lo que representa; ella simplemente ofrece un medio para que el producto alcance su mayor bien, lo que permite que ella también alcance su mayor bien. La dedicación al servicio puede tomar muchas formas, ya sea con alimentos, joyas, terapia, etcétera, y todas están incorporadas a la constelación de la doncella o virgen, de Virgo.

El arquetipo de la doncella virgen se ha anunciado a lo largo del tiempo y el espacio: Shala era su encarnación sumeria, Isis en el antiguo Egipto, Deméter en la antigua Grecia, las vírgenes vestales en Roma y la Virgen María en la Edad Media. Más recientemente, la madre Teresa, Virgo, que al hacer sus votos en la Congregación de Misioneras de la Caridad, se consagró a «servir de todo corazón a los más pobres de los pobres». Claro que el epíteto «doncella virgen» no se ha de tomar literalmente: en cuanto doncellas estas mujeres, representan a quienes sirven los frutos de la tierra a los habitantes de la Tierra; y en cuanto vírgenes, su servicio se consideraba modesto, sin mácula, puro.

Según el filósofo griego Platón, el mundo está hecho de ideas o formas, o cualidades, que son puras y autónomas. Tomemos, por ejemplo la cualidad redondez, como la de pelotas, canicas, naranjas, ruedas, la forma general del planeta Tierra, etcétera. Pero si bien la redondez caracteriza a cada una de estas cosas, tiene no obstante, entidad propia, como la tienen el tamaño, la forma, el peso y el color. Aunque se destruyeran todas las pelotas, canicas, etc., quedaría el concepto de redondez; permanece como cualidad. Sin duda la redondez se puede combinar con otros elementos como el peso o el color para definir una entidad más compleja como una naranja o una pelota, pero en sí misma es lo que es, redondez pura; es inmutable, eterna.

No hace falta decir que es difícil encontrar redondez pura, no la vemos rodando por la calle. Para existir de modo palpable necesita otras características; dimensiones, por ejemplo. Pero tan pronto se funde con otras características se diluye su pureza. Así pues, si bien la pureza es un estado, estar libre de lo que sea que contamine también es una búsqueda, la búsqueda de conseguir la esencia absoluta de lo que sea que es algo. Como tener pensamientos puros o actuar solamente por amor.

La búsqueda de la pureza es un camino y una práctica, no un destino. En realidad no existen los alimentos puros, la redondez pura; son un ideal. Y la verdad es que estamos destinados a disfrutar del viaje hacia él. Pero cuidado con la naturaleza Virgo cuando nos hace desear la pureza como un fin último. Si bien nuestra naturaleza Virgo es fuerte, usarla para definir perfectamente la perfección es uno de sus peligros. Por ejemplo, una alimentación muy controlada no significa que la dieta ni el cuerpo que la recibe sean puros. De hecho, aun en el caso de que se lleve a un extremo absoluto y sólo comiéramos aire, los elementos contaminantes del aire harían impuro su consumo. De modo similar, pasar todo el fin de semana corrigiendo y volviendo a corregir un informe no hace perfectas cada palabra y cada coma.

En Asia hay tantas estatuas de Buda enfadado como de Buda feliz; nos recuerdan cuándo las cosas han llegado a un extremo, para ayudarnos a acabar con los pensamientos emociones y hábitos que ya no sirven a nuestra finalidad, y así purificarnos, crecer y pasar a otra cosa.

La pureza es un ideal al que aspiramos en la alimentación, el trabajo, el estado mental y lo que sea que queramos. Cuando se hace esto con la energía Virgo correcta, aspirar puede ser un proceso de mejorar, perfeccionar y purificarse que nos acerca al auténtico yo, que es la fuente última de la sintonización exterior-interior, satisfacción y plenitud. Y si nuestra naturaleza Virgo puede dirigir ese grado de coherencia personal pura…, bueno, no hay finalidad superior a ésa.

Virgo favorece enérgicamente el concepto de hacer a partir de ser, de forma que lo que somos inspire lo que hacemos. Por este motivo la doncella virgen de la constelación normalmente se representa llevando dos espigas de trigo. Estas espigas representan quién es (una diosa de la tierra) y lo que hace (servir a la munificencia de la tierra). Con este símbolo la Virgen toma nuestra idea moderna de la división entre lo personal y lo profesional, disuelve la barrera invisible que los separa, y los une.

Cuando ocurre esta unión, hemos encontrado nuestra finalidad. Esta finalidad es nuestra razón para existir, es el don único que hemos venido a servir. Algunos la llaman vocación. Algunos la tienen de nacimiento, otros la desarrollan, y otros se pasan la vida buscándola, y algunos incluso creen que ni siquiera se pueden dar el lujo de buscarla. De acuerdo con la naturaleza evasiva de las ideas o formas de Platón, muchas veces es una esencia que se entiende mejor en lo que no es. Por ejemplo, muchos empleados de restaurantes de comida rápida están bastante seguros de que ese trabajo temporal por turnos no es su verdadera vocación; puede que todavía no sepan cuál es su vocación, pero saben que no es ésa. Dicho esto, aun si no es una vocación, todo sirve a una finalidad, incluso un trabajo temporal por turnos; de momento tal vez da dinero para pagar el alquiler o la comida de la familia; o es una manera de afinar la capacidad de servir del trabajador alegrándoles el día a los clientes. (Ten presente, el servicio es servicio y ninguna versión es inferior a otra; la magia está en la manera en que ocurre.) ¿Qué papel representa para el futuro? Eso sólo se sabe en retrospectiva. Tal vez fue un escalón hacia otras oportunidades, una ocasión de aprender importantes lecciones, o simplemente es su oficio o profesión. Sea lo que sea, si logramos ver cuál es la finalidad ulterior, podemos sentirnos bien y seguros en nuestro camino.

En 1906, el libro *La jungla*, del escritor Virgo Upton Sinclair, provocó un clamor nacional por la lamentable situación de la industria alimentaria, y tuvo por consecuencia las primeras leyes federales para la buena calidad de los alimentos. Un siglo después, la demanda continúa, en forma de movimientos que abogan por la pureza de los alimentos, por alimentos orgánicos o biológicos, por alimentos locales, y por una agricultura sostenible.

Todo lo que hemos hecho, todas las relaciones que hemos tenido, nos han traído a la situación o lugar en que estamos ahora. Nuestra finalidad, junto con la trayectoria hacia ella y de ella, no se ve necesariamente de un modo determinado, porque es tan única como único es cada uno de nosotros. No la ha decretado necesariamente ni el nacimiento, ni las circunstancias ni las dificultades para realizarla. E incluso si así fuera, podría llevar toda una vida comprenderla, ya que es algo que ni siquiera el agudo intelecto Virgo puede comprender. En realidad, podría ser consecuencia de un trauma, o de una suave voz interior o intuición en la que es necesario confiar, aun cuando quede fuera del pensamiento racional o no esté conforme a lo que se considera normal o establecido. Podría no parecer lo que uno cree que debe ser (y por eso es tan difícil encontrarla). Y podría exigir una reforma total de las creencias para dejar de lado las restricciones autoimpuestas, del tipo que nos hace sentir pequeños o inferiores cuando servimos a una finalidad que no es la más superior o elevada. Pero Virgo está aquí para animarnos a servir a nuestra finalidad superior, sea la que sea. Y eso es a su vez la de ella. Así es como alimenta a la tierra, alimentando nuestras almas.

Lecciones

En alguna ocasión, tal vez cuando eras niña/o, te imaginaste tu futuro. Tal vez te imaginaste como una madre o un padre, un hada o un elfo, un bombero, o todo eso. Fuera cual fuera la visión, tenía el poder que le daba tu percepción de quién eras y de lo que viniste a hacer aquí, una percepción que ha evolucionado con el tiempo. Porque encontrar la propia finalidad, y no digamos vivirla, es un trabajo constante, un proceso; un camino en que las cosas que sirven hoy podrían no servir mañana.

Cuando la finalidad de algo o de alguien ya no sirve a la tuya, es el momento de agradecer el servicio y pasar a otra cosa. De esta manera Virgo va eliminando siempre las impurezas de nuestra vida, interior y exterior, de modo que nuestra visión pueda cobrar vida en su forma más pura. Siempre asimila un pensamiento o abandona un hábito, así como su vientre asimila lo que es necesario para el cuerpo y deja marchar lo que no lo es. Es una limpieza perpetua de las viejas formas que ya no bastan. Tal vez no sepa a dónde lleva todo eso, pero obedece a su instinto visceral.

Si no hace caso de este instinto visceral, corre el riesgo de vivir una vida insatisfactoria; usa sus percepciones superficiales para enmarcar lo que es y lo que se le permite en la vida; y entonces nada va a ser completo o lo bastante bueno; nada va a satisfacer sus exigentes expectativas porque no logrará satisfacer las propias (las que proceden de su centro). Cuando ocurre esto, la crítica interior de Virgo la introduce en un verdadero torbellino de juicios acerca de sí misma y de los demás. Este torbellino podría entonces llevarla a intentos periódicos de aumentar el control, normalmente de hábitos de salud y rutinas diarias, en un esfuerzo constante de conseguir el resultado deseado. Pero si su finalidad está mal concebida desde el comienzo, también lo serán sus intentos. Entonces la dedicación se convierte en obsesión.

Manifestaciones físicas de una energía Virgo compulsiva podrían ser:

★ Rigidez en la zona abdominal
★ Postura militar
★ Respiración superficial o entrecortada (lo contrario de la abdominal)
★ Otras: Mala digestión, desorden en el comer, indigestión, alergias alimentarias, estreñimiento, hernia, úlceras, intestino irritable, hipocondría, comportamientos obsesivos

Si Virgo renuncia del todo al control, reniega entonces de la marca distintiva de su signo: la disciplina. Sin disciplina, sus intentos de purificación serán irregulares o erráticos, y serán unos cuantos tonos más grises que su verdadero y más puro yo. También se verá afectado su servicio, el que existirá de una forma menos pura, menos auténtica. Así pues, lo que sea que falte, la percepción de su centro o la percepción de su servicio, esta lección Virgo indica que a su percepción de sí misma y de su finalidad aún le falta mucho para estar totalmente desarrollada.

Entre las manifestaciones físicas de una naturaleza Virgo permisiva podríamos tener:

★ Zona abdominal débil
★ Postura propia de la lordosis, con curvatura en forma de C a la altura de la cintura
★ Otras: Diarrea o intestino irritable, hernia, atiborramientos con comida, mala nutrición, indigestión, úlceras, alergias alimentarias

¿Cuán cultivado está tu centro? Ya sea que se sienta compulsivo, permisivo o en algún punto intermedio, la clave está en escuchar a tu cuerpo y darle lo que necesita. Para aflojar la rigidez del abdomen, o fortalecerlo si está débil, despierta a tu Virgo interior con las preguntas y ejercicios siguientes.

Tu cuerpo y las estrellas

Lo siguiente te servirá de guía personal para incorporar las estrellas de Virgo. Úsala para servir con mayor pureza de intención.

Preguntas

★ ¿De qué maneras sirves a tus amistades? ¿A tus familiares? ¿A la sociedad? ¿En el trabajo?
★ ¿Sientes que sirves con pureza? Si no, ¿qué elementos de tu vida es necesario dejar marchar para sentirlo?
★ ¿Cuáles son tus rutinas o ritos para la salud? ¿Cuál es su finalidad? ¿Y sirven a su finalidad?
★ ¿Has encontrado tu vocación? Sea sí o no, ¿qué adjetivos la describirían (creativa, empresarial, manual)? Usa tu imaginación y no censures.
★ ¿En qué situaciones recibes fuerza de tu centro? ¿En qué situaciones necesitas recibirla?

Ejercicios

Otra postura plancha sobre los antebrazos: Para cultivar tu centro

¿Recuerdas la postura plancha modificada de la página 99 para comprobar la fuerza de tu centro? Esta postura no es sólo para comprobar la fuerza, sino también un buen ejercicio fortalecedor. Se llama plancha porque el cuerpo toma la forma de una plancha, un tablero largo. No debes hundir el pecho ni levantar ni bajar la pelvis; desde la cabeza a los pies el cuerpo debe ser una línea recta. Esto es más fácil decirlo que hacerlo porque requiere fuerza

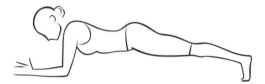

en todos los músculos del tronco y es difícil conseguir esto. Dado un estilo de vida en que después de levantarnos de la cama nos instalamos en el asiento de un coche, luego ante el escritorio con el ordenador y después en el sofá, es en la sala de fitness donde tendemos a hacer trabajar estos músculos. Y sin embargo estamos hechos para hacer más. Puedes practicar esta postura como ejercicio periódico, y para aumentar un poco la dificultad puedes añadir los siguientes movimientos.

1. Levanta el brazo derecho, paralelo al suelo. Mantén esa postura durante quince segundos, y vuelve a la postura anterior.
2. Levanta el brazo izquierdo, paralelo al suelo. Mantén esa postura durante quince segundo, y vuelve a la postura anterior.

3. Levanta la pierna derecha, paralela al suelo. Mantén esa postura durante quince segundos, y vuelve a la postura anterior.

4. Repite con la pierna izquierda, otros quince segundos.

5. Levanta la pierna izquierda y el brazo derecho, paralelos al suelo. Mantén la postura quince segundos y bájalos al suelo.

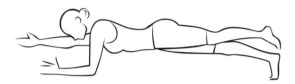

6. Ahora lo mismo pero levantando la pierna derecha y el brazo izquierdo. Mantén la postura otros quince segundos, y bájalos.

7. Lentamente baja todo el cuerpo al suelo, relájate y quédate un momento así.

Para disminuir la intensidad de esta postura, puedes hacer los mismos movimientos de brazos y piernas en la posición mesa, con las manos y las rodillas apoyadas en el suelo.

Lo hagas en una u otra postura, este ejercicio es una manera de localizar tu centro, hacerlo trabajar de forma que todos los demás movimientos los hagas a partir de él. Con el tiempo, esta percepción rutinaria de tu centro te servirá para aplicar sus principios de estabilización, centro de masa y equilibrio a todas tus actividades: lleva tu centro al gimnasio y hazlo participar en todas tus actividades del día, sentada/o, de pie y caminando.

Estiramiento estrella en posición supina: Para irradiar desde tu centro

Toda estrella tiene su centro o núcleo, entre ellas Espiga, la estrella más brillante de la constelación Virgo. El núcleo es la fuente de energía de la estrella. Ahí es donde chocan los protones con tal velocidad que se mantienen unidos y generan muchísima energía, por la fusión nuclear. Esta energía alimenta el centro e irradia hacia la zona de radiación, que es la siguiente capa de la estrella, para darle más uso. Nuestro cuerpo se puede asemejar a una estrella de cinco puntas; nuestro centro genera el combustible musculoesquelético que da poder a nuestras zonas de radiación, la cabeza, el cuello y las extremidades superiores e inferiores, con lo que éstas se energizan y transmiten esa energía al resto (por ejemplo, permite que los brazos levanten un objeto pesado). Haz este ejercicio para practicar el ser la estrella que eres e irradiar energía desde tu centro.

♍ Espiga (o Alfa Virginis) se ve como si fuera una estrella, pero en realidad son dos por lo menos, cada una más grande y más caliente que nuestro Sol. Y basándose en la observación de su luz algunos astrónomos creen que no está compuesta por dos estrellas sino por cinco.

1. Tiéndete de espaldas y convierte el cuerpo en una estrella de cinco puntas sobre el suelo extendiendo los brazos de modo que formen una V a los lados de la cabeza y abriendo las piernas extendidas.

2. Relájate en esta posición y siente cómo se dispersa agradableemente la energía de tu cuerpo

3. Ahora flexiona las piernas llevando las rodillas hasta el pecho, cruza los brazos sobre ellas e inclina la cabeza hacia el pecho, de modo que formes una dura bola humana, contrayendo todos los músculos.

4. Vuelve a la posición estrella con decisión, de modo que las cinco puntas (manos, pies y cabeza) toquen el suelo al mismo tiempo. No los dejes caer simplemente con descuido ni uno a uno, sino sabiendo a dónde van y poniendo poder y finalidad al colocarlos en el suelo. Al tocar el suelo todo tu cuerpo, la posición estrella debe ser activa, toda ella participativa, hasta los dedos de las manos y de los pies. Afloja el exceso de tensión de la cabeza, el cuello y los hombros.

5. Vuelve a formar la bola y luego la estrella. Hazlo diez veces. Respirando.

¿Te fijaste en que tu capacidad para colocar la cabeza y las extremidades con precisión está directamente relacionada con la participación física de tu centro? Cuanto más te concentras en tu centro como la fuente de la fuerza de las extremidades, más potentes y resueltos serán sus movimientos.

Postura Montaña: Para volver al centro

En una montaña se yerguen un roble y un junco. Un día, en medio de una tormenta, se quiebra el tronco del fuerte y sólido roble mientras el flexible junco simplemente se dobla; se mece e inclina con el fuerte viento y cuando acaba la tormenta vuelve a su posición erguida. Sé el junco, firme en tu finalidad pero lo bastante flexible para capear las inevitables tormentas de la vida. La postura montaña te servirá para conectar con tu centro de forma que puedas mecerte, apartándote de él, y volver a él. En último término, nadie te puede apartar de tu centro sino tú.

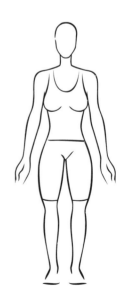

1. En posición erguida separa los pies a la distancia del ancho de las caderas, en su posición natural, paralelos. Forma una base firme levantando y abriendo los dedos de los pies y luego apoyándolos en el suelo. Centra el peso entre los dos pies.

2. Haciendo participar los arcos interiores de las plantas de forma que sientas subir esa participación por las piernas y muslos, gira levemente los muslos hacia dentro.

3. Baja el coxis al tiempo que elevas el ombligo.

4. Haz participar al abdomen para que sea el centro de fuerza.

5. Abre suavemente el pecho y los hombros; siente los omóplatos firmes y anchos en la espalda. Los brazos cuelgan a los costados con las palmas activas hacia delante, los dedos alargados y vivos.

6. El cuello ha de reposar sobre el tronco (no inclinado), la cabeza erguida natural, el mentón paralelo al suelo. Afloja la tensión del cuello y los hombros si la hay. Suaviza la mirada y respira.

7. Cuando te sientas fuerte en esta postura, cierra los ojos y observa el natural balanceo que se produce.

8. Continúa el movimiento de balanceo hacia la derecha hasta que casi te caigas, pero sin caerte. Vuelve a la posición centrada con el mínimo de esfuerzo y de movimiento posibles.

9. Ahora desplaza el peso hacia la izquierda y luego vuelve al centro. Haz lo mismo hacia delante y hacia atrás. Balancéate así hasta donde puedas llegar sin caerte, volviendo al centro cada vez.

10. Cuando hayas terminado de redescubrir tu centro, vuelve a la postura montaña y mantenla medio minuto.

Que el yoga no se quede en la colchoneta: así como intentas recrear la sensación centrada en todas las posturas de yoga, así intenta recrearla también en todo el resto de tu vida, en el cuerpo, la mente y el espíritu.

Respiración fuego: Para purificar

En el sistema yóguico se cree que el cuerpo físico está conectado con los cuerpos energéticos sutiles (cuerpo mental, cuerpo emocional) mediante los chakras. Como lo dicen en sánscrito, estas «ruecas» unen nuestras muchas naturalezas. Hay siete chakras principales dispuestos verticalmente en el cuerpo a lo largo de un canal que discurre por el medio; cada uno corresponde a una determinada zona del cuerpo. El tercer chakra, por ejemplo, corresponde al abdomen y su contenido. Se cree que, además de regular esta zona física, rige no sólo el sentido de identidad de nuestra esencia o centro, sino también el del poder, la seguridad o confianza en nosotros mismos y la vitalidad con que proyectamos este sentido interior al mundo externo; el fuego interior, por así decirlo, y no sólo el digestivo; el fuego que alimenta nuestro ser y aquello que hemos venido a hacer aquí. Haz la siguiente respiración para revitalizar tu fuego interior, quemar las impurezas, por ejemplo, los pensamientos o emociones que ya no sirven y que se interponen en su camino, que es el tuyo.

1. Siéntate en el suelo en una posición cómoda, sobre un cojín o bloque si es necesario, y con las piernas cruzadas. Si no te es posible cruzar las piernas, busca una posición más fácil, con la espalda erguida; si esto no es posible, siéntate en una silla. Apoya las palmas en las rodillas. La columna larga y erguida y el mentón levemente inclinado hacia el pecho. Cierra los ojos.

2. Haz una inspiración profunda por la nariz de modo que se expandan el pecho y el abdomen.

3. Espira por la nariz expulsando todo el aire (como lo expulsarías de un globo).

4. Ahora comienza a respirar con más vigor, con igual énfasis en la inspiración y la espiración. Empieza poco a poco hasta establecer un ritmo parejo. Aumenta a un ritmo rápido pero cómodo (como si estuvieras olfateando rápido). Mantén relajados el pecho y el estómago, déjalos que se muevan a su ritmo con cada respiración.

5. Continúa durante un minuto.

Según la tradición yóguica, la respiración fuego limpia el cuerpo y la mente. Se recomienda hacerla cuando hayan pasado por lo menos dos horas desde la comida, para que el sistema digestivo esté lo más limpio y puro posible. Si al hacerla sientes incomodidad o algo de mareo, para, no continúes. Después puedes reanudarla con menos intensidad.

Comer con atención: Para actuar con finalidad

Todo tiene una finalidad. Pero si estamos atascados en nuestras perspectivas podríamos no verla. Un muy buen ejemplo es la comida, que no sólo es toda una experiencia sensorial sino también alimento para nuestras células. Pero en estos tiempos ¿quién sabe a qué finalidad sirve la comida? Podría servir a la mente, cuando por ciertos motivos uno decide que la dieta XYZ tiene sentido intelectual. O tal vez la comida produce un consuelo a las emociones; o sirve a las exigencias del día cuando comemos caminando por la acera o leyendo algo en la pantalla del ordenador. Practica el tener finalidad poniendo atención al acto de comer. La íntima conexión con el alimento es el derecho de nacimiento de Virgo, dada su conexión con la Tierra y con el abdomen. Y dado que Mercurio, el maestro mental, es su planeta regente, también lo es su mente. Comer con atención, entonces, se convierte en una fabulosa manera de que nuestra naturaleza Virgo practique vivir con finalidad.

1. Elige un momento en que estés a solas (ninguna persona, ni lectura, ni aparato electrónico, ni ninguna distracción).
2. Elige un alimento del tamaño de un bocado para disfrutarlo (por ejemplo, un orejón de albaricoque, un trozo de chocolate, un fruto seco).
3. Antes de ponértelo en la boca dedica un minuto a consumirlo de otra manera: hazlo rodar entre los dedos, sintiendo su textura, y míralo por todos lados; huélelo; si tenía envoltura, ¿qué sonido hizo ésta al quitársela?
4. Introdúcelo en la boca; antes de masticar pasa la lengua por arriba y por los lados, y muévelo de forma que te toque el paladar y los lados interiores de las mejillas. Cierra los ojos para intensificar la sensación.
5. Comienza a masticarlo hasta tenerlo totalmente masticado. ¿Cuánto tiempo puedes masticarlo antes de tragarlo?

Entre los escollos Virgo están juzgar, controlar y criticarse, todos productos de esa mente fuerte. Así que, además de practicar esto, deja esos rasgos en casa. No tienen lugar en esta comida, simplemente disfrútala y explora.

Ofrenda: Para servir

En antiguos textos hindúes aparece la palabra sánscrita *prasad*, que quiere decir ofrenda, amable regalo o don. En las primeras escrituras esta ofrenda era un estado de ser, un estado de gracia poseído por dioses, diosas y sabios. Después el regalo pasó a ser más material, una ofrenda ritual en que se consagraba alimento, por ejemplo, a una deidad para recibir su bendición y luego se repartía entre los adeptos, como una bendición, en nombre de la deidad. Esta gracia, ya sea en forma conceptual o física, es la manera como sirve Virgo. Practica esta forma de servicio con tu propia ofrenda:

1. Elige personas de tu comunidad a las que te gustaría bendecir o manifestar buena voluntad; podrían ser amistades, familiares, colegas o vecinos.
2. Elige la bendición que querrías dar (perdón, cariño, alegría, gratitud, abundancia).
3. Elige la forma o formas en la que te gustaría hacer la ofrenda (fruta, flores, postre, monedas, objeto de artesanía).

4. Crea un espacio en el que puedas bendecir el regalo de modo significativo, por ejemplo un rincón del dormitorio o de la sala de estar. En la *prasad* tradicional se coloca el objeto sobre un altar con velas y estatuas religiosas. Dicho eso, para crear un espacio sagrado para ti basta con sostener el objeto y poner encima tus intenciones positivas. Cualquier cosa que le dé sentido, para ti y a través de ti.

5. Haz tu *prasad*. Con amor, alegría y sin esperar nada a cambio, ni siquiera una sonrisa. Está realizado tu servicio.

Resumen

★ El abdomen es la zona relacionada con Virgo. Su contenido, las vísceras, nos hacen un servicio nutricional así como los músculos que lo rodean nos hacen un servicio estabilizador.

★ Virgo es el sexto signo del ciclo zodiacal. A su energía le incumbe servir a una finalidad, de forma que todos, personas, lugares y cosas, sirvan a la de ellos.

★ Si tu naturaleza Virgo se vuelve muy compulsiva o, a la inversa, muy permisiva, podrías experimentar diferentes síntomas en el abdomen, por ejemplo, mala digestión o debilidad abdominal.

★ Centra a tu Virgo interior con preguntas, ejercicios y meditaciones que centren la atención en tu abdomen. Hazlo para conectar con la vocación de tu vida, teniendo presente que es un viaje continuado, no un resultado finito.

8

La espalda de la Balanza

♎ LIBRA

Fecha de nacimiento: 23 de septiembre – 22 de octubre
Zona del cuerpo: Parte inferior de la espalda
Tema: Equilibra con amabilidad tu balanza de la verdad

Libra inicia la segunda mitad del ciclo zodiacal. Recordarás que la primera mitad, de Aries a Virgo, forjaron el yo. Ahora entramos en Libra, con la base necesaria para zambullirnos en el otro, y para hacerlo sin perdernos en el medio, porque no está terminado nuestro desarrollo sino que continúa en una nueva dirección; una dirección que nos pide, con todos nuestros deseos, sueños y esperanzas, que acomodemos a los demás de un modo que tenga sentido. Es como caminar por una delgada cuerda y preguntarse dónde acaba uno y comienzan los demás. Exige equilibrar muchas balanzas de la verdad, tarea que ha venido a hacer amablemente el signo Libra.

El cuerpo: La parte inferior de la espalda

La espalda es la zona del cuerpo que se extiende desde el borde de la pelvis hasta la base del cuello. Aunque la recorre la columna vertebral y la mayoría de los músculos ocupan todo su ancho y largo, normalmente se consideran dos subzonas en la espalda: la superior y la inferior. De la parte superior hablamos en el capítulo 6, sobre Leo: «El corazón del León», como la zona relacionada con la columna dorsal o torácica. La parte inferior contiene la columna lumbar, y es la zona relacionada con Libra.

La zona lumbar es distintiva por sus vértebras grandes. Es necesario ese tamaño para sostener todo el peso de arriba, de la cabeza, el cuello, los brazos y la espalda, y equilibrar los movimientos del tronco. Para esto la espalda tiene su propio mecanismo de soporte, como los discos intervertebrales, situados entre vértebra y vértebra, para absorber los golpes, y un sistema de ligamentos para la estabilidad. También hay músculos profundos que mantienen en su lugar las vértebras, los discos y los ligamentos, entre ellos los erectores de la columna y los transversoespinosos. Estos estabilizadores profundos sostienen toda la estructura de la espalda y soportan su función; son los que mantienen dinámicamente la espalda «derecha» cuando uno se sienta en un taburete (sin respaldo).

A simple vista la espalda parece recta, pero en realidad la columna vertebral tiene forma de S, que es la que forma las curvas en las partes superior e inferior, además de las del sacro y del cuello. Estas curvas contribuyen a sostener el tronco contra la fuerza de gravedad.

También se cree que estos músculos tienen que ver con el dolor de la parte inferior de la espalda, que es una causa común de las visitas a los centros de atención primaria. El dolor de la baja espalda podría tener muchas causas, entre ellas el abuso y mal uso de la espalda, o una combinación de ambas cosas, como el frecuente levantamiento de objetos pesados en postura inadecuada. La columna lumbar es estable, pero también móvil, y una mayor movilidad tiene por consecuencia una mayor susceptibilidad a lesiones, en especial si no damos a la espalda lo que necesita para funcionar bien.

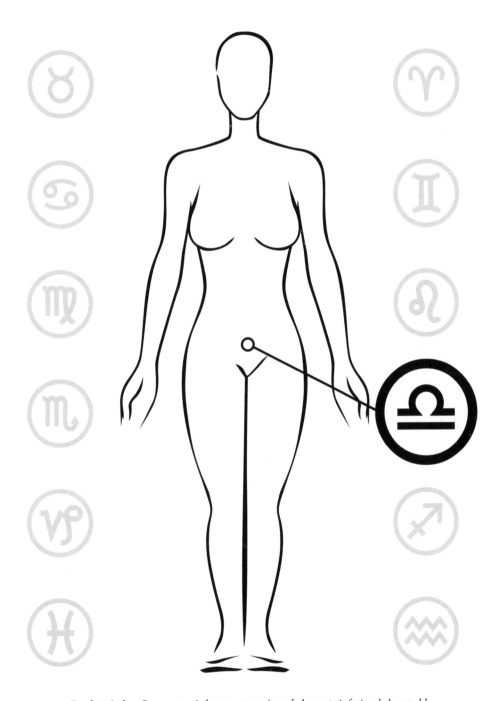

En el Apéndice C encontrarás la estructura ósea de la parte inferior de la espalda.

Es decir, la espalda nos respalda, pero ¿le damos el soporte que necesita para sostenernos? Si sus músculos y articulaciones están débiles, o mal sostenidos por el abdomen, no pueden equilibrar todo lo que llevan encima.

Y equilibrio es el nombre de la principal actividad de Libra. Si no somos capaces de equilibrar nuestro peso, ¿cómo vamos a equilibrar eficazmente el de otros? Saber equilibrar a otros comienza por saber equilibrarse uno. Al fin y al cabo, cuando nuestro Libra interior está equilibrando el peso del mundo, nos conviene que lo haga a partir de la estabilidad. Si no, un día uno podría levantar una caja, y paf, se le fractura la espalda. Aunque podría parecer que esto fue un accidente repentino, podría haber llevado tiempo preparándose. Las estructuras que rodean las vértebras lumbares han perdido poco a poco su equilibrio natural, pero sin duda esto ha tardado un tiempo; lo que fuera que levantamos fue la última paja que le quebró el lomo al camello.

Pero, lógicamente, no es necesario esperar a que se produzca una lesión para dar a la espalda (o a cualquier parte del cuerpo) lo que necesita. Toda estructura, desde el cuerpo a una casa, necesita un soporte fuerte, y la espalda no es una excepción. En realidad, es la base, el cimiento. ¿Te sostiene bien tu espalda? Para comprobarlo, prueba la postura Cobra.

1. Tiéndete boca abajo, con las palmas apoyadas en el suelo bajo los hombros; los dedos activos y empujando los codos hacia los costados; las piernas estiradas y los empeines presionando el suelo.

2. Inspira y comienza a estirar los brazos levantando el pecho; la fuerza para el levantamiento debe proceder de la parte inferior de la espalda, no de los brazos. Las caderas y las piernas continúan apoyadas en el suelo; las nalgas activas pero no apretadas. Cuida de no retener el aliento.

3. Estira los brazos sólo hasta llegar a una altura en que no se separe la pelvis del suelo, lo que significa que los brazos podrían quedar algo flexionados. Procura que la cabeza y el cuello estén alineados como continuación del resto de la columna, el cuello no estirado ni flexionado; tu mirada cae en diagonal al suelo que tienes delante.

4. Baja los hombros, los omóplatos firmes en la espalda, y levanta las manos separándolas del suelo unos cinco o seis centímetros. Observa si al hacerlo se te hunde un poco la espalda.

5. Sea cual sea la altura alcanzada, mantén la postura durante medio minuto, respirando.

6. Baja el pecho al suelo al hacer la espiración.

La altura a que te queda la espalda cuando separas las manos del suelo (y con las nalgas relajadas) representa la fuerza intrínseca de tu espalda y, concretamente, de sus músculos extensores. Deberías ser capaz de mantener cómodamente esa altura durante medio minuto. Cuanto más fuerte es la espalda más alto se puede levantar del suelo. Claro que es necesario equilibrar la fuerza con el estiramiento de modo que la espalda no quede demasiado tensa o rígida; debe poseer una estabilidad flexible que le permita dar y recibir soporte tanto interna como externamente. Lo cual, tal vez, proviene de aun otro equilibrio estilo Libra entre decir no a los demás y sí a ti.

Las estrellas: Libra

Equilibra con amabilidad la balanza de la verdad

Imagínate equilibrándote en un pie. Aunque el equilibrio sea bueno, ¿está totalmente inmóvil el pie en que te apoyas? No; sus muchos músculos, junto con los del tobillo, están haciendo muchísimos microajustes; estos ajustes actúan en las articulaciones, de modo que el pie no se tuerza hacia dentro ni hacia fuera, ni se flexione o estire demasiado. En total, si bien parece que no haces ningún movimiento, tu equilibrio es un movimiento dinámico, un baile entre tu pie y el suelo.

La clave para establecer el equilibrio interior la da por lo tanto el conocimiento de que el equilibrio no es un punto finito o estático en el tiempo o el espacio; que existe dentro de cualquier espectro dado y se manifiesta en las decisiones que tomamos continuamente (esos microajustes), en las proporciones que nos conviene, que nos dan resultado. Y podemos acceder a este equilibrio invocando nuestra sensibilidad Libra.

Aunque la constelación de Libra, la Balanza, está en el cielo, el signo nos ofrece un recordatorio terreno de que hay balanzas invisibles colgando a todo alrededor. Desde las exigencias del trabajo y cuidado personal a las raciones de verduras o postre, para equilibrar los platillos de estas balanzas necesitamos la intervención de nuestro Libra interior, para saber qué platillo necesita más peso, más enfoque, más tiempo y más atención. Esta calibración perpetua es la que nos hace sentir que recibimos lo que necesitamos mientras atendemos a otras personas. Claro que podría irnos bien con un poquito más o un poquito menos pero, en general, nos sentimos equilibrados, controlados, apoyados, como que estamos recibiendo lo que necesitamos mientras reaccionamos con amabilidad al entorno y a las personas que nos rodean.

También se producen finos ajustes internamente, ya que se necesitan muchas sustancias, como el yodo, por ejemplo, para el mantenimiento del cuerpo, pero sólo en ciertas dosis. Se necesita una cierta dosis de yodo para mantener la función del tiroides, demasiado podría ser tóxico y demasiado poco causaría hipotiroidismo.

La espalda de la Balanza

Libra se ocupa de su acto equilibrador celeste como el signo del zodiaco que marca el equinoccio de otoño, periodo en que el día y la noche tienen igual duración.

El Libra interior de cada persona está llamado a equilibrar su balanza. Incluso nuestro gobierno tiene un sistema de controles y equilibrios para asegurar que ningún organismo gubernamental ejerza demasiada fuerza en la nación. (No es sorprendente que fuera un Libra, el juez presidente de la Corte Suprema John Marshall el que contribuyó a equilibrar los poderes, igualando el judicial al ejecutivo y al legislativo.) Sin duda, a veces el péndulo se mueve hacia uno de los organismos o poderes, pero no se queda ahí mucho tiempo.

La naturaleza del péndulo es balancearse entre los extremos de un espectro y hacer pasar su equilibrio por el medio, y lo mismo vale para nosotros. Aunque para el péndulo la fuerza equilibradora es la gravedad, tenemos a nuestro Libra interior para guiarnos hacia una armonía fluctuante que nos convenga; una capacidad interior que no sólo nos ayuda a encontrar y mantener el equilibrio sino también a hacerlo de una manera coherente con nuestra verdad interior.

El activista Libra por los derechos civiles Mahatma Gandhi invocaba la verdad en su movimiento por la independencia de India. De hecho, acuñó la palabra *satyagraha* (*satya*: verdad y amor; *graha*: firmeza y fuerza) para definir su doctrina: una resistencia decidida pero no violenta al imperialismo británico. Él lo explica así: «Esta Verdad no es simplemente la verdad que debemos hablar, es la que existe, la que constituye la materia de que están hechas todas las cosas, la que subsiste por virtud de su propio poder, la que no está sostenida por nada pero sostiene todo lo que existe. Sólo la Verdad es eterna, todo lo demás es momentáneo […] no es una ley ciega. Gobierna todo el Universo».[10]

Al comprobar que sus partidarios realizaban actos de violencia, Gandhi comprendió que sus enseñanzas del satyagraha requerían más práctica, para que fueran un ejemplo en palabras y obras. Por esto suspendió la campaña, aunque finalmente ésta se consideró exitosa.

Pero al acceder a una verdad superior hay que ponerla al nivel de la persona para que pueda vivirla como verdad personal; si no, no puede efectuar un cambio. Y eso puede ser difícil. Porque, aun cuando sea una verdad imponente, dominante, se entiende de tantas maneras cuanto son sus buscadores, incluso dentro de uno mismo. Porque cada lado de una historia presenta su propia versión de la verdad, y Libra las ve todas. Esa parte nuestra sabe que ni uno ni otro lado solo es válido sino que todos pueden ser válidos simultáneamente y todos deben respetarse en el mayor grado posible. Pero el reto no es negar la propia verdad cuando se está rodeado por las de otros; resulta que a nuestro Libra interior se le da naturalmente complacer a las personas pero al final del día nuestra verdad define la más completa y auténtica expresión de nosotros mismos.

Así pues, la clave está en mantenernos en contacto con nuestro verdadero Libra, aun cuando esté en contradicción con otros. Así entra la gracia.

---

10. Yogesh Chadha, *Gandhi: A life*, John Wiley & Sons, Nueva York, 1997, pág. 113.

> Consideremos la versión de John Godfrey Saxe de la leyenda india «Los ciegos y el elefante». Seis hombres tocan diferentes partes del animal y dan interpretaciones diferentes de lo que es un elefante: una pared, una lanza, una serpiente, un árbol, un abanico, una cuerda. Aunque «cada uno tenía parte de razón, los seis estaban equivocados».

Es probable que hayas oído muchas veces la expresión «por la gracia de Dios»; muy bien, pero ¿qué significa? Bueno, en el Nuevo Testamento, gracia es la traducción de la palabra griega *charis*, que significa un favor que Dios concede gratuitamente, por bondad, salvación para los pecadores, por ejemplo, y bendición para los no arrepentidos.

Aunque en el Nuevo Testamento es un término religioso, gracia es un concepto universal. Todo el mundo puede hacer favores o manifestar bondad, todos los días y de diversas maneras, como el amable anfitrión que se acomoda a las preferencias culinarias de su huésped, el cortés perdedor que le estrecha la mano a su oponente o la graciosa bailarina cuya actuación para su público le deja sangrando los pies. Gracia, entonces, no es solamente el acto sino también la cualidad o talante con que se realiza el acto.

La diferencia entre actuar por gracia y actuar para complacer es que en lo primero sabemos nuestra verdad y decidimos no darle voz por lo que consideramos que es el bien mayor. La verdad está en su conocimiento, y el deseo del ego de decirlo no la hace más ni menos verdadera; en realidad, muchas veces el silencio mantiene mejor la verdad que las palabras. Al actuar para complacer, la persona podría saber o no saber su verdad, pero en cualquier caso, va en contra de su verdad por algún motivo ulterior, como conquistar el afecto, obtener aprobación o algún otro fin. En último término, el resultado habla por sí mismo, ya que no es la satisfacción celestial que supone la gracia sino que debajo hay resentimiento y vacío.

Si nuestros Libras nos guiaran y viviéramos realmente con gracia, nuestro mundo vería un tiempo de más paz, armonía y estabilidad; en cierto modo, se parecería a la Edad de Oro, la mejor de las Edades Griegas de la Humanidad. Según Hesíodo, el poeta griego de la antigüedad, ésa fue una era de armonía, de prosperidad y de una raza de seres que eran los hijos dorados de los dioses. Astrea, la diosa virgen, gobernó durante esa era hasta que, con el paso del tiempo, la humanidad se deterioró, volviéndose egocéntrica, codiciosa y violenta. La decadencia continuó, y cuando comenzó la Edad de Bronce, que siguió a la de Oro y la de Plata (ahora estamos en la Edad de Hierro), se marchó; no pudo soportar la falta de gracia ni que en este mundo nuevo pasara desapercibido su don. Volvió a los cielos, donde ahora sostiene la balanza de Libra y desde arriba apoya los esfuerzos de la humanidad. ¿Es un final triste? Nuestro Libra interior diría: «Puede que sí, puede que no». Porque aunque

Si bien Astrea sostiene la balanza de Libra, esto lo hace situada en la constelación de Virgo. Y por pertenecer a esta constelación se considera una de las vírgenes celestes, junto con Isis, Deméter y la Virgen María. También se la asocia con Díke (o Dicea), la diosa de la justicia.

hayamos perdido la orientación de la diosa aquí en la Tierra, tenemos la tarea de acceder a esos mismos atributos en nuestro interior. Y este buscar y depender de nosotros mismos podría ser un medio muchísimo mejor para alcanzar el bienestar que el que nos lo haga otro.

Lecciones

En el interior y en el exterior, Libra está aquí para equilibrar las muchas verdades del mundo y de un modo amable. La amabilidad se le da naturalmente a la energía de este signo, que valora la simpatía y la armonía. Nuestro Libra, entonces, sería un diplomático maravilloso, capaz de mantener la paz, o un abogado capaz de discutir cada lado de cada moneda. Y dada su facilidad para sintonizar con las necesidades del mundo, Libra le cae bien a todos.

El enfoque fundamental de Libra está en las sociedades y relaciones, en el tú o el nosotros, que no en el yo. Y la lección de esta energía es procurar que nuestro Libra no pierda su integridad al sintonizar con las necesidades de todo el mundo. Muchas veces puede resultarle más fácil encubrir su verdad, o no defenderla, para mantener la paz. A nadie le gusta

Libra se integra fácilmente en la multitud, sin destacar. Esto es así también en la constelación: ninguna de sus estrellas son de primera magnitud, lo que las hace relativamente apagadas. En realidad, dos de sus estrellas pertenecían a la constelación Escorpio, formando las pinzas del escorpión.

menos hacer olitas que a Libra; pero por no remecer la barca, sin darse cuenta opta por dejar que la superficialidad dirija sus palabras y obras. Entonces se eleva de rango o categoría en el trabajo no porque vive su verdad interior sino porque satisface las apariencias y expectativas. Al hacerlo incluso podría disfrazar sus opiniones con mentiras piadosas, no decir nunca no y sonreír con el barniz de falsa amabilidad, todo por hacer felices a los demás.

Pero esto sólo puede durar un tiempo; complacer es cansador, en especial cuando tu lado Libra complace a todo el mundo menos a ti. Así pues, no es infrecuente que nuestro Libra llegue a un punto en que se siente agotado, fatigado y, en general, desequilibrado. Incluso podrían presentarse problemas físicos para inducirlo a reequilibrarse, obligándolo a atender a la necesidad de descanso y cuidados. Es decir, Libra necesita redescubrir la columna que lo sostiene. Normalmente, el dolor en la parte inferior de la espalda se produce cuando los músculos de las espalda están muy débiles o muy rígidos (lo que no es lo mismo que fuertes) y se producen en el contexto de mal soporte abdominal (véase capítulo 8: «El abdomen de la Virgen»).

Si los músculos profundos de la espalda están tensos, es posible que Libra esté aferrado a las estructuras de sostén como si en ello le fuera la vida. Es posible que sus rutinas de cuidado de sí mismo sean muy rígidas, muy limitadas, o se basen en verdades de las que está tan convencido que se han convertido en dogmas. Es decir, se apoya tanto en ellas que lo limitan a una sola cosa cuando necesita un margen más amplio.

Entre las manifestaciones físicas de un Libra que se resiste podríamos tener:

★ Tensión o rigidez en los músculos de la parte inferior de la espalda
★ Calambres o espasmos musculares
★ Movilidad limitada
★ Postura rígida de la espalda
★ Dolor agudo al hacer movimientos repentinos
★ Otras: Desequilibrio renal o suprarrenal (en conformidad con el acto equilibrador de Libra, tenemos dos riñones y dos glándulas suprarrenales, situados al interior de la parte inferior de la espalda).

Si la balanza está inclinada por el otro lado, los músculos profundos de la espalda no pueden sostenerse ni sostener las estructuras que los rodean, con lo que esa zona es más susceptible de sufrir lesiones. Es como si, en el plano físico, nadie nos respaldara. También podría ser que hubiera un buen sistema de apoyo pero que todos sean externos (amistades, por ejemplo) y no internos (seguridad y confianza en sí mismo), con lo cual nos derrumbaríamos si alguna vez desaparecieran. En cualquier caso, la espalda ya no es capaz de soportar el peso del actual estilo de vida que lleva nuestra energía Libra.

Manifestaciones físicas de una naturaleza Libra muy complaciente podrían ser:

★ Dolor o tensión en los músculos de la espalda
★ Dolor o debilidad al hacer un esfuerzo físico (por ejemplo, al levantarse o al levantar algo)
★ Postura con la cintura hundida propia de la lordosis
★ Dolor y síntomas de degeneración de las articulaciones
★ Otras: Desequilibrio renal o suprarrenal

¿Te sostiene bien tu espalda? Ya sea que esté rígida o floja o en algún punto intermedio, la clave es escuchar a tu cuerpo y darle lo que necesita. Para aflojar la tensión de la parte inferior de tu espalda o fortalecerla si está débil, despierta a tu Libra interior con las preguntas y ejercicios siguientes.

Tu cuerpo y las estrellas

Lo siguiente te servirá de guía personal para incorporar la historia de las estrellas Libra. Úsala para equilibrar con amabilidad o gracia tu balanza de la verdad.

Preguntas

- ★ ¿Consideras que tu vida es equilibrada? ¿Qué aspecto o aspectos de tu vida podrían estar desequilibrados? ¿Cómo podrías reequilibrar la balanza de tu vida?
- ★ ¿Qué verdades consideras fundamentales para quién eres y lo que haces? ¿Cuál es la primera de la lista? ¿Cómo la incorporas a tu vida diaria?
- ★ ¿Sabes dónde terminas tú y comienzan los demás?
- ★ ¿Dirías que en tu vida diaria muestras la cualidad de la gracia o amabilidad? ¿Cómo? ¿Cuándo? ¿En qué situaciones deseas poder invocar más amabilidad?
- ★ ¿Te sostiene tu espalda en tu estido de vida y actividades? ¿Qué es necesario que ocurra para que tú y tu espalda se sientan más sostenidas/os?

Ejercicios

Postura Media barca: Para equilibrio, fuerza y soporte

¿Has visto la imagen de una cobra con la cabeza levantada a varios centímetros del suelo? Gracias a su musculatura esta serpiente puede elevar más o menos un tercio del cuerpo dejando el resto apoyado en el suelo. También nosotros podemos mantener un equilibrio similar, el que ya practicaste cuando hiciste la postura cobra, que puedes continuar practicando. Para mantener la postura hiciste trabajar los músculos extensores y estabilizadores de la espalda. En la postura barca equilibras la fuerza de la espalda con la del abdomen, para tener más soporte en la zona central.

1. Siéntate en el suelo con la espalda recta, las piernas flexionadas y los brazos a los costados con las palmas apoyadas junto a las caderas.
2. Haciendo trabajar los músculos del abdomen y manteniendo la espalda recta, levanta una pierna y luego la otra dejando las pantorrillas paralelas al suelo. Afirma las palmas en el suelo hasta que estés en posición de equilibrio sobre las asentaderas.
3. Una vez que estés en equilibrio, levanta los brazos extendidos, tocándote los lados de las rodillas, de modo que queden paralelos al suelo. Las manos están activas, con los dedos

juntos, las palmas hacia las rodillas. Los omóplatos deben estar planos en la espalda, de modo que ésta no se curve. Inclina levemente la cabeza hacia el pecho para que el cuello se mantenga alargado.

4. Mantén la postura, sin bajar las piernas, durante medio minuto, respirando; intenta llegar a un minuto. La pared abdominal debe estar activa pero no tensa.

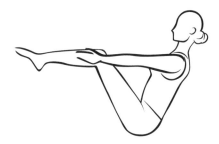

5. Para salir de la postura baja los pies al suelo, levanta la espalda hasta quedar sentada, ayudándote con las manos, y baja lentamente la espalda y estira las piernas hasta quedar en posición tendida de espaldas.

Si esta postura les exige demasiado esfuerzo a los músculos de la caja abdominal, continúa con las manos apoyadas en el suelo para sostenerte. Por otro lado, si quieres ejercitarte más o entrar de lleno en la postura, estira las piernas manteniendo el tronco en la posición natural o neutra. Pero ten presente que lo más importante es el soporte de la columna, así que nunca sacrifiques su integridad por elevar las piernas.

Oscilación: Para avanzar hacia el equilibrio

Hacia finales del siglo XVI el extraordinariamente ingenioso astrónomo, matemático, científico y filósofo Galileo Galilei descubrió la principal característica de los péndulos observando las oscilaciones de las lámparas colgantes de una catedral. Movida por la corriente de aire, cada lámpara hacía un movimiento de vaivén desde su punto de equilibrio. De forma similar, el cuerpo humano se podría considerar un péndulo; por ejemplo, la pierna (desde la cadera al pie) actúa como péndulo cuando se mueve hacia delante para dar un paso.

Con este ejercicio imitas el arco que describe un péndulo, haciendo oscilar el cuerpo desde un extremo (las asentaderas) al otro (los hombros); al oscilar relaja la espalda de modo que te muevas suavemente de un extremo al otro, observando que la mayor parte del tiempo lo pasas entremedio.

1. Siéntate con la espalda recta sobre una colchoneta. Flexiona las piernas y levántalas acercando las rodillas al pecho y coloca las manos sobre las espinillas.
2. Curva la columna en C, bajando los hombros, ensanchando la espalda y hundiendo el abdomen; el cuello debe ser la prolongación normal de la columna.

3. Levanta los pies para equilibrarte sobre las asentaderas.

4. Haciendo una espiración para acentuar la curva en C, echa el cuerpo hacia atrás hasta que los hombros toquen el suelo, cuidando de no poner el peso en el cuello.

5. Manteniendo la curva, inspira y mueve el cuerpo hacia delante hasta que las nalgas toquen el suelo.

6. Repite de cinco a diez veces.

¿Te sientes encorvada/o o desequilibrada/o? Continúa practicando, centrando la atención en la columna como la línea central

Giros espinales de pie: Para ver muchas verdades

El cuerpo es una máquina muy bien calibrada que usa la información acerca del entorno que recibe por los sentidos para tomar decisiones sobre la manera de mantener el equilibrio; esto ocurre muchas veces y sin que siquiera nos demos cuenta. A eso se debe, por ejemplo, que cuando al dar un mal paso resbalamos por un bordillo que sólo tiene unos diez centímetros de alto, la sensación es que era mucho más alto y caemos al suelo. Faltó la información sensorial. La cabeza es la principal directora de esta información, en especial el oído interno, y el cuello es la zona que mueve la cabeza (véanse, respectivamente, capítulo 2: «La cabeza del Carnero», y capítulo 3: «El cuello del Toro»). Pero la parte inferior de la espalda es la que soporta a ambos, y gracias a su movilidad les permite mayor campo de percepción girando a la derecha y a la izquierda. Entonces, gozando de una mayor capacidad de girar en torno al eje central del cuerpo podemos apreciar el mundo en mayor extensión. Podemos ver mejor las diferentes partes del mundo y cómo cada una cuenta una historia diferente, una verdad diferente. Y cuanto más las percibimos, mejor podemos integrarlas en el interior y acomodarlas en el exterior.

1. Posición de pie, con los pies separados a la distancia del ancho de las caderas, las piernas levemente flexionadas y los brazos sueltos a los costados.

2. Gira el tronco hacia la derecha moviendo los brazos sueltos de modo que el izquierdo avance por delante del cuerpo y el derecho por atrás. Gira a la izquierda oscilando los brazos de modo similar, esta vez el derecho hacia delante y el izquierdo hacia atrás. Que el giro surja desde la parte inferior de la espalda, de modo que la pelvis siempre quede hacia delante de ti.

3. Continúa alternando los giros, oscilando libremente el cuerpo entre los lados derecho e izquierdo, como si fueras el árbol o palo de mayo.
4. Haz un total de veinte giros.

Ahora percibe sin ver: cierra los ojos y continúa con los giros. Lo creas o no, cerrar los ojos maximiza la expansión y la fluidez del giro. En lugar de apoyarte en lo que ves, apoyas los giros con la pelvis relajada y los pies firmes en el suelo.

Meditación satnam: Para reconocer la verdad

La palabra *satnam*, del lenguaje gurmukhi, está compuesta por *sat*, que quiere decir «verdad», y *nam*, «nombre de la identidad». Decir *satnam* es una manera de reconocer nuestra verdadera naturaleza, nuestra divinidad. Es como decir: «Reconozco mi verdadero yo». Los antiguos yoguis creían que esta meditación es un primer paso para manifestar la verdad esencial en nuestro plano material.

1. Siéntate en el suelo en una posición cómoda, sobre un cojín o un bloque si es necesario, con las piernas cruzadas. Si no te es posible cruzar las piernas, encuentra una posición con la espalda recta; si esto no es posible, siéntate en una silla.

2. En su expresión completa, *satnam* es una palabra de cuatro sílabas, que se pronuncia *sa-ta-na-ma*. *Sa* se refiere a la totalidad, *ta* a la vida, *na* a la muerte y *ma* a la resurrección.[11] Al pronunciar cada sílaba durante toda esta meditación, te tocas la yema de cada dedo con la del pulgar (lo haces con las dos manos). Siempre con la yema del pulgar, con el sonido *sa* te tocas la yema del índice, con *ta* la yema del dedo medio, con *na* la yema del anular, y con *ma* la yema del meñique. Y vuelves a comenzar con *sa*.

3. Entona el mantra en voz alta durante un minuto.
4. En susurros durante un minuto.
5. En silencio, en tu interior, durante cinco minutos.
6. En susurros durante un minuto.
7. En voz alta durante un minuto.
8. Antes de levantarte, quédate un momento en silencio.

> Mientras *satnam* es especialmente popular en el yoga kundalini, su homólogo o complemento *namaste* se oye con más frecuencia en otras modalidades. Normalmente se usa a modo de cierre al terminar una clase para impartir el sentimiento de respeto y honor, como en «La luz divina de mi interior se inclina ante la luz divina de tu interior».

---

11. Georg Feuerstein, *The Yoga Tradition. Its History, Literature, Philosophy and Practice, AZ*: Hohm Press, Prescott, 1998, pág. 448. Hay versión en castellano: *La tradición del yoga: historia, literatura, filosofía y práctica*, Herder, Barcelona, 2013.

El tiempo total es de nueve minutos, pero poco a poco ve aumentándolo hasta quince minutos: cinco para entonarlo en voz alta y en susurros, más diez minutos para repetirlo en tu interior. Y no olvides los mudras (gestos) con el pulgar al hacerlo.

Respiración alternando las fosas nasales: Para equilibrarte tú y los demás

¿Has oído decir «Haz una respiración profunda y cuenta hasta diez» cuando alguien está enfadado, o una persona te recuerda siempre que espires cuando se te nota el estrés? Lo sepan o no estas personas, éste es un consejo sabio porque una respiración profunda activa el sistema nervioso parasimpático, la reacción descanso-asimilación que calma y centra. Esta respiración también centra metafísicamente al equilibrar los dos lados del cuerpo energético. El lado izquierdo o yin es la parte que representa la intuición, la receptividad y las relaciones; el lado derecho es el dinámico yang, el fuego que te hace actor, creador y hacedor. Las dos partes residen en nosotros; pero es posible que si vives en una sociedad occidental hayas cultivado mucho más tu yang. Devuélvete el equilibrio cultivando el yin con el yang. Esto te servirá para mantener la energía y la gracia necesarias para continuar haciendo para los demás y para ti.

1. Siéntate en el suelo con las piernas cruzadas y busca una posición cómoda. Desconecta el teléfono y pon un despertador o temporizador para que te avise cuando hayan pasado cinco minutos.
2. Apoya la mano izquierda en el regazo con la palma hacia arriba mientras con la derecha formas el mudra *vishnu*: el índice y el dedo medio flexionados hacia la palma, y el pulgar, el anular y el meñique extendidos.
3. Cierra los ojos y haz dos respiraciones lentas por la nariz.
4. Después de la espiración tápate suavemente la ventanilla derecha de la nariz con el pulgar de la mano derecha. Contando lentamente hasta cuatro haz una inspiración, procurando que sea pareja.
5. Tápate la ventanilla izquierda con el anular de la derecha, abriendo la ventanilla derecha, y espira contando hasta cuatro.
6. Inspira por la ventanilla derecha contando hasta cuatro.
7. Tapa la ventanilla derecha con el pulgar de la mano derecha, abriendo la ventanilla izquierda. Espira lentamente contando hasta cuatro.
8. Reinicia el ciclo y repite durante cinco minutos.
9. Cuando hayas terminado, antes de incorporarte descansa la mano mudra y respira normalmente durante un momento.

Esta técnica se puede practicar cualquier cantidad de tiempo, e incluso sólo un minuto de respiración concentrada contribuye a equilibrar los lados derecho e izquierdo. Así pues, ya sea que quieras practicarla por la mañana para armonizar cuerpo y mente, o estés estresada/o en el trabajo, o cuando estés en medio de una reunión familiar, sólo necesitas un minuto para ti para restablecer el equilibrio en tu vida.

Cualquiera de los anteriores: Para cultivar la gracia

La gracia es una cualidad, una esencia. Vive en nuestro cuerpo y sus movimientos, en nuestras percepciones y palabras, en nuestros sentimientos y comportamientos. Normalmente se describe como fluida y elegante; una belleza interior que infunde calma en su entorno.

Cualquier cosa se puede hacer con gracia, porque para cualquier *qué* la gracia es el *cómo*. Ahora bien, ¿cómo podemos caminar con gracia, hablar con gracia o ser un ser humano con gracia? Con percepción, percepción en cuanto a qué cualidad (y hay muchas para elegir) impregna tus hábitos y actitudes diarios, y en cuanto a cómo afectan éstos a los demás, sea con o sin intención. Elige uno de los ejercicios de este capítulo, que ya hayas hecho, y vuelve a hacerlo, con gracia. Repítelo todas las veces que sea necesario para sentirte con gracia a la vez que mantienes la integridad del movimiento.

Resumen

- ★ La parte inferior de la espalda es la zona relacionada con Libra. Gracias a las vértebras más grandes de la columna, nos sostiene para que podamos sostener a otros también.
- ★ Libra es el séptimo signo del ciclo zodiacal. A su energía le atañe equilibrar. Ya sea tu verdad, su verdad o la de la sociedad, Libra honra amablemente la autenticidad de todos.
- ★ Si tu naturaleza Libra complaciente inclina la balanza hacia el lado demasiado limitado o hacia el demasiado complaciente, podrías experimentar diferentes síntomas en la parte inferior de la espalda (por ejemplo, dolor, tensión muscular).
- ★ Equilibra a tu Libra interior con preguntas, ejercicios y actividades que centren la atención en la parte inferior de la espalda. Hazlo para sintonizar con y reequilibrar tus necesidades de cuerpo-mente-espíritu, así como lo haces por los demás.

9

El sacro del Escorpión

♏ ESCORPIO

Fecha de nacimiento: 23 de octubre – 21 de noviembre
Zona del cuerpo: Centro sacro
Tema: Muere, transfórmate y remonta el vuelo

Escorpio ocupa un lugar especial en el zodiaco, señalando un cambio de ritmo entre los signos anteriores y los que le siguen. Es decir, llega el momento de ir más allá del estado cotidiano de los asuntos para entrar en nuestra conexión con el esquema más amplio de la vida. Pero para que esto ocurra es necesario morir en sentido metafórico para renacer; entrar en Escorpio. Este signo viene directo del inframundo a extirpar los hábitos o actitudes subconscientes que hemos acarreado vida tras vida. Es una quema del karma, que desprende capas de piel una y otra vez. Esta catarsis eterna es la esencia de Escorpio, que está dispuesta a zambullirse a riesgo de perderlo todo, por la regeneración. Cada muerte trae esta transformación, ya que el Fénix de Escorpio se consume en el fuego, sólo para resurgir de las cenizas y remontar el vuelo.

El cuerpo: El sacro

El sacro es un conjunto triangular de cinco vértebras soldadas situado en el extremo inferior de la columna, debajo de las vértebras lumbares y encima del coxis. El nombre latino del sacro es *os sacrum*, que significa hueso sagrado, llamado así debido a una antigua creencia de que ahí reside el alma (también incluso relacionado con el lugar donde se acuna el alma del bebé mientras está en el útero).

Junto con la pelvis el sacro forma una cavidad grande. Cada mitad de la pelvis forma los lados anterior y laterales de esta cavidad, y el sacro une estas dos mitades por atrás, formando el lado posterior. Se unen en las articulaciones sacroiliacas, llamadas así por la conexión con cada uno de los ilion, que son los huesos pelvianos en forma de pala cóncava; estas articulaciones son lo suficientemente móviles para mover la pelvis al caminar, pero no tienen la movilidad de las articulaciones sinoviales del resto de la espalda. En realidad, sus movimientos, si bien importantes, son mínimos debido a la necesidad de las articulaciones de dar estabilidad. En realidad, estas dos pequeñas articulaciones son el único lugar del cuerpo en que el tronco se conecta con las extremidades inferiores.

Además, es necesaria la estabilidad porque la zona sacra, o centro sacro, abarca la zona llamada tradicionalmente útero o matriz. Así pues, además de ser el nido del nacimiento en sentido metafórico, lo es también físicamente. En su interior están los órganos sexuales femeninos como el útero y los ovarios, todo lo necesario para concebir un hijo, y parte de la anatomía reproductora masculina, como la próstata. Además, la estructura misma de la pelvis ayuda al desarrollo y parto de un bebé, y a esto se debe que la pelvis femenina tenga ángulos más anchos y pasajes de entrada y salida más grandes que los del hombre. Con estas características distintivas, los huesos pelvianos son de los pocos huesos del cuerpo por los que podemos determinar si un esqueleto es de una mujer o de un hombre.

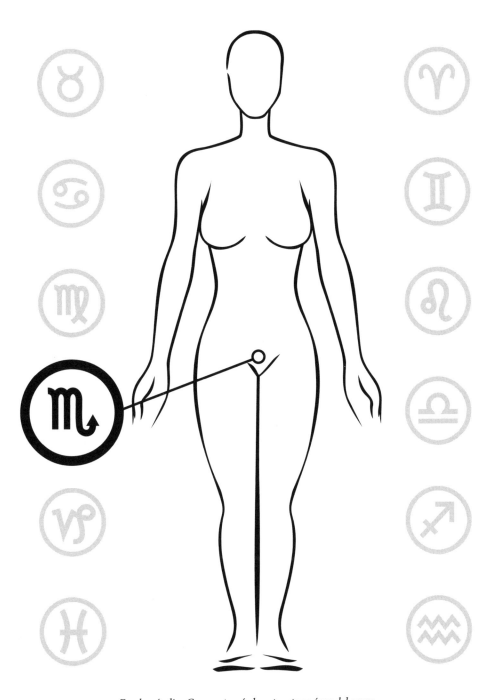

En el apéndice C encontrarás la estructura ósea del sacro.

Además de los órganos reproductores, la cavidad pelviana contiene los urinarios, la vejiga. En conjunto, éstos hacen muy fluida la zona; Escorpio es un signo de agua, así que esto no tiene por qué sorprender. En realidad, desde el punto de vista astrológico, la fluidez de la zona es sencillamente la representación física de un signo que va todo de contenedor de emociones. El agua y otros líquidos de esta zona fluyen en los planos visible y molecular. Este flujo es como las emociones, las que nos impulsan hacia lo que nos gusta (un restaurante favorito, por ejemplo) y nos alejan de lo que no nos gusta (las ratas, por ejemplo). Por lo tanto, líquido, flujo, emociones y movimiento están relacionados, y el centro sacro lleno de líquido se considera, por lo tanto, la sede del movimiento y la sensación.

Escorpio es una criatura muy apasionada; sabe por instinto lo que le gusta y lo que no le gusta, y traza una firme raya entre las dos cosas. Es propensa a altibajos, así como el agua hierve con la misma facilidad como se convierte en hielo, y por eso es de la máxima importancia prestar atención al equilibrio y estabilidad de la zona. Lo ideal es que cada lado de la pelvis esté nivelado y dirigido hacia delante, no ladeado ni girado ni con un lado más alto que el otro. Es decir, necesitamos mantener una pelvis neutra, lo que permite tener equilibrado el peso del cuerpo de arriba abajo y también prevenir el malestar y el dolor de las articulaciones sacroiliacas por mala alineación. Desarrollar y mantener una pelvis neutra podría ser un trabajo de toda la vida, así como puede ser difícil acceder a esa zona.

El primer paso es sentir o percibir dónde está la pelvis neutra. Haz este ejercicio de evaluación:

> ♏ Es interesante observar que las propiedades de las emociones relacionadas con el movimiento están expresadas en la palabra emoción, que deriva del latín *emovere*, en que *e* significa «por, del todo», y *movere*, mover. Es decir, las emociones nos mueven por y acerca de algo.

1. Tiéndete de espaldas con las piernas flexionadas y las plantas de los pies bien apoyadas en el suelo, separadas a la distancia del ancho de las caderas; los brazos extendidos a los costados con las palmas hacia abajo.

2. Coloca una mano entre la curva de la parte inferior de la espalda y el suelo. Estira o flexiona la espalda de forma que quede espacio para el grosor de tu mano (en este ejercicio se requieren movimientos muy mínimos). Esta posición debería aproximarse a la pelvis neutra.

3. Mueve la parte anterior de la pelvis, echándola hacia delante, hacia las rodillas, de forma que la parte inferior de la espalda se arquee y quede más espacio entre la espalda, la mano y el suelo. Esta posición es común en las personas que tienen la postura propia de la lordosis (véase capítulo 8: «El equilibrio de la Balanza»).

4. Mueve ahora la parte posterior; haz intervenir los músculos abdominales para volver a la posición neutra de la pelvis para moverla en el otro sentido, hacia la cabeza. La pelvis debe empujar de forma que la parte inferior de la espalda quede plana en el suelo, comprimiendo la mano; los huesos de las asentaderas deben mantenerse apoyados en el suelo. Un movimiento posterior es una posición estable para la espalda.

5. Vuelve hacia la posición neutra moviendo sutilmente la pelvis hacia delante. Percibe cómo sientes la posición en el suelo (que será más fácil que cuando estás de pie). Siéntete libre para cambiar de posición todo lo que sea necesario para establecer tu percepción de una pelvis neutra.

6. Ponte de pie con sumo cuidado y adopta una postura que consideres relajada. ¿Notas si tienes la pelvis en posición neutra o ladeada hacia uno u otro lado? Si está ladeada, haz los ajustes anterior o posterior necesarios para volver la pelvis a su posición neutra.

> Antares es la estrella llamada el corazón de la constelación de Escorpio; su nombre significa «igual que Ares» o «rival de Ares» (Ares es el dios griego de la guerra, equivalente al dios romano Marte). Según la mitología, Orión quería matar a todos los animales del planeta, así que la diosa de la Tierra, Gea, envió al escorpión a enterrarle su aguijón. Después a los dos se los colocó en el firmamento, en lados opuestos, de modo que el escorpión, situado estratégicamente, puede vigilar y controlar al guerrero.

Una pelvis neutra forma la base del mundo musculoesquelético. Es el lugar de unión entre el tronco y las extremidades inferiores; por lo tanto, su alineación pone los fundamentos para el resto del cuerpo, o hace estragos en él. De ahí la importancia de su neutralidad y estabilidad. Dados los extremos, altibajos, que suelen experimentar las personas Escorpio, pueden cuidarse manteniendo controlado su centro sacro.

Las estrellas: Escorpio

Muere, transfórmate y remonta el vuelo

La muerte significa algo diferente para diferentes personas. Para los antiguos egipcios marcaba el final de la vida en la Tierra y, después de un precario viaje por el inframundo, una vida en un exhuberante paraíso. En la sociedad occidental, para muchos es el final de la vida como la conocemos, descomposición y transformación en polvo, la conclusión de una lucha en contra de ella, o una puerta al cielo. En el contexto de Escorpio, el concepto muerte se puede aplicar a muchas situaciones cuando es necesario abandonar algo, cuando es necesario desprenderse de una parte que ya no nos pertenece, por ejemplo una expectativa, un bagaje personal o una vieja historia.

Tal vez recuerdes que, de modo similar, Virgo purifica partes de sí misma. Esta purificación la dirige el deseo de ser un recipiente limpio para su servicio, por lo tanto hay un perpetuo

Muy a propósito, muchas de las celebraciones de los muertos caen dentro del mes de Escorpio, entre ellas el Día de los Difuntos mexicano, el Samhain celta, el Día de todos los Santos católico y el Halloween estadounidense.

proceso de poda. La energía Escorpio, en cambio, está aquí para purificar con la finalidad de catarsis, muerte y renacimiento; así pues, se desprende de todos los motivos subyacentes a sus hábitos y pautas: emociones, instintos e impulsos que gobiernan sus pensamientos y comportamientos diarios. Es decir, la muerte y destrucción de Escorpio va a los aspectos del ello que ya no le sirven. El ello es una fuerza psíquica relacionada con nuestro sentido de supervivencia, seguridad, poder, sexualidad; es la fuerza primordial que subyace a los pensamientos y comportamientos y que desea gratificación inmediata. Mediado por otros aspectos de la conciencia, el ego y el superego (o yo y superyó), el ello permite satisfacer los deseos básicos como comer, beber y dormir, de modo equilibrado.

Cada uno de nosotros tiene una Escorpio que debe hacer frente a los aspectos del ello que están desequilibrados, como el miedo que la refrena u obstaculiza, para desprenderse de ellos. Ni siquiera necesita conocer los aspectos concretos, no necesita darles nombre ni entender a causa de qué complejas interacciones del yo, colegio, familia, sociedad, medios y karma han surgido. Sólo necesita saber que es hora de que mueran partes de ella que ya no sirven a su finalidad superior.

Entonces la muerte pasa a ser un proceso de enorme importancia; presenta la manera definitiva de conectar con y gobernar los trabajos interiores de nuestra naturaleza. Y para que haya toda una vida de aprendizaje debe ocurrir la muerte una y otra vez. Como le ocurre a Perséfone, la hermosa doncella de la mitología griega, que cada año muere y renace permitiendo que ocurra el ciclo de las estaciones: la primavera tiene lugar cuando ella está en la superficie del planeta con su madre Deméter; llega el invierno cuando ella muere y vuelve al inframundo a estar con su marido Hades (Plutón, en la mitología romana, y también el planeta regente de Escorpio). Cuando nuestra Escorpio muere en sentido metafórico, ella permanece en la superficie de la Tierra, pero en una nueva encarnación. Con frecuencia su muerte la desencadena algún tipo de conmoción (una experiencia de casi muerte, quiebra financiera o la muerte de un familiar) que la precipita a salir de lo viejo y entrar en lo nuevo. Y si bien estas catástrofes podrían ocurrir sin intención, nuestra naturaleza Escorpio podría atraer subconscientemente situaciones de caos y crisis, con el fin de morir; porque éstas forman parte del tema del signo. Estas situaciones difíciles son la manera como el Universo nos enseña a desprendernos de viejos apegos, y a esto se debe que las situaciones se presenten una y otra vez, para ayudarnos a aceptar la muerte, aprender de ella y, en último término, enseñar su sabiduría a los demás.

En nuestra sociedad la muerte lleva un estigma, pero sólo es tan mala como la hacemos; sencillamente es lo que es, ni buena ni mala. Es más bien un proceso que hay que respetar, y aprender de él; es un proceso tan fundamental en la vida que nadie debería pasar sin que este proceso metafísico ocurra muchas veces; tal como el escorpión muere unas seis veces, desprendiéndose de su dermatoesqueleto, para estar totalmente formado. Este desprendimiento de la piel vieja, literal y figuradamente, es el que precipita el cambio. Pero para Escorpio, lo que viene después de la muerte tiene lugar gracias al proceso sagrado y profundo de la muerte en sí. La muerte nos conecta con nuestro plano más profundo, temible y primordial. Nos ofrece la oportunidad de ver, aceptar y actuar según partes de nosotros, de la forma que lo necesitemos. Es verdaderamente un gran regalo el que trae Escorpio, una alquimia interior que nos permite convertir en oro lo que era plomo.

La alquimia era una preeminente ciencia mística de la antigüedad, precursora de la química y la medicina modernas, cuyo principio central giraba en torno a la piedra filosofal, sustancia esquiva que, según se creía, convertía el plomo en oro. Aunque se pensaba que esta piedra era un tipo de sal, se creía que era el ingrediente principal en la búsqueda de la inmortalidad, la sabiduría y la dicha de un cielo en la tierra. Por lo tanto, simbolizaba nuestra transformación no sólo de un elemento en otro sino también de mortal en divino.

A nuestra sociedad le encanta una buena historia de transformación; los niños leen el cuento de un sapo que se transforma en príncipe; los adolescentes ven películas en que Clark Kent hace de Supermán, y los adultos ven revistas con fotos del antes y del después. Esta fijación disfraza la fascinación por un potencial subyacente, reconociendo lo que podría ser, en cuanto opuesto o diferente a lo que es. La transformación es lo que nos permite pasar de apegos interiores y exteriores que nos tienen prisioneros y esclavizados para crecer y convertirnos en una nueva versión de quienes somos y como vivimos, o como lo dice el pintor Escorpio Pablo Picasso: «Diferentes motivos inevitablemente requieren diferentes métodos de expresión».[12]

> En su diálogo *Timeo*, esa discusión acerca de la cosmogonía, Platón habla de una materia prima de la cual se hace toda sustancia. Materia prima es también el nombre que daban los alquimistas al ingrediente inicial para la piedra filosofal.

Más fácil decirlo que hacerlo, porque la transformación no es nada fácil. En realidad, es incómoda o desagradable, por ser algo desconocido. A la mente no le gusta en absoluto, porque aunque a uno no le guste lo que tiene o es, de todos modos prefiere eso a lo desconocido. En todo momento, la mente preferiría continuar con la hechura de su yo a dejarla expandirse o cambiarla.

Por lo tanto, cambiar con éxito supone resiliencia, una forma de fe en la propia capacidad para volver atrás y recuperarse de cualquiera que sea la adversidad a la que se enfrenta. Esta

---

12. Christian Zervos, «Conversation avec Picasso», en Cahiers d'Arts, 1935; citada y traducida al inglés en Alfred H. Barr hijo, *Picasso: Fifty Years of His Art*, The Museum of Modern Art, Nueva York, 1946, pág. 247.

cualidad es una que nuestra Escorpio interior posee en abundancia, mientras estemos dispuestos a soltarnos y permitir que ocurra la transformación, sin saber adónde nos llevará. De ahí que una buena transformación es como su precursora la muerte, en cuanto exige los necesarios respeto y confianza en el proceso.

Si nuestro lado Escorpio se aferra a quienes somos actualmente y a lo que tenemos, altera el caos profundo y misterioso que es su derecho de nacimiento y se queda atascada; reemplaza la reinvención por la resistencia, y el caos interior no se canaliza hacia la transformación interior sino hacia el dominio externo; al ocurrir esto hay entonces manipulación de los demás, que es una forma menos evolucionada de satisfacer lo que Escorpio considera sus objetivos (especialmente en lo relativo a la riqueza y la actividad sexual). Por lo tanto, es de la mayor importancia que adoptemos nuestro lado Escorpio y la ayudemos a aceptar su caos interior, su impulso hacia la transformación; debe estar dispuesta a ser el ave fénix que no sabe necesariamente a qué alturas se elevará después de quemarse, sino sólo que remontará el vuelo una y otra vez.

Emprender el vuelo es elevarse por encima de todo, ver las situaciones desde su contexto y sentido más amplios, por encima de los pensamientos, emociones, bagatelas y tribulaciones que se presenten. Eso sí, la actitud tranquila y serena de Escorpio suele ser el agua quieta de la superficie bajo la cual rugen los torrentes. Pero en su aspecto más evolucionado, elevarse es un potente recordatorio para mantener controlada su naturaleza primitiva, su ello; para adoptar una tranquila maestría que recubre el dinámico poder interior. De esa manera ve lo que desea y lo obtiene con calculada precisión, como hace un águila, que desde lo alto ve un ratón de campo y para satisfacer su hambre instintiva, baja en picado y con suma precisión lo caza y vuelve a elevarse.

El águila representa la fase superior de Escorpio. En realidad, Escorpio se puede simbolizar por tres animales: el escorpión, el fénix y el águila. El escorpión está relacionado con el impulso hacia la muerte; el fénix hacia la transformación y el águila hacia elevarse. Es un ciclo de muerte y renacimiento que capacita a Escorpio para ser, hacer y obtener lo que desea, un poder inmenso del que necesita ser siempre consciente para mantener la disciplina, no sea que pase a ser dominada por él.

 Un fabuloso ejemplo de un ello desenfrenado es Mr. Hyde, la naturaleza tenebrosa y lasciva del por lo demás bueno Dr. Jekyll. *El extraño caso del Dr. Jekyll y Mr. Hyde* es la historia de una dualidad interior en la que ganan las tinieblas. Se dice que su autor, el escritor Escorpio Robert Louis Stevenson, quemó el primer borrador para luego reescribir la versión actual, la que, figuradamente, se levantó de las cenizas.

Lecciones

El poder y la pasión de Escorpio un día la arruinan y al siguiente la hacen multimillonaria. De esta manera nos indica que, pase lo que pase, siempre podemos morir y renacer. Es el recordatorio zodiacal de nuestro poder de transformación y resiliencia, esa parte que puede ser y hacer cualquier cosa en cualquier momento aun si uno está ardiendo en el fuego, o hundido. Después de todo, las emociones de Escorpio varían desde las cimas más altas de la montaña a lo más bajo del valle.

Para aprovechar constructivamente la intensidad de las emociones de nuestra Escorpio, es necesario dominarlas y canalizarlas de forma de poder usar su poder y no ser destruidos por él. Claro que hay muchas ocasiones en que es necesario morir en sentido metafórico, pero si nos quedamos atascados en la fase muerte no llegaremos nunca a la transformación, y por lo tanto no remontaremos el vuelo.

Quedarse estancado es la ruina de la energía de este signo; así como el agua se estanca, también se estanca nuestra naturaleza Escorpio si se aferra a viejos instintos, miedos e historias; entonces se acumula el lodo. Escorpio debe aprender de cada una de sus muertes, si no, no puede seguir adelante. Continúa siendo la persona que era y es, sin pasar a ser la persona que necesita ser.

Entre las manifestaciones físicas de una naturaleza Escorpio estancada podríamos tener:

★ Rigidez o contractura de los músculos de la parte inferior de la espalda, del abdomen, de los glúteos, de los tendones de las corvas o del suelo pelviano en sus conexiones con el sacro o la pelvis
★ Dolor o malestar en la parte inferior de la espalda o en la zona glútea
★ Movilidad limitada de la parte inferior de la espalda o de la pelvis
★ Pelvis en posición fija, no neutra (por ejemplo, un lado más elevado que el otro)
★ Otras: Irregularidad de los ciclos menstruales, retención de orina

De modo similar, cuando nuestra Escorpio no está equilibrada, ya sea física o emocionalmente, la zona sacra podría experimentar la sensación de estar mal o fuera de lugar, debido a emociones extremas. En este caso podría sentirse tan floja o descontrolada como se siente la persona.

Entre las manifestaciones físicas de una naturaleza Escorpio floja o descontrolada podríamos tener:

* Debilidad y posible tensión en los músculos de la parte inferior de la espalda, los tendones de las corvas, músculos del abdomen, zona glútea o suelo pelviano, con la incapacidad de mantener en su lugar el sacro o la pelvis
* Sensación de debilidad o inestabilidad en la zona pelviana
* Hipermovilidad
* Exceso de rotación o desequilibro en la zona pelviana
* Otras: Irregularidad en el ciclo menstrual, infecciones de las vías urinarias, incontinencia debido a la debilidad del suelo pelviano. (Podría producirse debilidad en el suelo pelviano con la edad o después del embarazo, después que Escorpio se abre al papel de madre, junto con la debilidad de los huesos, músculos y ligamentos de la pelvis. Véase el ejercicio Kegel en este capítulo para el buen mantenimiento del suelo pelviano y la prevención de problemas.)

¿Es sensible tu centro sacro? Ya sea que lo sientas estancado, flojo o en algún punto intermedio, la clave es escuchar a tu cuerpo y darle lo que necesita. Para estirar un centro sacro rígido o fortalecerlo si está débil, despierta a tu Escorpio interior con las siguientes preguntas y ejercicios.

Tu cuerpo y las estrellas

Lo siguiente te servirá de guía personal para incorporar la historia de las estrellas de Escorpio. Úsala para morir, transformarte y elevarte.

Preguntas

* ¿Cuáles son tus creencias respecto a la muerte? ¿De qué manera ayudan a tu vida? ¿La obstaculizan?
* ¿Cómo estás en cuanto a desprenderte de apegos y expectativas del pasado?
* ¿Cuándo fue la última vez que te reinventaste? ¿Qué precipitó esta muerte y renacimiento?
* ¿Cuándo fue la última vez que experimentaste malestar en alguna parte de tu centro sacro? ¿Qué ocurría en tu vida?
* ¿Con qué facilidad te adaptas a un nuevo entorno y a transformarte? ¿Te gusta el proceso o lo combates?
* ¿Cuántas emociones sientes a lo largo de una semana? ¿Accedes a toda tu variedad de emociones?

★ Cuando experimentas extremos emocionales negativos, ¿eres capaz de elevarte por encima de ellos? ¿Cómo?

★ Cuando experimentas extremos positivos, ¿qué circunstancias te hacen bajar de ellos?

Ejercicios

Puente: Para tener la fuerza para liberarse

La muerte, incluso en el sentido metafísico, es sólo una fase en la progresión de la conciencia. No es ni buena ni mala, sino como nosotros la consideremos. Se puede abordar con miedo o, igualmente, con la mente receptiva para ver adónde nos lleva. La clave está en dejarnos llevar, permitiendo así que en el proceso muera el miedo a la muerte. Hacerlo la libera de cual sea el estigma que le hayamos asignado. A pesar de no saber qué hay al otro lado del puente, ármate del poder interior que sabe que estarás bien. El flujo natural de la muerte te llevará adonde necesitas ir. Hace falta fuerza para fiarnos de este proceso desconocido y cruzar el puente. Cultiva la fuerza interior con la fuerza de tu centro sacro y los músculos que lo rodean.

1. Tiéndete de espaldas con las piernas flexionadas, las plantas apoyadas en el suelo y los brazos extendidos a los costados con las palmas hacia abajo. Coloca los pies delante de las nalgas; una buena distancia es la que te permite tocarte los talones con las yemas de los dedos.

2. Al espirar, presiona los pies en el suelo y entra la pelvis, de forma que la parte inferior de la espalda quede plana sobre el suelo; con el mismo impulso levanta las nalgas; sólo quedan en el suelo los pies, los brazos, los hombros, el cuello y la cabeza.

3. En esa postura mantén paralelos los muslos y los pies. Apoya bien los brazos extendidos para ayudarte a sostenerte sobre los hombros. Amplía el espacio entre el mentón y el pecho apoyando bien la cabeza en el suelo. Relaja las nalgas, que deben estar activas pero no apretadas.

4. Mantén la postura durante diez respiraciones. Al espirar, ve bajando lentamente la columna hasta el suelo.

Si te resulta muy difícil mantener levantadas la espalda y las nalgas, refuerza el soporte flexionando los brazos y colocándote las manos en la parte inferior de la espalda, con los dedos apuntando hacia los pies. También puedes usar bloques para yoga, si necesitas más soporte. Si te sientes estable en la postura y deseas más liberación, gira los antebrazos de forma que las palmas queden hacia arriba, en una posición receptiva a lo que sea que venga.

Gato-vaca: Para transformarse

Se cree que Escorpio es uno de los signos más intuitivos, más en contacto con su magia, misterio y alquimia interiores. Así pues, sé tu propia piedra filosofal y practica el cambio de tus partes de plomo en oro. Transforma la pena en alegría, el hambre en saciedad, el «no puedo» en «puedo». La tuya es una vida larga durante la cual ocurrirán muchos cambios y, como dicen, la oportunidad favorece a los preparados. Prepárate para tus inevitables transformaciones practicando esta popular postura, que te da la oportunidad de transformarte de gato en vaca y viceversa.

1. Comienza en la posición mesa, las manos y las rodillas apoyadas en el suelo, las muñecas directamente bajo los hombros y las rodillas bajo las caderas; los empeines planos en el suelo; la espalda paralela al suelo y el cuello en posición neutra, la mirada en el suelo y ligeramente hacia delante.

2. Postura gato: Al espirar redondea la columna levantándola. Para ayudarte, presiona el suelo con las manos y los pies; cuando tengas redondeada la espalda, baja suavemente la cabeza.

3. Postura vaca: En la siguiente inspiración levanta las posaderas y arquea el pecho hacia arriba y hunde el abdomen. La cabeza debe seguir el arco de la columna, pero cuida de no estirar demasiado el cuello.

4. Con la siguiente espiración vuelve a la postura gato, y con la inspiración a la postura vaca. Adopta un ritmo fluido al pasar de una a otra postura.

5. Haz diez cambios de gato a vaca, y termina en la posición mesa.

Para terminar el ejercicio, adopta la postura niño (en la página 89 están las instrucciones).

Postura de espaldas con las piernas en ángulo: Para acceder a las profundidades

El centro sacro alberga nuestra sexualidad, tanto en el sentido de los órganos sexuales como en el de nuestro ser sexual. Pero pocas personas tienen una relación sana con la sexualidad, ya que durante siglos muchos países occidentales la han negado o invalidado, cultural, religiosa y médicamente, e incluso la han considerado algo malo.

> La aversión a la actividad sexual llegó a un momento definitorio en el siglo XVIII, cuando los médicos declararon que era necesario controlar la masturbación por motivos médicos y de higiene; sencillamente aseguraron que podía tener por consecuencia un debilitamiento de los sistemas digestivo, respiratorio y nervioso, y podía ser causa de esterilidad, reumatismo, gonorrea, ceguera, locura y tumores. Desde entonces la circuncisión (que al principio se hacía a niños, no a bebés) se convirtió en uno de los procedimientos médicos más populares. ♏

A esta zona del cuerpo se la ha llamado las «partes bajas», con la connotación de las partes inferiores y más lóbregas de un lugar, con especial alusión al infierno y al inframundo. Recupera esta parte válida y valiosa. Todas nuestras partes tienen su propio poder, y la zona sexual no es diferente. Practica esta postura para abrirte al máximo y acceder a partes profundas que tal vez sin darte cuenta menosprecias.

1. Siéntate en el suelo con las piernas extendidas. Flexiona las piernas acercando los talones a la pelvis. Cuando las tengas cerca, baja las rodillas hacia los lados de modo que las plantas de los pies se toquen.
2. Echa atrás el tronco hasta el suelo, apoyándote en los antebrazos y las manos.
3. Cuando tengas el tronco en el suelo, encuentra una distancia cómoda entre los pies y la pelvis (disminúyela para más estiramiento o auméntala para menos). Ésta es una postura pasiva, por lo que deberías sentir una suave apertura en la entrepierna: si el estiramiento es demasiado intenso y sientes dolor en los muslos o las rodillas, ponte cojines entre las rodillas y el suelo. Apoya suavemente las palmas en la parte inferior del abdomen (bajo el ombligo).
4. Cierra los ojos y relájate totalmente. Abandónate a la postura; deja que la gravedad haga el trabajo. Mantén la postura durante diez minutos.
5. Para salir de la postura, junta los muslos y gira el cuerpo hacia un lado. Incorpórate con lentitud para prevenir un posible mareo.

Para intensificar sutilmente la postura, mueve el coxis hacia los pies; deberás sentir un suave acomodo, una apertura del centro sacro y un leve arqueo de la parte inferior de la espalda. Una vez que estés en esta posición, aplasta el coxis contra el suelo.

Visualización kundalini: Para volar

Hay más de una manera de desollar a un gato…, y de elevar a una serpiente. En cuanto a despertar a nuestra kundalini, la serpiente metafórica que reside en la base de la columna y representa la fuerza vital instintiva, el viaje puede tomar diferentes formas según sea el grado de compromiso e intención que lo respalda, el grado de conciencia y el estilo de vida. De todos modos, en muchas formas el viaje supone el ascenso de la serpiente por la columna hasta la parte superior de la cabeza. El siguiente ejercicio ofrece una visualización de este ascenso, ya que muchas veces la serpiente, y la fuerza vital subconsciente que representa, se comprende mejor con imágenes y arquetipos que con palabras o pensamientos.

¿Qué se siente cuando sube la kundalini? Su despertar produce muchas sensaciones; algunas se han comparado a una corriente eléctrica que pasa por el cuerpo, a dicha divina, a una sensación de ligereza, como si nuestro cuerpo terrenal pudiera volar. El objetivo de este ejercicio no es despertar totalmente a tu kundalini, sino servirte de ayuda para asomarte a su potencial y prepararte.

1. Siéntate en el suelo en posición cómoda, con la columna recta y relajada, las manos apoyadas en el regazo con las palmas hacia arriba, y los ojos cerrados.

2. En tu imaginación visualiza una serpiente enrollada tres vueltas y media en torno al sacro. Ponle color, ojos, escamas, la forma que elijas. Cuanto más detallada, mejor. Inspira y espira para saludarla.

3. Deja que la serpiente suba lentamente por tu columna como si fuera atraída por una fuerza magnética desde la parte superior de tu cabeza. Inspira y espira en cada una de las zonas por las que va subiendo: centro sacro (entre la entrepierna y el ombligo), abdomen (alrededor del ombligo), centro cardiaco, mitad de la garganta, tercer ojo, coronilla de la cabeza. Nota la sensación en cada una de estas zonas del cuerpo.

4. Cuando comience a salir de la coronilla, observa cómo tú y la serpiente os fusionáis y estalláis en una brillante luz blanca. Siente la sensación de la luz todo el tiempo que te sea posible.

5. Abre los ojos, y antes de incorporarte permanece un momento en la postura.

Si deseas despertar totalmente a tu kundalini, mira la posibilidad de buscar orientación en el yoga kundalini.

Incorpora el agua: Para las emociones, movimiento y fluidez

Permite que el agua haga fluir tus emociones. Existe todo un espectro de emociones que están a nuestra disposición, y todas sirven a una finalidad, incluso maligna, como la rabia, que pueden desencadenar cambios positivos en los planos individual y social. Muy pocas de las personas que han transformado el mundo lo han hecho porque encontraban bien las cosas como estaban. Así pues, elévate a grandes alturas y cae a grandes profundidades. Es decir, vive con pasión; no te quedes estancada/o en una variedad limitada de emociones, sino que sé capaz y está dispuesta/o a expandirlas. Incorpora el agua a tu rutina diaria y que sus corrientes te inspiren:

- ★ Haz caminatas por la orilla de un río, de un lago o del mar
- ★ A todo lo largo del día bebe, con intención, agua pura, filtrada
- ★ Convierte en placentero rito la rutina de ducharte
- ★ Ve al mar o a la piscina a nadar
- ★ Quítate los zapatos y diviértete en una fuente de agua
- ★ Ve a divertirte en un parque acuático

Ejercicio Kegel: Para una buena continencia

El agua sirve mejor a su finalidad cuando se canaliza, ya sea de un afluente a un río principal o de un grifo a un vaso. Lo mismo se puede decir de las emociones. Liberar las emociones hace necesario un conducto o un contenedor. Si no, podría discurrir sin orden ni concierto produciendo estragos (seguidos de cansancio). Da la forma adecuada a tus emociones, de modo que te alimenten y no que salgan de ti en goteras. Una forma es tener una cavidad pelviana fuerte, que soporte el contenido sacro relacionado con líquidos (como la vejiga y el útero). Es fácil acceder a algunos de los músculos de la cavidad pelviana, como los laterales de rotación, que se estiran en la postura de espaldas con las piernas en ángulo, pero no es tan fácil acceder a otros, como los del suelo pelviano. Una de las mejores maneras de fortalecerlos son los ejercicios Kegel, beneficiosos tanto para hombres como para mujeres.

1. Identifica los músculos. Haces trabajar los músculos del suelo pelviano cuando estás orinando y detienes el chorro de orina a la mitad del acto. En esta detención trabajan los mismos músculos que en el ejercicio Kegel.
2. Practica las contracciones Kegel. Este ejercicio es exactamente la misma técnica que usaste para detener el chorro de orina, pero no mientras estás orinando. Vacía la vejiga y tiéndete de espaldas. Contrae los músculos del suelo pelviano, como hiciste antes, y man-

tén la contracción durante diez segundos. Relaja los músculos y mantenlos relajados durante diez segundos. Ésta es una tanda.

3. Concéntrate solamente en el suelo pelviano y no contraigas otros músculos, como los de las nalgas, del abdomen, de los muslos. Acuérdate de respirar.

4. Haz tres tandas del ejercicio tres veces al día. También puedes hacerlo en posición sentada con la espalda recta.

Se cree que estos ejercicios sirven para prevenir la incontinencia urinaria, e incluso que podrían mejorar la salud y el placer sexual.

Resumen

★ El centro sacro es la zona del cuerpo relacionada con Escorpio. Alberga los órganos sexuales y el útero, representa la semilla de la vida y la sede de las emociones.

★ Escorpio es el octavo signo del ciclo zodiacal. A su energía le incumbe la pasión que impulsa, en sentido metafórico, a morir, transformarse y volver a levantarse.

★ Si nuestra poderosa naturaleza Escorpio se queda estancada o se descontrola, el centro sacro podría experimentar diferentes síntomas (por ejemplo, dolor en la zona sacroiliaca o irregularidades menstruales).

★ Invoca a tu Escorpio interior con preguntas, ejercicios y actividades que centren la atención en el centro sacro. Hazlo para elevarte por encima de las contiendas interiores y trastornos exteriores, para recuperar una visión más amplia del mundo que te permita volar.

10

Las caderas del Centauro

 **SAGITARIO**

Fecha de nacimiento: 22 de noviembre – 21 de diciembre
Zona del cuerpo: Caderas y muslos
Tema: Dirige tu naturaleza inferior con aspiración superior

C on Sagitario dejamos el recorrido zodiacal de la parte superior del cuerpo y nos concentramos en la parte inferior, comenzando por las caderas. Claro que el cuerpo funciona como un todo unificado, así que esta división superior-inferior es sólo de nombre. Pero la lección del Centauro es alinear conscientemente las dos partes y lo que representan. Porque Sagitario está aquí para hacer evolucionar el cuerpo como vehículo para el alma, haciéndonos aspirar a los ideales más elevados y puros como un objetivo permanente.

El cuerpo: Caderas y muslos

Sea cual sea su viaje, el Centauro recibe sus lecciones y ayuda de sus caderas, la zona del cuerpo que corresponde al signo Sagitario. Perfectamente equilibradas para la lucha de Sagitario, estas dos grandes articulaciones están yuxtapuestas entre las partes superior e inferior del cuerpo. La parte superior va desde la pelvis a la cabeza, e incluye la espalda, el cuello, las extremidades superiores y los órganos internos (llamados colectivamente tronco); la parte inferior va hacia abajo a partir de la pelvis y comprende los muslos, las piernas y los pies. Podemos notar las caderas instaladas en lo profundo a cada lado de la entrepierna, y su profundidad es fuente de su fuerza física.

> ↗ La zona de la pelvis, caderas y muslos nos dan el ejemplo más cercano del lugar del cuerpo de donde el tronco humano se eleva desde las ancas de un caballo, formando así un centauro.

Las fuertes caderas están formadas por huesos fuertes, la pelvis y el fémur. La pelvis es una ancha cavidad ósea que soporta el peso de la parte superior del cuerpo y transfiere su fuerza a las extremidades inferiores. Éste es uno de los huesos que por su posición capacita al ser humano para erguirse sobre dos pies, rasgo anatómico que nos distingue de nuestros hermanos vertebrados, como el caballo (más sobre esto en el capítulo 13: «Los pies del Pez»). Como parte de la articulación de la cadera, la pelvis presenta una cavidad profunda (cotilo) en la que encaja la cabeza del fémur. El fémur es el hueso del muslo, el más largo del cuerpo; su cabeza es una bola brillante instalada dentro del cotilo de la pelvis. Juntos, estos dos huesos forman un tipo de articulación llamada de esfera en cavidad, o esferoidal.

> ↗ Muchas personas localizan erróneamente las caderas a un lado de cada muslo; en realidad este lugar es una prominencia ósea del fémur, llamada trocánter mayor. Es, por lo tanto, parte de un hueso que forma la articulación de la cadera, pero no es la articulación propiamente dicha.

La articulación esferoidal de la cadera mueve el muslo; el muslo es la zona que va de la pelvis a la rodilla y, en especial en nativos de Sagitario, es robusto, está bien formado y listo para saltar a la acción. La gama de movimientos del muslo es tan amplia, o expansiva, como su signo zodiacal: flexión, extensión, abducción, aducción y rotación. Estos movimientos, solos o combinados, facilitan muchas actividades diarias, desde caminar a

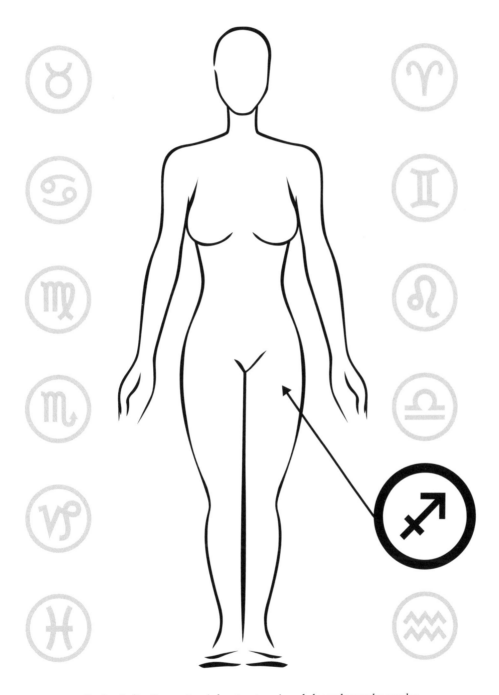

En el apéndice C encontrarás la estructura ósea de las caderas y los muslos.

correr velozmente. La flexión, por ejemplo, es el movimiento que inicia un paso o una carrera, levantando el muslo hacia delante, con lo que el pie se separa del suelo y avanza, en el viaje de nuestro Centauro interior.

Adondequiera que nos lleve el viaje, ya sea al aeropuerto o a un ashram, las caderas nos sirven para caminar hasta ahí. Pero ¿dónde es ahí? ¿Qué vamos a explorar? Para llegar adonde queremos, se requiere no sólo movimiento sino también una dirección; en eso está el trabajo principal de todo Centauro: debe seguir una dirección, y su camino lo induce a elegir la superior, aquella que lo satisface en cuerpo y alma. Y si bien esta inspirada empresa no es fácil para nadie, resulta más difícil aún para los signos que tienden hacia la inferior.

Para que el cuerpo lleve el alma hacia delante debe, por lo tanto, sintonizar la mitad superior con la inferior; debe soñar que es profesor de sus caderas para que lo hagan pasar por la puerta del colegio. Esta sintonización o alineación superior-inferior es más realidad física que metafísica. Experiméntalo:

1. De pie, encuentra una posición neutra para la pelvis, con las caderas apuntando hacia delante.
2. Hacia arriba de la pelvis, alinea la cabeza sobre los hombros, los hombros sobre el tronco y el tronco sobre las caderas. Hacia abajo de la pelvis, alinea las caderas sobre las rodillas y las rodillas sobre los tobillos y los pies.
3. Elige un punto a unos dos metros delante.
4. Camina hacia ese punto.

¿Cómo llegaste ahí? Con la cabeza, pecho y caderas alineadas, caminaste decididamente en la dirección elegida. Tuviste la visión de lo que deseabas y llegaste a eso. ¿Qué ocurre, en cambio, cuando falta esa alineación?

1. De pie, con las caderas apuntando hacia delante.
2. Manteniendo la posición de la pelvis y las extremidades inferiores, gira la cabeza y el pecho hacia la izquierda. Las caderas y las extremidades inferiores quedan apuntando en una dirección (hacia delante) y el tronco en otra (hacia la izquierda).
3. Camina hacia delante.

¿En qué dirección caminaste? En este ejemplo no elegiste una dirección, y tu cuerpo se guio por la que indicaba su mitad inferior; tomaste la dirección que indicaba la posición de tus caderas. Éste es un ejemplo físico de la susceptibilidad de todo Centauro hacia sus inclinaciones inferiores.

Las estrellas: Sagitario

Dirige tu naturaleza inferior con aspiración superior

La palabra latina *sagittarius* significa «arquero», y el símbolo de la constelación llamada Sagitario es, acertadamente, una flecha. Esta flecha está dirigida por el Centauro, ser mitad hombre mitad animal, que la apunta hacia el amplio horizonte; tensando la cuerda de su arco dispara la flecha, dejando una ardiente huella para el osado viaje que le espera, un viaje que lo induce a dirigir su cuerpo hacia lo que anhela su alma.

Hay muchas maneras de dirigirse, ya sea que estemos reflexionando sobre qué alimento comer o a qué trabajo dedicarnos. La dirección puede provenir del pensamiento racional, de una atracción emocional, un instinto visceral, o una combinación de éstos y otros factores. Puede provenir de uno mismo o de otros. ¿Cómo elegimos nuestra dirección en la vida? No hay dirección correcta ni incorrecta, sino sólo la que nos sirve mejor. La verdadera dirección es la que proviene de nuestra verdadera naturaleza, de un conocimiento filtrado por la mente, pero que también es más grande; es ese sutil sentido de finalidad, como si el alma hubiera venido a esta vida con una misión por cumplir, la que divisamos de vez en cuando. Nuestro Sagitario está aquí para reconocer eso que divisamos, para inducirnos a confiar en eso y luego ayudarnos a seguir su dirección, lleve adonde lleve.

Porque el Centauro es nuestro guía, explorador y visionario interior. Es esa parte que percibe implícitamente nuestra principal dirección y nos inspira a aspirar a ella una y otra vez. A veces se da en el blanco al primer intento, y a veces hay que disparar muchas flechas. No es necesario saber cómo va a llegar la flecha a su objetivo, ni si llegará ahí, pero el primer paso es saber dónde está el ahí. Para acertar en un blanco concreto, la mira no debe estar ni demasiado alta ni demasiado baja.

Bajo/baja es una palabra que en nuestra sociedad lleva un estigma, como si fuera malo o indeseable. Sin embargo, bajo simplemente significa «hacia el suelo o hacia el nivel de la base», como cuando la Luna está baja en el horizonte, lo que no es una descripción que la rebaje. Alto, su contrario, atañe a una posición elevada, como cuando un águila vuela alto en el cielo. Claro que todo es relativo, pues algo que está alto en el cielo puede estar bajo en relación a otras, y a la inversa, así como un águila volando alto está más baja que una luna que se ve baja en el horizonte. Esto se debe a que las cualidades alto y bajo existen en tándem; se complementan. Una no es mejor que la otra, ya que las dos son necesarias.

Por ejemplo, tenemos dos naturalezas, baja y alta, o superior e inferior; en cuanto a nuestra estructura energética; naturaleza baja se llama a esa parte que es más densa que el resto, como el cuerpo físico (por oposición al espíritu) o pensamientos que son bajos (por oposición a iluminados). Los objetivos bajos sólo son problema si nos dirigen la vida, si nos consumen en exceso los deseos y necesidades básicos, sin tomar en cuenta la parte que al mismo tiempo es más grande. En un extremo, atender solamente a nuestra naturaleza baja podría tener por consecuencia la proverbial vida de sexo, drogas y *rock and roll*, en la que el deseo o lujuria lleva a relaciones insatisfactorias, la ambición a éxito monetario sin sentido, y el exceso a extenuación no visible. Que lo bajo engendra lo más bajo es una historia de siglos, una moral escrita en las estrellas del Centauro Sagitario.

Hubo un tiempo, según la mitología griega, en que los centauros vagaban por la Tierra. Estos seres del subconsciente, mitad hombre y mitad caballo, vivían en las montañas de Tesalia; se albergaban en cuevas, cazaban animales salvajes para alimentarse y para luchar usaban piedras y ramas. En las obras clásicas griegas y romanas, desde la *Odisea* de Homero a *Las metamorfosis* de Ovidio, estos centauros representaban las tendencias más primitivas del hombre: saqueaban ciudades, robaban mujeres y bebían más vino que Dionisos (el dios griego del vino). Estos atributos salvajes, toscos, estaban encarnados en los cuartos traseros del animal, parecido a las ancas de un caballo, y representaban los aspectos más animales del hombre. Pero este cuento admonitorio es sólo la mitad de la historia, porque estos seres también eran humanos; cada centauro tenía un tronco humano que se elevaba de su cuerpo equino: cabeza, cuello y pecho, que representan los ideales más elevados del hombre.

Así como los primeros centauros eran esclavos de sus naturalezas animales, bajas, engendraron otra clase de centauros que honraban sus aspectos humanos más elevados. Éstos fueron los maestros y médicos que tenían sabiduría y visión profética. Uno de estos centauros se llamaba Quirón, amigo y maestro del gran guerrero Heracles o Hércules. Un día, cuando estaba ayudando a Hércules, Quirón fue herido, por error, por una flecha envenenada. Zeus, como regalo al buen centauro, lo alivió de su dolor y lo ascendió a los cielos convirtiéndolo en la constelación Sagitario. Así el Centauro pasó a ser el símbolo zodiacal del signo Sagitario, que simboliza la naturaleza superior, más elevada, del hombre.

Como el Centauro, tenemos naturalezas más alta y más baja que residen juntas. Para vivir la expresión más plena de nosotros mismos nos es necesario acceder a las dos mitades, y honrar a nuestro Sagitario interior nos puede ayudar en esto. Si no, demasiado de uno u otro lado desequilibra la vida. En nuestra sociedad, con el enfoque en el alimento y las finanzas, la tendencia es hacia la naturaleza más baja. Así pues, nuestra naturaleza Sagitario es un recordatorio de que para estar completos necesitamos acceder a nuestra creatividad, visión, imaginación e intuición, además de a nuestros bajos impulsos. Necesitamos tener los dos pies firmes en el suelo y además aspirar a las estrellas.

> La yuxtaposición entre lo alto y lo bajo interviene en las famosas obras del escritor del siglo XVII John Milton *El paraíso perdido* y *El paraíso recobrado*. *El paraíso perdido* cuenta la expulsión de Lucifer del cielo y su orquestación de la desobediencia de Adán y Eva, con la consecuente pérdida de la gracia. Su continuación, *El paraíso recobrado*, cuenta la tentación de Jesús por Satanás, su resistencia a dicha tentación, con lo que, en nombre de toda la humanidad, aprueba el examen en que fracasaron Adán y Eva.

Aspirar a las estrellas es similar a poner la mira en algo que parece fuera del alcance, hasta que se llega a él. Y eso fue lo que hizo el ingeniero Sagitario Alexandre Gustave Eiffel después de construir la Torre Eiffel, la construcción más alta del mundo (en su momento): entró en el campo de la aerodinámica e inventó aparatos, parecidos a aeroplanos, que no sólo aspiraban a subir al cielo, realmente volaban. Este apuntar alto es la aspiración, principal fuerza motivadora del Centauro.

El Centauro evolucionado es un idealista, un visionario que ve, más allá de lo que es, lo que es posible. Y esa visión del potencial infinito es lo que incentiva su viaje hacia delante. Siempre hay espacio para crecer y evolucionar para ser mejores en nuestros diversos papeles como progenitores, como profesionales y como personas.

> El origen de la palabra aspirar es la palabra latina *aspirare*, con referencia a un «a», y *spirare*, que significa «respirar», y que tiene una raíz común con *spiri*, que significa «espíritu». Entonces, aspirar también podría significar «respirar espíritu».

Claro que no tenemos por qué aspirar a algo; vamos, somos libres para mantenernos a flote moviendo las piernas o incluso podemos retroceder. Pero la verdadera energía Sagitario aspira al ideal más elevado posible. No es necesario alcanzar ese ideal, e incluso ni siquiera tiene que ser posible, pero ése es el impulso. O más bien un galopar, dado que el Centauro posee cuatro rápidas patas (aunque en realidad el pie del caballo es un solo dedo).

¿Qué aspiras a ser o a hacer en tu vida? ¿Hacia qué alturas avanzas? Lo impresionante de la aspiración es que sólo es posible ver hasta cierta altura, y suponer lo que nos espera ahí; es imposible saberlo de cierto mientras no llegamos ahí y lo experimentamos; y cuando llegamos, inevitablemente se ve diferente a lo que podríamos haber imaginado; y entonces comprendemos que no es ésa la última altura que hemos de alcanzar, sino sólo una estación en el camino hacia otra cima que en el momento sólo podemos divisar.

Y así continúa el proceso, porque la aspiración no va de haber llegado a grandes alturas, sino de estar continuamente intentando alcanzarlas. Y dado que vivimos en un Universo de cien mil millones de galaxias observadas (y que van en aumento), seguro que la altura a que aspiramos llegar irá aumentando.

Lecciones

La dirección en que camina el Centauro tiene que alinearse con las direcciones de sus mitades superior e inferior; de esta manera unifica sus naturalezas; permite que su naturaleza baja (representada por sus extremidades inferiores) dé vida a sus más elevados ideales y sinceras aspiraciones (representados por su cabeza y corazón).

Si tiene éxito en esta empresa Sagitario se siente realizado, satisfecho; lleva una vida equilibrada, atendiendo a todos sus aspectos: bajos o inferiores, altos o superiores, y a todo lo que está en medio. Sin embargo, nuestra naturaleza Sagitario suele ser susceptible a sus tendencias bajas, a la gula y la lujuria que quiere satisfacer con voracidad. Pero justamente ha venido aquí a aprender y, en último término, enseñar, a controlar, a tomar el mando de su naturaleza animal con la disciplina, compromiso e intuición necesarios para oír a su divinidad y hacerle caso.

¿Reconoces la gula y la lujuria? Según el catecismo de la Iglesia Católica son dos de los siete pecados capitales, llamados así porque son el origen de todos los demás. Son mortales porque se cree que su consumación por la naturaleza inferior del hombre mata la gracia y la caridad (aspectos de la naturaleza superior) y por lo tanto llevan a la condenación eterna.

Si la dirección de la naturaleza inferior es muy incoherente con la de la superior, las caderas reflejan esta carga metafísica perdiendo la alineación también. Mediante diversos dolores y trastornos musculoesqueléticos, nos dificultan la trayectoria haciendo del viaje un combate; es su manera de hacérnoslo saber: «Oye, no vas en la dirección que más te conviene, así que nos negamos a llevarte ahí». Por ejemplo, si vamos en una dirección que no sirve a nuestra finalidad superior, las caderas dan el alerta. En esta situación, es probable que estén rígidas o tengan movilidad limitada, ya que nuestro Centauro interior intenta impedirnos que continuemos por un camino que no es necesariamente el mejor, pese a nuestras mejores intenciones. O si elegimos un camino que sí es nuestra vocación pero lo seguimos de un modo no conveniente, con precipitación o agresividad, las caderas detectan la incoherencia. Parte del viaje de nuestro Centauro exige fe en el plazo divino; fe en que lo que deseamos y necesitamos llegará a su debido tiempo (lo que no siempre está sintonizado con nuestro sentido del tiempo). Si no, nos encontraremos refunfuñando por el fracaso de nuestros bien ideados planes con una indignación que creemos justa.

Manifestaciones físicas de una energía Sagitario que se considera justa podrían ser:

★ Tensión o rigidez en los músculos de las caderas (por ejemplo, los flexores o los extensores)

★ Músculos de las caderas desequilibrados (por ejemplo, los abductores)

★ Muslos girados hacia dentro o hacia fuera de modo fijo

★ Limitación en los movimientos de las caderas

★ Rigidez del ligamento iliotibial

★ Dolor en las articulaciones, en torno a los trocánteres mayores o en la zona glútea

★ Dolor de los nervios de la zona glútea o en la parte posterior del muslo

★ Otras: Excesos en la comida o bebida, desequilibrio hepático

A la inversa, si nuestro Sagitario no está dispuesto a coger las riendas del caballo y comprometerse a tomar un rumbo, también nos encontramos mal; diversos intereses van y vienen sin control, y nunca ponemos nuestra enorme energía en seguir una dirección. Es decir, este aspecto descuidado de nuestra naturaleza nos anima a ir a todas partes y probarlo todo, sin propósito; apuntamos la flecha a lo loco, de modo no práctico; o tal vez apuntamos bien pero no continuamos pues muchas direcciones compiten por nuestra atención. Si son muchas las oportunidades nos quedamos paralizados y no logramos elegir, o no creemos que exista una dirección que valga la pena y hacemos de todo menos seguir una dirección, esperando que de alguna manera nos llegue. En cuanto al arquero, la consecuencia podría ser que sus caderas no saben adónde ir.

Manifestaciones físicas de una energía Sagitario descuidada podrían ser, entre otras:

★ Debilidad de los músculos de las caderas (por ejemplo, los flexores y los extensores)

★ Músculos de las caderas desequilibrados (por ejemplo, los abductores)

★ Hipermovilidad de las articulaciones de las caderas

★ Giro excesivo de los muslos hacia dentro o hacia fuera

★ Rigidez del ligamento iliotibial

★ Posición no neutra de la pelvis (véase capítulo 9: «El sacro del Escorpión»)

★ Dolor de los nervios de la zona glútea o la parte posterior de los muslos

★ Otras: Excesos en la comida y bebida, desequilibrio hepático

¿Hasta qué punto colaboran tus caderas en seguir tu dirección? Ya sea que se sientan justas o sean descuidadas, o algún punto intermedio, la clave es escuchar a tu cuerpo y darle lo que necesita. Para aflojar las caderas rígidas o fortalecerlas si están débiles, despierta a tu Sagitario interior con las siguientes preguntas y ejercicios.

Tu cuerpo y las estrellas

Lo siguiente te servirá de guía personal para incorporar la historia de las estrellas de Sagitario. Úsala para dirigir tu naturaleza más baja con tus aspiraciones más elevadas.

Preguntas

★ ¿Cómo describirías tu actual dirección en la vida?

★ ¿Consideras ideal para ti tu actual dirección? En ese caso, ¿a qué atribuyes tu éxito en esto? Si no, ¿qué pasos podrías dar para cambiar de rumbo?

★ ¿Qué te dicen las caderas sobre tu sentido de dirección? ¿Son fuertes, débiles, abiertas?

★ ¿Qué aspectos de tus naturalezas alta y baja podrías equilibrar mejor (por ejemplo, excesos en la comida o la bebida, acostarte demasiado tarde)?

★ ¿A qué actividades te llama tu naturaleza superior?

★ ¿A qué aspiras? ¿Cómo deseas que te recuerden al final de tu vida?

Ejercicios

Postura Silla: Para un fuerte sentido de dirección

Es difícil descubrir la dirección porque no es tan evidente como nos gustaría. A diferencia de las señales en la carretera, las señales en el camino de la vida no se ven. Hay pistas o claves, sin duda, pero son sutiles y es fácil no captarlas, o descartarlas. Entonces, para saber la dirección de la vida y seguirla con confianza, hacen falta fe y perseverancia; más o menos como tirar con arco por primera vez; uno se siente torpe, inútil, cuando las flechas no paran de caerse o, al dispararlas, siguen una trayectoria distinta a la esperada; pero con perseverancia finalmente uno es capaz de disparar una flecha y dar en el blanco. Y, vamos, incluso podría dar en un ojo de buey. Así pues, actúa con determinación. Haz este ejercicio para fortalecer la mayor parte de la musculatura que rodea las articulaciones de la cadera, pues unas caderas fuertes dan un fuerte sentido de dirección (ten en cuenta que tenso o rígido no es lo mismo que fuerte). Los músculos flexores se benefician enormemente de ejercicios de estiramiento y fortalecimiento, ya que en la sociedad contemporánea se van volviendo cortos y tensos, que es la actual estructura por mantenerse largas horas en posición sentada en sofás, sillas o sillones de escritorio, taburetes de la cocina y coches.

1. Comienza en posición erguida con los pies separados a la distancia del ancho de las caderas. Al espirar flexiona las caderas y las rodillas, bajando los muslos, como si te sentaras en una silla. Los muslos deben quedar paralelos al suelo, o lo más cercano posible a paralelos, con la columna en posición neutra, ni curvada ni alargada.

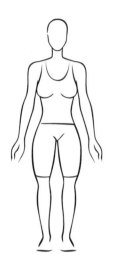

2. Al inspirar, levanta los brazos, de forma que queden junto a las orejas, con las palmas hacia dentro, enfrentadas. Si esta posición te resulta difícil, baja los brazos y junta las palmas delante del corazón.

3. Procura que los muslos estén paralelos y que cada rodilla esté directamente sobre el correspondiente segundo dedo del pie. Inclina ligeramente el tronco; el cuello y la cabeza deben estar en línea recta con el resto de la columna.

4. Mantén la postura durante cinco respiraciones. Para terminar, vuelve a la posición erguida al inspirar y en la siguiente espiración baja los brazos.

Si con esta postura pierdes el equilibrio o te sientes débil o inestable, modifícala realizándola con la espalda apoyada en una pared.

Postura Paloma: **Para abrirte a tu dirección interior**

Durante unos tres mil años se han utilizado palomas para enviar mensajes. Ya fuera en tiempo de guerra o para enviar información secreta, o proclamar al vencedor de los Juegos Olímpicos en la antigua Grecia, las palomas eran mensajeras fiables debido a su sentido de dirección. Aunque no son expertas en interpretar mapas, tienen un sentido innato del lugar en donde residen, y eso les permite determinar su posición con relación a su nido, al que siempre regresan. También nosotros tenemos en el interior este sentido de verdadera dirección, esperando a que lo descubramos, y cuando lo encuentres te sentirás en casa sea cual sea el lugar del mundo en que te encuentres. Haz esta postura paloma para abrir las caderas, y te abrirás a una comprensión más profunda de la dirección a la que tal vez no tenías acceso antes.

Los departamentos de policía de lugares remotos de India empleaban con frecuencia a palomas mensajeras para enviar noticias urgentes después de alguna catástrofe natural. Hace muy poco tiempo que se eliminó el Servicio de Palomas Mensajeras de la Policía, reemplazándolo por los mensajes por Internet.

1. Comienza en la posición mesa, apoyándote sobre las manos y las rodillas, con las muñecas directamente bajo los hombros y las rodillas directamente bajo las caderas.

2. Alarga ligeramente la columna para levantar el muslo derecho y flexionar la pierna derecha; desliza la pierna hacia delante de forma que quede paralela al extremo de la colchoneta, la rodilla directamente detrás de la muñeca derecha y el pie dirigido hacia la muñeca izquierda.

3. Con el lado de la pierna y el muslo derechos apoyados en el suelo, desliza la pierna izquierda hacia atrás dejándola extendida.

4. Baja hasta el suelo la nalga derecha, sin que se gire hacia fuera, y apoya en el suelo el empeine del pie izquierdo.

5. El tronco está recto, las palmas firmemente apoyadas en el suelo, bien a los lados de la rodilla, bien junto a las caderas, según cuál sea tu capacidad. Mantén la pelvis neutra, ajustando el lado izquierdo de forma que se mueva hacia delante y quede en línea con el lado derecho.

6. Mantén la postura durante cinco respiraciones lentas y profundas.

7. Para salir de la postura vuelve a la posición mesa.

8. Repite con el lado izquierdo.

Este estiramiento es bastante intenso. Si quieres intensificarlo más, baja el tronco hasta el suelo extendiendo los brazos hacia delante. Si quieres disminuir la intensidad, disminuye el ángulo de la pierna derecha, acercando el pie hacia el cuerpo, o coloca un cojín bajo la nalga que se apoya en el suelo. No olvides que tu atención debe estar en la buena alineación. Con la práctica y el tiempo irá aumentando naturalmente la intensidad de la postura.

Círculos con las caderas: Para cambiar de dirección

Las articulaciones de las caderas son casi tan móviles como las de los hombros, con una gama de movimientos que permiten hacer círculos completos con las caderas y muslos. Las caderas están hechas para moverse en muchas direcciones, como en el movimiento de piernas en abanico (*fan kicking*) el hula-hoop, y otros. Así pues, no hemos de quedarnos fijos en una dirección, tan concentrados en el destino final que perdamos de vista si es verdaderamente el correcto. En el curso de la vida cambiaremos de dirección muchas veces. Decidimos, pues, una dirección, pero nos mantenemos receptivos a las oportunidades que se presenten en el camino. Unas caderas flexibles reconocen que cualquier dirección está sujeta a cambio. Practica estos círculos para producir en las articulaciones de las caderas una apertura general y suave que le permita a tu Sagitario interior explorar con comodidad.

> Si bien el hula-hoop adquirió mucha popularidad en los años cincuenta con la compañía Wham-O, este juego se remonta a alrededor del año 500 a.C. Por ese tiempo en Egipto se hacían aros con ramas de sauce o de vid para que los niños los hicieran girar alrededor de la cintura. Los antiguos griegos usaban aros similares para hacer ejercicio.

1. De pie en posición erguida con los pies separados a la distancia del ancho de las caderas, los pies firmes en el suelo. Las manos en la cintura.
2. Flexiona levemente las piernas y manteniendo esa flexión ponte de puntillas y luego baja los talones; haz esto unas cuantas veces y mantén la flexión de las rodillas.
3. Sin girar el tronco, mueve las caderas describiendo un círculo hacia la derecha; haz el círculo lo más amplio posible sin mover mucho el resto del cuerpo, como si estuvieras haciendo girar un hula-hoop. Se te moverá un poco el tronco, pero no debes juntar las rodillas, y debes mantener los hombros nivelados y la cabeza erguida, ni inclinada ni echada hacia atrás.
4. Haz diez círculos hacia la derecha y luego otros diez hacia la izquierda.

Este ejercicio no sólo te abrirá o aflojará las caderas, sino también la parte inferior de la espalda. ¡Sonríe! Ábrete y disfrútalo.

Alcanzar las estrellas: Para la aspiración

Se cree que hay unos 400.000 millones de estrellas sólo en nuestra galaxia, la Vía Láctea. La estrella más cercana es el Sol, a sólo 150 millones de kilómetros, comparada con las siguientes estrellas más cercanas del sistema Alfa Centauro, que están a alrededor de 4,3 años luz (un año luz equivale aproximadamente a $9,46 \times 10^{12}$ km); por lo tanto, hay muchísimo espacio al que alargar las manos si queremos alcanzar las estrellas. Este ejercicio reintroduce tu cuerpo a su poder de alcanzar y a tu capacidad para continuar intentando elevarte más y más. Pero dado que tenemos tanto naturaleza baja o inferior como alta o superior, para elevarnos necesitamos estar firmes en el suelo. Así pues, procura estar estabilizada/o con la parte inferior mientras te elevas con la superior. Esta dinámica te hará seguir intentando llegar a más y más alturas.

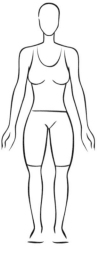

1. Posición erguida con los pies separados a la distancia del ancho de las caderas. Equilibra el peso entre los dos pies, que están paralelos y bien apoyados en el suelo.
2. Elige un punto de enfoque delante de ti.
3. Mueve levemente tu peso hacia delante y eleva el cuerpo poniéndote de puntillas. Mantén el equilibrio.
4. Cuando te sientas preparada/o levanta los brazos como si quisieras tocar el cielo raso. Alarga los dedos como si quisieras coger las estrellas. Si te sientes con buen equilibrio, mira hacia arriba, hacia un punto entre tus manos. Sonríe.
5. Siente la fuerza energética que dirige tu cuerpo hacia arriba mientras al mismo tiempo otra te empuja los pies hacia el suelo.
6. Para salir de la postura, baja los brazos relajados a los costados y baja los talones.
7. Practica este ejercicio tantas veces como te resulte cómodo.

Si hoy el equilibrio está esquivo, haz el ejercicio sin ponerte de puntillas. Su elemento más importante es la dinámica de la elevación, la firmeza de los pies en el suelo combinada con la elevación que sientes cuando el tronco, la cabeza y las manos aspiran a llegar a grandes alturas. La magia está en el estiramiento para alcanzar la altura, no en la altura propiamente.

Meditación yo superior: Para cultivar tu naturaleza superior

Imagínate esa parte de ti que sabe muy bien quién eres y qué has venido a hacer aquí, tu yo en su condición más sabia, clara y elevada; sin dramas, preocupaciones, temores, deseos ni un ego exigente, y con visión de tu pasado, presente, futuro y la finalidad de todo. Ése es tu yo superior. No está mal, ¿eh? Te des cuenta o no, siempre estás en conexión con esta versión etérea de ti, y siempre tienes la opción de hacer consciente esta conexión. Pruébalo con esta meditación, que te permite acceder, experimentar y aprender de tu naturaleza superior:

1. Siéntate en el suelo con las piernas cruzadas, en una posición cómoda que puedas mantener durante la meditación. Ponte cojines para sostenerte si es necesario. Apaga el móvil y pon diez minutos en un despertador o temporizador.

2. Cierra los ojos y apoya las manos en el regazo, con las palmas hacia arriba.

3. Visualiza una imagen tuya, tal como eres, no importan el lugar ni otras personas, ni la ropa que lleves. Puedes estar haciendo cualquier cosa.

4. Piensa en cómo sientes esa imagen, con sinceridad y sin hacer juicios. Conecta con ella.

5. Ahora visualiza una imagen tuya que te represente en tu yo superior, el mejor, el más supremo. Puede ser una imagen de ti, de un ángel, de una diosa resplandeciente, de un superhéroe, un centauro. No importa cómo te ves, deja libre la imaginación. Haz tu retrato lo más concreto posible. ¿De qué color es tu pelo? ¿Qué diseño tiene tu ropa? ¿Cuál es la expresión de tu cara? Cuanto más detallado, mejor.

6. ¿Cómo sientes esa imagen? Lo sabrás cuando la sientas. Y si deseas que esa imagen se sienta de cierta manera (en éxtasis, compasiva, copiosa), siéntete libre para imbuirla de esos sentimientos.

7. Acerca estas dos imágenes (la actual y la encarnación superior) hasta que se fusionen en una.

8. Descansa en este sentimiento y conocimiento de ti como tu yo superior hasta que suene el temporizador.

Diez minutos es simplemente un punto de partida. Puedes comenzar con una meditación más larga o ir aumentando su duración. Tendría que resultarte una experiencia grata, aliviadora, alentadora.

Disciplina: Para domar la naturaleza inferior

A Winston Churchill, primer ministro británico Sagitario, se le atribuye la frase «El esfuerzo continuo, no la fuerza ni la inteligencia, es la llave para abrir nuestro potencial».[13]

---

13. Matthew Radmanesh, *Cracking the Code of Our Physical Universe: The Key to a New World of Enlightenment and Enrichment*, AuthorHouse, Bloomington, Indiana, 2006, pág. 155.

Es decir, la práctica perfecciona. Practica el disciplinar a tu naturaleza inferior para hacer brillar tu naturaleza superior. Trabaja tus debilidades para convertirlas en fuerzas, la ignorancia en conocimiento, la pobreza en abundancia, la tristeza en alegría. La autodisciplina se puede desarrollar igual que un músculo. Y esto atañe muchísimo al Centauro, que si no galoparía feliz sin rumbo. Comienza con el siguiente ejercicio:

1. Con un despertador o temporizador programa dos minutos al día para este ejercicio. Comprométete a hacerlo a la misma hora durante tres semanas.

2. Coge una hoja de notas Post-It (de cualquier color y tamaño siempre que se destaque en la pared) y pégala en la pared a nivel de los ojos en posición sentada. Siéntate enfrente, en posición cómoda, y centra la mirada y la atención mental en este trozo de papel. No pienses en nada, ni siquiera en que estás mirándolo. Si se desvía tu atención antes de que terminen los dos minutos, no pasa nada; vuelve la atención tan pronto como te des cuenta de que se te ha desviado. En este ejercicio, el primer paso en disciplina es comprometerse a practicarlo y hacerlo; a esto le sigue la disciplina de la mente durante dos minutos o más.

3. Si logras centrar la atención durante todo el tiempo muchas veces seguidas sin perder la concentración, aumenta el tiempo a tres minutos, luego a cuatro, etcétera.

4. Tres semanas es el tiempo mínimo recomendado para cambiar un hábito. Pero siéntete libre para continuar haciéndolo más tiempo y que la práctica evolucione de una manera que funcione para ti.

Resumen

★ Las caderas son las zonas del cuerpo relacionadas con Sagitario. Estas fuertes articulaciones, que mueven los muslos, tienen una amplia gama de movimientos, pueden dirigirte adondequiera que desees.

★ Sagitario es el noveno signo del ciclo del zodiaco. Su energía reconoce nuestras naturalezas superior e inferior, y pide que sea la superior la que dirija.

★ Si nuestra visionaria naturaleza Sagitario se vuelve demasiado convencida de su rectitud, podríamos experimentar diferentes síntomas en las caderas (por ejemplo, rigidez o debilidad).

★ Sintoniza tu Sagitario interior con preguntas, ejercicios y actividades que centren la atención en las caderas. Hazlo para aspirar a las estrellas de modo que esto oriente tu rumbo en la Tierra.

11

Las rodillas de la Cabra marina

♑ CAPRICORNIO

Fecha de nacimiento: 22 de diciembre – 19 de enero
Zona del cuerpo: Rodillas
Tema: Actúa con responsabilidad para el bien mayor

En el signo Sagitario, el mundo es un cáliz lleno y preparado para que lo llenen de sabiduría. Todo es una enseñanza, una lección, una oportunidad. Capricornio entra en el cuadro habiendo aprendido mucho y dispuesta a convertir el conocimiento en algo útil y práctico. No para ella necesariamente, sino para la comunidad que la rodea. Capricornio es la realista del zodiaco; está aquí para encontrarse con la sociedad y luego hacer todo lo posible para hacerla avanzar un paso más. Es ambición y fuerza de voluntad encarnadas, y está aquí para canalizar esas capacidades en actos por el bien mayor.

El cuerpo: Las rodillas

Capricornio es un signo de tierra, y como tal es estable, práctica, resistente. De todos modos, tiene el impulso hacia delante para realizar, y son sus rodillas (la zona corporal relacionada con el signo) las que la llevan ahí. Las articulaciones de las rodillas encarnan este intercambio entre estabilidad y movilidad, por ser una zona que debe soportar el peso de todo el cuerpo al moverlo por el suelo. El diseño que genera este intercambio es un gozne modificado (piensa en los goznes de una puerta) formado por tres huesos, la tibia, el fémur y la rótula. Cada articulación flexiona y extiende la rodilla a la vez que permite un poco de rotación natural.

La flexión y la extensión de la rodilla mueven las piernas, lo que permite caminar hacia el trabajo, patear una pelota y trepar por una montaña. Y la forma de hacer estas actividades indica si se va a poder hacerlas durante mucho tiempo. Por ejemplo, si uno exagera en la actividad o la hace con mala alineación, se lesiona la rodilla sin ser ésa su intención. Así es como se producen la mayoría de las lesiones, por una combinación de abuso y mal uso, que tiene por consecuencia una degeneración. Cuando ocurre esto, muchas veces se debe a que la mente quiere controlar o dominar una condición física (agotamiento, por ejemplo) en lugar de atender a esa condición.

Nuestra naturaleza Capricornio (como también las rodillas) nos exige un equilibrio; nos recuerda tener la mira puesta en el premio, hacer lo que sea para conseguirlo, y al mismo tiempo ser diligentes y respetuosos en los pasos que damos para llegar a eso. Su causa la supera, y necesita paciencia para que ocurra, igual como el tiempo y la atención que son necesarios para hacer bien el pino o entrenarse para un maratón. En cambio, si uno desea llegar a la postura final o al final de la carrera a toda costa simplemente porque eso es lo que dictamina la mente, pues, ay de las rodillas, que son una parte susceptible de Capricornio.

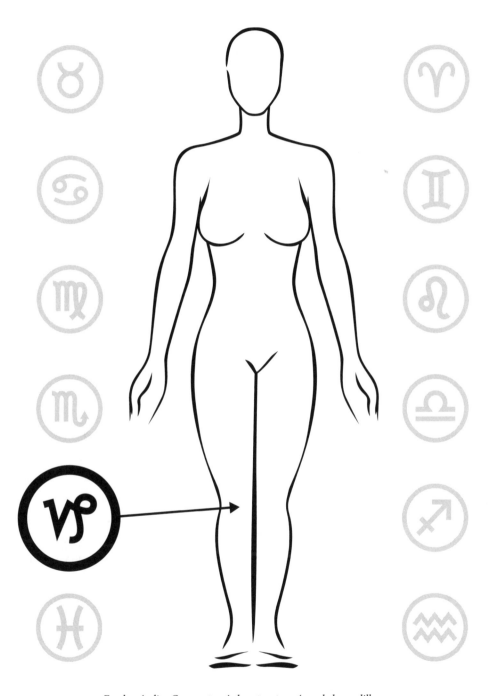

En el apéndice C encontrarás la estructura ósea de las rodillas.

¿Cómo nos llevan las rodillas adonde queremos ir? Muchas personas no se enteran de que tienen rodillas hasta que les ocurre algo, hasta que sienten dolor o dejan de funcionar como es debido. Y si bien es natural que estemos más familiarizados con ciertas partes del cuerpo que con otras, conviene conocer las rodillas. Así pues, tómate un momento para reintroducirte en esta parte del cuerpo que te permite actuar de tantas maneras cada día:

1. Siéntate y enróllate los pantalones (o ponte pantalones cortos) de modo que te puedas ver las rodillas en toda su gloria. Observa que tienen curvas, contornos, parte delantera, trasera y lados.

2. Con las dos manos pálpate una rodilla (después la otra). Palpa la rótula (o *patella*), los bordes y hendiduras formados por los huesos, los músculos y tendones, por todos lados. Explora a gusto, haciéndote preguntas: ¿A qué temperatura está, más fría o más caliente que las zonas que la rodean? ¿Cómo es una comparada con la otra? ¿Se ven simétricas o asimétricas? En la posición sentada como estás, ¿cómo se alinea la rodilla con relación a los pies? (Por ejemplo, ¿está en línea recta con el segundo dedo? ¿desviada hacia dentro?)

3. Cuando ya tengas una buena idea de cómo son tus rodillas, levántate y camina, da una vuelta. ¿Cómo te mueven naturalmente las rodillas? ¿Con decisión, estabilidad, con impulso hacia delante? ¿Notas cierta cojera? ¿Vacilación, flexión?

Para la cabra montesa de cuatro patas, las rodillas forman parte integral de su existencia. En realidad, algunas sufren de cierto tipo de artritis viral que afecta principalmente a las rodillas, y esto las obliga a pasar mucho tiempo echadas e incluso a caminar de rodillas para evitar que éstas se junten; por último, la enfermedad de las rodillas las lleva a la muerte si no pueden alimentarse. La mítica Cabra marina nos puede ayudar a hacer caso de las lecciones de su signo zodiacal antes que nuestras rodillas lleguen a ese punto. Para esto simplemente es necesario que seamos conscientes de nuestras rodillas y actuemos con resolución, intención: pasos, carreras y saltos diligentes hacia el objetivo final. Imagínate si aspiraras a ciertos objetivos y los consiguieras con sana resolución. ¿Cómo se sentiría tu cuerpo? Sé la cabra que trepa por la montaña con cada paso elegido, calculado, práctico. Hazlo así a la larga, sin desalentarte con facilidad; con el tiempo y la adecuada atención, conseguirás tu resultado; confía en que resistirás.

Las estrellas: Capricornio

Actúa con responsabilidad por el bien mayor

Actuar es ejercer energía o fuerza, y en la naturaleza de Capricornio está el iniciar la actividad. Pero a diferencia de otros signos de esta categoría, actúa teniendo presente el resultado.

Origen de la Cabra marina según una versión de la mitología griega: Pan era hijo del dios Hermes y la cabra Aix; como tal era en parte chivo y el semidiós de los pastores y rebaños. Un día que iba por el bosque tuvo que escapar del monstruo Tifón, y haciéndose crecer una cola de pez se sumergió en el agua. Después ayudó a Zeus en su lucha con este monstruo y en recompensa el rey de los dioses lo colocó entre las estrellas, como la constelación Capricornio.

Piensa en la vida cotidiana y en todos nuestros actos diarios, son incontables. Desde cepillarnos los dientes a entablar conversación, hacemos muchas cosas. Pero ¿cuántas de esas cosas las hacemos con un objetivo concreto? Por ejemplo, cuando te cepillaste los dientes esta mañana, ¿lo hiciste con la intención de eliminar el sarro de cada diente o lo hiciste de modo maquinal, con piloto automático, pensando en el trabajo del día? Es posible que la respuesta sea esta última. Y eso está bien. De lo que se trata es de reconocer que cada vez que actuamos elegimos un enfoque, aunque sea sin darnos cuenta, y para nuestra naturaleza Cabra marina, éste tiende a ser el resultado. En su visión del mundo sencillamente no hay necesidad de hacer algo a no ser que sirva a una finalidad práctica. La Cabra marina no está aquí para el viaje sino para el objetivo final del viaje, como su tocaya la cabra que trepa resueltamente por la montaña con la perseverante intención de llegar a la cima.

Así como el animal de cuatro patas hace el ascenso como escaladora fuerte y resuelta, la cabra de la constelación también tiene paciencia. El acto basado en el resultado es como un juego de niños: con la mira en el premio, a Capricornio no le importa cuánto tiempo tarda en conseguirlo. Lo hace para ganar, lo que, en lo que se refiere a la energía de este signo, significa crear estructuras duraderas, distintivas, que dejen su huella en el mundo. Muchas veces estas estructuras no son físicas sino teóricas. Por ejemplo, Andries van Wessel (o Andreas Vesalius), el anatomista Capricornio del siglo XVI, delineó con precisión la estructura del cuerpo humano y reunió sus hallazgos en un libro muy completo, que lo convirtió en el padre fundador de la anatomía humana moderna. Más o menos un siglo después, entre sus muchos logros científicos fabulosos, Isaac Newton delineó la estructura del Universo físico con tres leyes que describen los cuerpos en movimiento. Mirando un poco más encontramos al astrónomo, astrólogo y matemático Johannes Kepler, que hizo su contribución más realista a la humanidad con los cálculos para la estructura de un telescopio con campos más amplios y lentes de más aumento.

♑ Son muchos los Capricornio que han contribuido a estructurar la comprensión actual de la ciencia: James Watt, inventor de la máquina de vapor; Louis Braille, inventor de un sistema de lectura para los ciegos; Louis Pasteur, descubridor de los principios de la vacuna y la pasteurización; Albert Schweitzer, médico misionero, premio Nobel de la Paz, y Benjamin Franklin, inventor de las lentes bifocales y del pararrayos.

Puede que estos científicos Cabra marina no supieran muy bien cuál iba a ser el resultado de sus investigaciones matemáticas, físicas y astronómicas, pero sabían que sus interrogantes científicos eran importantes y que era probable que sus respuestas lo fueran más aún. A pesar del terreno pedregoso que les permitió ser inmortales hoy (no te engañes pensando que en sus éxitos no hubo ningún fracaso), se pasaron la vida escalando. Pero hay una pieza más en el rompecabezas: además del *qué* está el *cómo*. ¿Cómo debemos actuar? Y la respuesta para muchos Capricornio, o para cualquiera de nosotros cuando tiene activada su energía Capricornio, es «con responsabilidad». Por ejemplo, Kepler consideraba un deber religioso su trabajo científico, una responsabilidad de entender la obra de un Dios que creó la humanidad a su imagen y semejanza.

Es posible que tú también te sientas responsable de muchas personas y cosas; tal vez te sientes responsable del desarrollo de tus hijos, de la salud de tu madre, del mantenimiento de tu casa, de tus deberes en el trabajo, y la lista sigue y sigue. En efecto, este sentimiento es un sentido de obligación que surge del interior y se extiende a los demás, una responsabilidad de quién eres y cómo vives, de dentro hacia fuera.

Cuando uno se apropia de su vida, todo comienza en uno mismo, pero dado que existimos en un contexto más grande (familia, barrio, ciudad, país, mundo), esta propiedad se extiende finalmente al todo más grande. Ambas cosas están relacionadas. A eso se debe que cuidar de la propia salud, lo que incluye cuánto comemos, cuánto tiempo dormimos y cuánto ejercicio hacemos, influye en nuestra contribución a la comunidad. Difícilmente seríamos miembros productivos de la sociedad si estuviéramos enfermos en casa. Y aunque hay muchos motivos válidos para enfermar, desde contagio por compañeros de trabajo enfermos a un exceso de estrés, la responsabilidad de nuestra salud comienza y acaba con nosotros mismos, con nuestras opciones y decisiones. Olvidemos lo correcto o incorrecto (ya dejamos atrás esa dicotomía, en Géminis). Más importante aún: ¿Tomas las decisiones que son mejores para ti en cualquier momento aprovechando lo que tienes? ¿Eres consciente y estás dispuesta/o a aceptar el intercambio y los acuerdos o compromisos? ¿Aceptas que tus actos pueden llevar a consecuencias imprevistas que se podrían considerar buenas o malas? Eso es la esencia de actuar con responsabilidad.

Actuar con responsabilidad es una manera de ejercer dominio en nuestra vida en lugar de ser víctimas de ella, una manera de actuar cada día como los dueños de nuestro destino, pase lo que pase. Y la recompensa, la potenciación personal, bien vale la dificultad. Sin duda existen fuerzas y factores externos que nos impulsan o descarrilan, pero no son mutuamente excluyentes en nuestra pieza del rompecabezas. Como reza el viejo adagio: puedes llevar al caballo hasta el agua pero no puedes obligarlo a beber; en último término, y pese a todos los factores atenuantes, beber depende del caballo, o de la Cabra marina en este caso. El sentido de responsabilidad de la Cabra marina adopta muchas formas, pero entre las importantes está el deber cívico, fuerza social que compromete a Capricornio a tipos de actos coherentes con esa fuerza.

Imagínate que estás en el cruce de una calle, el semáforo está en rojo pero no viene ningún coche. Tienes prisa y te iría muy bien cruzar la calle; pero si la cruzas, aunque nadie resulte dañado, quebrantarías la ley, una ley que está en vigor para proteger a los peatones en general, una ley para asegurar el bienestar no sólo de un peatón con prisas sino de toda una comunidad. ¿Cómo actúas entonces? ¿Cómo y cuándo decides actuar conforme a lo que consideras tu bien personal y no el bien mayor? Para la Cabra marina, el bien mayor es la fuerza impulsora. ¿Para qué actuar en bien de una sola persona cuando se puede beneficiar a muchas? A estas alturas en el ciclo del zodiaco el yo sólo es una pieza de un rompecabezas mucho más grande que te hace *tú*. Así pues, actuar en bien de los demás, ya sean nuestros familiares o la sociedad que nos rodea, es lo mismo que conseguir nuestros objetivos, lo que significa que nuestra Cabra marina interior necesita tener presentes a los demás para sentirse satisfecha.

Dicho eso, la naturaleza Capricornio tiene su identidad ego. Todos necesitamos sentido de identidad, porque aunque sólo seamos gotas de agua en el inmenso océano, somos gotas de todos modos. Y nuestra Cabra marina sabe bien esto. Aunque es la fuerza mayor del océano la que la lleva hacia delante, es muy consciente de las consecuencias de esto para su personalidad, sobre todo de la posición que podría alcanzar, ya sea en su lugar de trabajo, su familia o la sociedad. Es la recompensa natural para su largo y arduo ascenso por la montaña. Pero, para reiterar: la posición no debe ser la fuerza impulsora sino el resultado deseado.

¿Has oído la frase «El fin justifica los medios»? Es una frase que más o menos interpreta la filosofía de Nicolás Maquiavelo, que tenía a Capricornio como signo ascendente, cuando en *El príncipe* da consejos a un príncipe sobre cómo conseguir y mantener el poder. ¿A qué príncipe daba estos consejos? A Lorenzo de Médicis, Capricornio, gobernador de Florencia, al que dedicó el libro.

Lecciones

Como cualquier cabra, la Cabra marina Capricornio es buena para trepar por rocas y piedras; procede de modo estable, perseverante, independiente y fuerte. Esta Cabra marina tiene trabajo que hacer, y no es mucho lo que obtiene para ella de sus meticulosos planes; esto es así incluso respecto a sus necesidades, ya que es propensa a anteponer los intereses de su familia y del trabajo a los suyos. De ahí su relación con el bien mayor.

Pero para cumplir bien sus responsabilidades no puede dejar totalmente de lado sus necesidades; y tampoco podemos nosotros. Así pues, es importante aprender a ayudar a nuestra naturaleza Capricornio a conectar personalmente con el bien mayor, no considerarlo algo distinto. Sus necesidades, las tuyas, las de ellos, las mías, todas están conectadas. Pero con esa naturaleza tan seria, tan constante, a la Cabra marina le es muy fácil prescindir de su bienestar; cuando ocurre esto, si uno se niega a conectar con lo que desea, predomina la tristeza. La mayor parte del tiempo la Cabra marina está dispuesta a olvidar sus emociones para hacer lo que considera necesario hacer. Pero no nos engañemos: aunque no se caracteriza por ser afectuosa ni expresiva, siente muchas emociones, y si no las reconoce y canaliza, éstas pueden manifestarse en comportamientos muy caprichosos. Por lo tanto, nuestra Cabra marina interior normalmente necesita soltar las riendas y echar una cana al aire a su manera, no sea que exagere en sus trabajos (con lo cual se resentirían sus rodillas).

Manifestaciones físicas de una naturaleza Capricornio constreñida por la obligación podrían ser:

★ Contractura y rigidez de los músculos y tendones que rodean la articulación de la rodilla (de los muslos o la pierna, por ejemplo)
★ Dolor o molestia en la rodilla al moverse o sentarse
★ Movimiento limitado o rígido de la pierna
★ Bloqueo de la articulación de la rodilla (dolor o imposibilidad de moverla)
★ Crujidos o sensación de crujidos en la rodilla al moverla o caminar
★ Exceso de líquido en torno a la articulación
★ Periostitis tibial

♑ Un mito admonitorio acerca de que la búsqueda exclusiva de posición no acaba bien para Capricornio trata de Cronos, rey de los titanes (también llamado Saturno, que es además el planeta regente de Capricornio). Pese a las protestas de su esposa Rea, Cronos se comía a sus hijos al nacer, no fuera que al crecer le arrebataran el trono. Esto ocurrió hasta que nació Zeus, al que su madre protegió de ser devorado, y que cuando llegó a adulto dirigió una rebelión contra su padre y finalmente lo destronó y se estableció como rey.

Por otro lado, si la Cabra marina se deja llevar demasiado por sus deseos, que no impulsada por el bien mayor, podría encontrarse con que sus planes no encuentran apoyo; que por mucha paciencia y diligencia que haya puesto en hacerlos, sus planes no van a dar sus frutos, ni siquiera a la larga. En efecto, entonces es cuando nos sentimos agotados por un paciente ascenso, que ha ido en la dirección incorrecta. Esto es similar a abusar de las rodillas y a usarlas mal (por ejemplo, correr un maratón levantando demasiado las rodillas).

Manifestaciones físicas de una naturaleza Capricornio que busca servirse a sí misma podrían ser:

★ Debilidad de los músculos y tendones que rodean la rodilla (de los muslos o las piernas, por ejemplo)
★ Sensación de debilidad, inestabilidad o flojedad en las rodillas
★ Dolor o molestia en la rodilla al moverla o sentarse
★ Hiperextensión
★ Desvío, mala alineación de la rodilla

¿Con cuánta responsabilidad te mueven tus rodillas? Ya sea que se sientan constreñidas por la obligación, quieran servirse a sí mismas o estén en algún punto intermedio, la clave es escuchar a tu cuerpo y darle lo que necesita. Para aflojar la rigidez de las rodillas o fortalecerlas si están débiles, despierta a tu Capricornio interior con las siguientes preguntas y ejercicios.

Tu cuerpo y las estrellas

Lo siguiente te servirá de guía personal para incorporar las estrellas de Capricornio. Úsala para actuar con responsabilidad por el bien mayor.

Preguntas

★ ¿Cómo describirías la naturaleza de tus actos diarios (planeados, resueltos o decididos, improvisados)?
★ ¿Qué impulsa estos actos (responsabilidad, éxito, entusiasmo, miedo)? ¿Cómo te mueven las rodillas para actuar (de vez en cuando dolorosas, rígidas, débiles o flojas)?
★ Haz una lista de tus muchos deberes. ¿Cuáles son principalmente en bien de los demás? ¿Cuáles van dirigidos hacia ti?

★ ¿Cuándo fue la última vez que atribuiste la responsabilidad a otra persona (echaste la culpa a tu cónyuge o a un compañero de trabajo)? ¿Cuál era tu papel, tu responsabilidad, en el asunto?

★ ¿Qué significa «bien mayor» para ti? ¿A quiénes te refieres? ¿De qué manera consideras que actúas por ese bien? ¿Cómo te sientes cuando actúas por ese bien?

Ejercicios

Postura Guerrero II: Para actuar con fuerza y resolución

«Es peligroso que salgas, Frodo. Vas a salir al Camino y si no mantienes firmes los pies a saber adónde podrías verte arrastrado.» Esta frase de Frodo (citando a Bilbo Bolsón) procede de la novela de fantasía épica del escritor Capricornio J. R. R. Tolkien, *El señor de los anillos. La comunidad del anillo*.[14] Es decir, actúa con intención, con propósito; sabe lo que haces y por qué. Una de las mejores maneras de mantener firmes los pies, sea un elfo, un hobbit o un ser humano, es tener bien alineadas las rodillas y las piernas, que son las que los sitúan. Cuando las rodillas están en posición hacia delante, ayudan a que los pies avancen hacia delante. Haz esta postura de yoga para fortalecer y alinear las rodillas de forma que puedan llevarte convenientemente.

1. Comienza en posición erguida neutra. Extiende los brazos hacia los lados en posición T y separa los pies de modo que los tobillos queden directamente bajo las muñecas.

2. Gira levemente el pie izquierdo hacia dentro (no más de 45º) y el derecho hacia fuera en un ángulo de 90º. Los hombros bajos, relajados, las muñecas relajadas, los dedos extendidos.

3. Flexiona la pierna derecha en un ángulo de 90º de modo que el muslo quede paralelo al suelo. La rótula debe quedar directamente sobre el tobillo y alineada con el segundo dedo del pie. La planta del pie debe estar bien apoyada en el suelo, no debe quedar levantada ninguna parte de los dedos ni del talón. De igual manera, toda la planta del pie izquierdo debe tocar el suelo.

4. Gira la cabeza a la derecha de forma que te mires las puntas de los dedos de la mano. El tronco ha de estar recto y derecho, sin inclinarlo. Mantén esta postura durante cinco respiraciones lentas.

---

14. J. R. R. Tolkien, *The Lord of the Rings. The Fellowship of the Ring*, Houghtom Mifflin, Boston, 1965, pág. 83.

5. Repite la postura hacia el otro lado.

Una de las maravillas de esta postura es que fortalece los músculos que rodean las rodillas, siempre que la hagas bien y no de cualquier manera. Los fortalece porque hace trabajar uno de los músculos del cuádriceps femoral, llamado vasto interno, un haz de fibras que mueve y alinea la rótula. Éste es uno de los músculos que realizan la extensión total de la rodilla (la que se aprecia en la corva al hacer la postura), así como cuando está flexionada en un ángulo de 90° y la pierna soporta el peso (como en la rodilla flexionada). Así pues, para llegar al resultado deseado procura que la flexión sea cómoda (no excesiva) aunque esto signifique que no llegues a los 90°, y posiciones bien la rodilla según los pasos indicados.

Flexión en posición sentada: Para abrirse a una responsabilidad mayor

El poeta y místico Capricornio Khalil Gibran escribió: «Ayer doblábamos la cabeza ante los emperadores pero hoy sólo nos arrodillamos ante la verdad, sólo seguimos a la belleza y sólo obedecemos al amor».[15] ¿De qué personas eres responsable? ¿Qué fuerza superior impulsa tus actos? ¿Ante quién, o qué, te arrodillas? Nunca es tarde para evaluar cuándo, dónde y cómo asumimos responsabilidades en la vida diaria. Nunca es demasiado tarde para abrirnos a nuevas formas de comprensión acerca de lo que impulsa nuestros actos y de que, en último termino, todo viene de uno mismo. Aumenta una sana responsabilidad con este saludable estiramiento de los tendones de las corvas en posición sentada.

1. Siéntate en el suelo con las piernas extendidas juntas. Ponte un cojín si lo necesitas para sentarte. Los muslos paralelos, no inclinados hacia dentro ni hacia fuera, las piernas extendidas, y los pies extendidos presionando firme con los talones. Los brazos a los costados con las palmas apoyadas en el suelo.
2. Inclina el tronco por las articulaciones de las caderas (no por la cintura ni por la espalda), acercando la cabeza a las espinillas. Al inclinarte, cógete los lados de los pies con las manos; si esto no es posible, deja las manos en el suelo a los lados de las piernas.

15. Khalil Gibran, *The Vision: Reflections on the Way of the Soul*, White Cloud Press, Ashland, Oregón, 1994, pág. 32.

3. Cuando estés al máximo del estiramiento, relaja la cabeza y el cuello de modo que queden suavemente inclinados (con los codos podrías ayudarte). Mantén la postura durante diez respiraciones lentas, flexionándote más con cada espiración.

4. Para dejar la postura, vuelve a la posición con que comenzaste, con el tronco erguido, derecho.

La responsabilidad no tiene por qué ser una carga; no tiene por qué exigir toneladas de esfuerzo, y no tiene por qué hacer daño. Puede ser tan simple como reconocer que estás al mando de tu vida y de todo lo que viene de eso. Aplica esa misma tranquilidad a esta postura; relaja el estrés y la tensión y permite que el peso de la gravedad te flexione con más intensidad.

Círculos con las rodillas: Para abarcar el bien mayor

Por mucho que tu vida sea tuya, resulta que también incluye a los demás; los demás te rodean, te guste o no te guste, y al hacerlo forman diferentes partes de tu comunidad. Por lo tanto, cuando actúas tus actos no están solos. Cada acto tuyo es como una piedrecilla arrojada en un estanque que forma su propia onda circular y ésta genera más y más ondas circulares concéntricas que van expandiéndose. De este modo, tus actos influyen en o afectan a los demás, sea ésa tu intención o no. Si bien no controlas del todo el resultado, al menos tienes la opción de la intención y de decidir si es o no por un bien mayor. Haz este ejercicio para producir tus propios círculos concéntricos mediante actos intencionados.

1. Comienza en posición erguida neutra con los pies separados a la distancia del ancho de las caderas y las manos en la cintura.

2. Mueve las rodillas en círculos hacia la derecha, cinco veces. El tronco ha de estar recto y derecho, no inclinado. Procura que los círculos los hagan las rodillas, no las caderas ni los hombros, y que las plantas estén bien apoyadas en el suelo. Mantén la distancia entre las rodillas al hacer los círculos, de forma que no se doblen ni hacia dentro ni hacia fuera.

3. Vuelve a la posición erguida neutra.

4. Repite los círculos hacia la izquierda.

Mudra shuni: Para invocar la paciencia y el discernimiento

En el yoga kundalini cada dedo representa uno de los planetas y por lo tanto puede invocar la energía de ese planeta. El dedo medio o tercero (entre el índice y el anular) representa a Saturno, el planeta regente de Capricornio. En lo que a astronomía se refiere, Saturno es el sexto planeta del sistema solar, y debido a que está mucho más distante del Sol que la Tierra (que es el tercer planeta) tiene una órbita mucho más grande. Consecuencia: Saturno tarda 10.800 días terrenales en recorrer su órbita alrededor del Sol (unas treinta veces más que los 365 días de la Tierra). Vaya paciencia, ¿eh? Está claro que Saturno no tiene prisas. Invoca la paciencia con un mudra que invoca la energía resistente de Saturno.

1. Siéntate en una silla o en el suelo en posición cómoda.
2. Apoya las manos en los muslos con las palmas hacia arriba.
3. Tócate el pulgar con el dedo medio, en cada mano. Los demás dedos estirados y relajados.
4. Cierra los ojos y conecta con la sabiduría mayor que invocas. Relájate y respira.

Este mudra lo puedes hacer en cualquier momento y durante todo el tiempo que quieras.

Un baño: Para confiar en el resultado

A veces resulta difícil tener paciencia en nuestra sociedad porque hemos sido educados para actuar. Hacer, hacer y hacer. Y cuando no ocurre nada visible, nos parece que no ocurre nada, pero normalmente no es así. Una vez que una rueda está en movimiento, lo está la veamos o no la veamos. A veces simplemente hay que esperar que ruede hacia uno, no siempre es uno quien la hace rodar. Ten la seguridad de que desempeñaste una parte en el proceso y ten fe en que lo que pusiste en movimiento ocurrirá a su debido tiempo, que suele ser mejor que el que teníamos pensado. Así pues, tómate un tiempo para darte un baño, sabiendo que aunque «no estés haciendo nada», el baño te lo va a hacer, relajándote con la sal los músculos que rodean las articulaciones de las rodillas y también el resto del cuerpo. Lo único que necesitas es llenar la bañera y dejar que el baño haga el resto.

1. Prepara la bañera con agua a la temperatura que quieras.
2. Siéntete libre para crearte un entorno que te permita relajarte sin preocuparte por el tiempo (enciende una candela, por ejemplo). Desconecta el teléfono y cualquier otro aparato electrónico que pudiera desviar tu atención. Poner doce minutos en un temporizador te permitirá relajarte y no pensar en el tiempo.

3. Añade dos tazas de sales Epsom al agua y espera unos minutos a que se disuelva.

4. Sumérgete en la bañera y relájate hasta que suene el temporizador. No uses jabón, ya que obstaculizaría la acción de las sales.

5. Tómate el tiempo para darte tres baños con sales Epsom a la semana.

En realidad, las sales Epsom, llamadas así por un manantial que hay en Epsom, Inglaterra, no son exactamente sales sino un compuesto de magnesio y sulfato; tradicionalmente este compuesto se ha empleado como remedio para muchas molestias, entre ellos el estrés, dolor, tensión e inflamación muscular.

Sube a una montaña: Para recordar la comunidad

Comunidad puede significar muchas cosas; según un diccionario, es un conjunto de personas vinculadas por características o intereses comunes: políticos, económicos, religiosos, regionales, sociales, lingüísticos, etc. También puede referirse a la localidad en que habitan estos grupos. ¿Cómo defines tu comunidad? Es posible que pertenezcas a muchas, que se vinculan de diferentes maneras. Revísalas como la Cabra marina que eres subiendo a lo alto de una montaña, cerro o edificio que te dé una visión desde la altura. Observa tus comunidades, ahí están. Sea cual sea el bullicio y actividad que ves abajo y alrededor, abarca todos los diferentes grupos a los que perteneces. Los que te piden actuar con responsabilidad por su bien y los que te brindan apoyo o respaldo (físico, mental o emocional) para hacerlo. Así pues, usa tus rodillas, sube y mira en bien de quienes actúas y por qué.

Resumen

★ Las rodillas son las zonas relacionadas con Capricornio. Habiendo un equilibrio entre estabilidad y movilidad, estas articulaciones nos llevan adondequiera y comoquiera deseemos ir.

★ Capricornio es el décimo signo del ciclo zodiacal. Su energía reconoce nuestro sentido de responsabilidad y el modo de aplicarlo con paciencia y perseverancia a un bien mayor.

★ Si nuestra práctica naturaleza Capricornio nos sumerge demasiado en el trabajo o los trabajos, sin otra causa que la propia, podríamos experimentar diferentes síntomas en las rodillas (dolor, bloqueo o incapacidad para flexionarlas, crujidos).

★ Cuida de tu Capricornio interior con preguntas, ejercicios y actividades que centren la atención en las rodillas. Hazlo para llegar a la cima de tu montaña procurando divertirte en el camino.

12

Los tobillos del Aguador

 **ACUARIO**

Fecha de nacimiento: 20 de enero – 18 de febrero
Zona del cuerpo: Tobillos
Tema: Despierta el potencial de una nueva era

Ahora que tenemos una estructura sólida de la sociedad, obra de la Cabra marina Capricornio, llega el Aguador a desmantelarla. Acuario es partidario acérrimo de la igualdad social, y está aquí para desmontar la jerarquía de Capricornio por lo que considera un cambio modélico necesario; una nueva manera de satisfacer la necesidad colectiva con el énfasis en lo colectivo. Es decir, el Aguador es el Robin Hood del zodiaco; está aquí para reavivar el espíritu que ve en él y en todos los demás, anunciando una nueva era llena de potencial igualitario.

El cuerpo: Los tobillos

Tal vez no hay ninguna otra parte del cuerpo tan específica como los tobillos, la zona del cuerpo relacionada con el signo Acuario. Si bien la función principal del tobillo es flexionar y extender el pie, es también la parte del cuerpo que determina cómo pisamos, cómo colocamos el pie en el suelo (véase capítulo 13: «Los pies del Pez»). Imagínate trepando por un cerro rocoso sin zapatos y comprenderás la importancia y el matiz que supone que el tobillo dirija al pie: un leve mal paso y nos caemos.

Formado por tres huesos (la tibia y el peroné de la pierna, y el astrágalo del pie), el tobillo es la zona situada justo encima del pie, que es el que toca el suelo cuando estamos de pie, cuando caminamos y nos movemos. Debido a esto el movimiento del tobillo tiene que ser intencionado, porque al colocar el pie en el suelo también coloca todo el cuerpo que va encima. Es decir, estas humildes articulaciones gozne determinan el modo refinado, individual con que estamos de pie y nos movemos por la tierra. De los movimientos más amplios de las caderas y las rodillas pasan a los movimientos más específicos y ajustados de los pies, incluso cuando estamos detenidos (observa que cuando estamos de pie durante un tiempo prolongado, los tobillos y los pies no están nunca realmente quietos).

A lo largo del tiempo, muchas culturas han considerado que los tobillos son algo más que prominencias óseas; en el antiguo Egipto se consideraban partes del cuerpo que había que adornar; por eso, tanto los hombres como las mujeres usaban túnicas lo bastante cortas para enseñar sus ajorcas, de oro, de plata y de hierro, con cuentas hechas de piedras semipreciosas como la amatista. En India las mujeres usaban estas ajorcas (*payal*) para ir elegantes, y a veces para simbolizar su pertenencia a una tribu. En el antiguo Oriente Medio solían unir las dos ajorcas con una cadena para que produjeran un tintineo que a la vez atraía la atención y acortaba el paso, ya que el paso menudo se consideraba elegante y femenino. En algunas culturas se les atribuía un significado; por ejemplo, la posición social de la familia, dando más importancia al tobillo derecho que al izquierdo o viceversa. En otras, como la Inglaterra victoriana

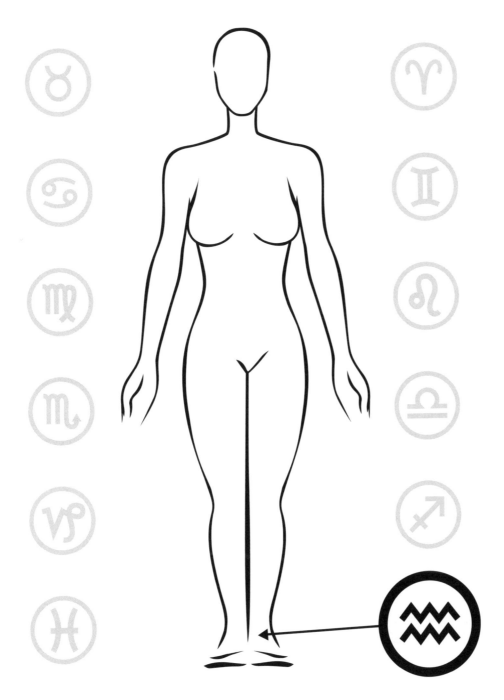

En el apéndice C encontrarás la estructura ósea del tobillo.

y los estados islámicos conservadores, las mujeres ocultaban/ocultan los tobillos por pudor o modestia.

¿Cuándo fue la última vez que te miraste los tobillos o, no digamos, te los adornaste? Estas zonas frecuentemente descuidadas dicen mucho acerca de cómo hacemos lo que hacemos. Por ejemplo, ¿cómo te mantienes de pie, con los tobillos débiles, inestables o firmes? ¿Y para qué estás de pie? ¿Para subir al bus o por tu derecho a sentarte en él?

 Pues sí. Llamada la primera dama de los derechos civiles, Rosa Parks, que se negó a ceder su asiento a un blanco en un bus, y fue a la cárcel por eso, era Acuario. También lo era Abraham Lincoln, que inauguró la primera era de los derechos civiles en Estados Unidos más o menos un siglo antes.

Prueba esta sencilla postura para observarte los tobillos:

1. Posición erguida con los pies separados a la distancia del ancho de las caderas.
2. Sin mover ninguna parte del cuerpo a excepción del cuello y la cabeza, mírate los tobillos y obsérvalos.
3. ¿Está cada articulación directamente debajo de la rodilla y encima del talón? ¿O una o las dos está algo desviada hacia dentro o hacia fuera comparada con el pie? Simplemente obsérvalo.
4. Carga tu peso sobre el pie derecho y levanta el izquierdo unos pocos centímetros (afírmate en una mesa o silla cercana si es necesario). ¿Qué cambios notas en el tobillo derecho? Nuevamente, sólo observa.
5. Hazlo ahora cambiando de pie.

Ya está. Ejercicio simple para comenzar a conectar con una articulación aparentemente simple. Pero cuando cargaste el peso sobre un pie, tal vez notaste la mayor complejidad del tobillo, que contribuyó a mantener la postura y el equilibrio. Sin embargo, muchas personas suelen no prestar atención a este aspecto de su individualidad, a su manera de caminar y estar de pie. Y por eso los esguinces en el tobillo son las lesiones más frecuentes que se ven en los centros médicos de atención primaria. No tenemos la atención centrada en el presente ni en cómo nos movemos por él, ya que suele ser más fácil ir por donde y como van los demás. Pero si seguimos demasiado a los demás, hay más probabilidades de dar un mal paso ya que descuidamos la postura y el equilibrio. Acuario necesita adoptar su postura propia, esto es tan importante para él como para todos los demás.

Las estrellas: Acuario

Despierta el potencial de una nueva era

Cada mañana despertamos del sueño. Puede ser a causa de la luz que entra por entre las cortinas, por el sonido del despertador o porque la pareja está despierta; en realidad, no importa el por qué ni el cómo puesto que el resultado es el mismo: hemos despertado. Hemos salido del sueño o, en sentido figurado, de un estado de oscuridad; hemos entrado en un nuevo día, ya sea éste la fecha siguiente en el calendario o un nuevo periodo en la vida, que anuncia una nueva perspectiva, nuevas ideas, nuevas comprensiones.

Sea como sea, despertar denota un estado nuevo y mejorado de conocimiento, diferente, y en cierto modo más profundo, que el que teníamos antes. Cuando estamos despiertos, vemos una verdad mayor, más grande, en cualquier situación. Por ejemplo, podríamos despertar a la comprensión de que el sistema de atención médica es distinto a cómo se practica en la realidad. Podríamos despertar a la realidad de que una persona amiga dice una cosa pero hace otra, sean cuales sean sus intenciones. Podríamos despertar a la idea de que la mente nos crea una realidad, que podemos cambiar en cualquier momento, y a eso se debe que mientras una persona llora viendo una película, la que está sentada a su lado se ríe. Son innumerables las veces y las maneras como podemos despertar.

El Aguador se pasa la vida despertando a su individualidad de modo cada vez más profundo, como cuando se pela una cebolla van apareciendo más y más capas. En último término, comprende que sus deseos y necesidades, aparentemente únicos, en realidad representan los del todo más grande, que la ira que siente representa una ira que se siente en general (aunque de modo diferente por diferentes personas). Lo mismo ocurre con el hambre. Y lo mismo con su deseo de vivir a la altura de su potencial más feliz y elevado. Y etcétera, etcétera.

> ¿Otro lugar en que se encuentran la lluvia y el potencial? Con el escritor de ciencia ficción Acuario Julio Verne que comprendió intuitivamente que con los componentes del agua, hidrógeno y oxígeno se podía fabricar combustible; una idea nueva para su época, y que se continúa explorando hoy en día.

En física, energía potencial es la energía almacenada por un cuerpo en virtud de su posición, por ejemplo la energía potencial de una flecha cuando se empuja hacia atrás tensando la cuerda del arco antes de dispararla. O la energía potencial de la lluvia antes de que caiga y se procese en una turbina y finalmente se convierta en fuerza hidroeléctrica. La lluvia está llena de potencial, no sólo como fuente de energía eléctrica sino también para hacer crecer los cultivos, para el lavado de la ropa, la limpieza de la suciedad, hidratante para el ser humano, además de ser en potencia la causante de inundaciones o, en su ausencia, de sequía. Son muchas las perspectivas que contienen estas gotitas de H_2O. Por eso la constelación Acuario es un ánfora con agua que vierte o escancia un hombre. En muchas culturas antiguas la lluvia anuncia posibilidades de todo tipo, desde inundaciones a alimento para la tierra, sello del signo Acuario.

Como el agua, todos tenemos un potencial, lo que significa que, por muchas cualidades que ya poseamos, siempre podemos expresar más: más amor, más creatividad, más alegría, más éxito. Y si bien nuestra combinación personal de cualidades difiere de las de nuestros progenitores y de cualquier prójimo, en el plano metafísico compartimos, poseemos en común, muchas cualidades, como el amor, la creatividad, la alegría y el éxito. Por lo tanto, cuando despertamos a nuestro potencial y damos el paso siguiente para actuar según él —tal vez con una meditación para aumentar el amor interior o con una clase de arte para aumentar la creatividad, o exponiendo nuestras buenas ideas en el trabajo—, damos tácitamente permiso a los demás para que hagan lo mismo. Pero al hacerlo estamos de acuerdo en que los demás salgan de eso y caminen al son de su propio tambor.

Siempre tenemos la opción: una vez que tomamos conciencia de nuestro potencial, decidimos si usarlo o no. Sin duda podemos retraernos, negarnos a usar nuestra grandeza o a expandir el poder. Podemos continuar siguiendo la dirección común. Pero no es eso lo que ha venido a hacer aquí nuestra parte Aguador. Nuestro Aguador interior está aquí para vivir a fondo sus ocurrencias y para inspirar a los demás a hacer lo mismo a su modo inimitable y único, lo que puede ser incluso lo bastante original y ocurrente para definir toda una nueva era.

«*This is the dawning of* (*everyone, sing along*) *the age of Aquarius*» [Es el amanecer de la era de Acuario, cantad todos].[16] Más que una frase de la famosa canción de los años setenta cuyo título es el nombre del signo, la era es una realidad astronómica y astrológica. Desde el punto de vista astronómico, no hay una era sino un cambio en la posición del Sol, que ocurre cada 2.160 años más o menos, alrededor del equinoccio de primavera, cuando entra en otra constelación (en este caso en Acuario, proveniente de Piscis). En el mundo de la astrología, ocurre este cambio de posición y por lo tanto introduce las energías del nuevo signo, lo que inicia una era.

Si bien continúa en discusión el cambio oficial a la era de Acuario (algunos astrólogos afirman que comenzó en los años sesenta, mientras que otros la calculan para el 3600), todos

---

16. The Fifth Dimension (Quinta Dimensión), «Aquarius/Let the Sunshine in», letra de James Rado y Gerome Ragni, música de Galt MacDermot, en *The Age of Aquarius*, Liberty Records, Los Angeles, 1969.

están de acuerdo en que está ocurriendo. De todos modos, la energía Aguador espera a que se inicie una nueva era. Crea sus propias eras dentro de eras, por así decirlo; crea nuevos modelos de pensamiento que hacen cambiar a la comunidad influyendo en la forma de pensar, sentir y hacer. Por lo tanto, la salud de este signo exige una total libertad para expresar lo que sea que ha venido a hacer.

Consideremos, por ejemplo, a Thomas Edison y Charles Darwin, dos Acuario que desarrollaron nuevos modelos de pensamiento en sus épocas. En 1880 Edison patentó la bombilla y luego formó una empresa para llevar luz a todo el país; actualmente es la General Electric Corporation; la electricidad era importantísima para las luces de la sociedad; si no ahora podrías estar leyendo este libro con luz de velas y no en tu ordenador, tablet o teléfono. Unas décadas antes, Charles Darwin transformó el modo de pensar en el mundo natural introduciendo el concepto de selección natural bajo el paraguas de la evolución.

Los innovadores Acuario se presentan de todas formas y tamaños. En una lista de artistas femeninas tenemos entre otras a Betty Friedan, escritora, activista y feminista; Ayn Rand, filósofa y escritora que desarrolló el sistema filosófico llamado objetivismo; Ruth St. Denis, bailarina y pionera de la danza moderna, y Gipsy Rose Lee, escritora, actriz y vedete del género burlesque.

En resumen: El Aguador siempre vive su propia era de Acuario. Para eso está aquí, para despertar a realidades más grandes acerca del hombre y el Universo y dar vida a esta comprensión para el bien de todos, ya sea con la bombilla, el telescopio o la teoría de la evolución. De este modo vive todo su potencial a la vez que guarnece el de la sociedad, introduciendo la nueva era en los dos aspectos.

Lecciones

Incluso el planeta regente de Acuario, Urano, hace las cosas a su manera. Su eje de rotación está tan inclinado que, a diferencia de los otros planetas, recorre de lado su órbita alrededor del Sol. Y a diferencia de los planetas clásicos, que desde la antigüedad se ven a simple vista, fue el primero que se descubrió, por pura casualidad, con un telescopio en 1781.

El descubrimiento de Urano coincidió con la culminación de la era de la Ilustración, era que anunciaba, sorpresa, sorpresa, los derechos individuales por encima de la tradición social. Iniciado a fines del siglo XVII en Europa, la intención de este movimiento era reformar las normas sociales y políticas aristocráticas, y llevó a la independencia de Estados Unidos y a la Revolución Francesa, además de a un periodo de romanticismo en literatura y las otras artes.

Los derechos individuales, la libertad, la libertad de expresión, si bien conceptos en sí mismos, adquirieron formas gracias a hombres y mujeres con perspectivas originales, brillantes y liberadoras para su tiempo. Sin embargo, Acuario accede a energía e ideales que no son necesariamente suyos. En efecto, cuando conectamos con nuestro Acuario interior nos abrimos a ideas cuyo tiempo ha llegado y actuamos para hacerlas realidad en bien de la sociedad, y cada uno a su manera particular. Por lo tanto, es importante sintonizar con la propia rama de pensamiento Acuario para no extraviarnos en el mar de grandes ramas de pensamiento que existen; el mar de posibilidades es enorme y tal vez absorbente, dominante. Y al tratar de definirnos podríamos captar solamente lo superficial y pasar de una forma de pensamiento a otra con la esperanza de afirmar una identidad. En esta situación, o actuamos con una postura radical o de modo vacilante, sin estabilidad personal. El reto, entonces, es sentirnos seguros en nuestra individualidad ante las posibilidades aparentemente infinitas.

Manifestaciones físicas de una naturaleza Acuario radical podrían ser:

★ Sensación de debilidad
★ Hipermovilidad
★ Hinchazón
★ Sensación de crujidos o sonidos bajo la piel
★ Sensación de chasquido
★ Inestabilidad
★ Frecuente inversión del pie al caminar (el pie girado apuntando hacia dentro)

Pese a su ánfora con agua, el Aguador es un signo fijo, lo cual significa que su energía puede sostener o defender algo rotunda y obstinadamente simplemente porque sí. Esta circunstancia podría descarriarlo, llevarlo en una dirección que no es verdaderamente la suya. O podría convertirlo en un rebelde sin causa. Es importante, por lo tanto, que nuestro Aguador interior no se vuelva rígido en sus creencias. Es necesario que siga la corriente del agua que vierte de su ánfora, la corriente de sus ideas, la corriente de los tiempos. Si no, se convierte justamente en el sistema que él combate. Así pues, nuestro Acuario interior necesita ser firme pero flexible, procurando no pisotear a los demás ni a sus ideales. El reto, entonces, es equilibrar la necesidad de individualidad con la estructura de la sociedad que ya existe. Porque así como uno tiene el derecho individual a opinar, también lo tienen los demás.

Manifestaciones físicas de una naturaleza Acuario rígida podrían ser:

★ Contractura o tensión en los músculos de las pantorrillas
★ Dolor, hinchazón

★ Rigidez en la articulación

★ Calambres

★ Movimiento limitado, especialmente visible en las rotaciones

★ Crujido o sensación de crujido con el movimiento

¿Tus tobillos te hacen mantenerte firme? Ya sean radicales, rígidos o estén en algún punto intermedio, la clave es escuchar a tu cuerpo y darle lo que necesita. Para aflojar la rigidez de los músculos de los tobillos o fortalecerlos si están débiles, despierta a tu Acuario interior con las preguntas y los ejercicios siguientes.

Tu cuerpo y las estrellas

Lo siguiente te servirá de guía personal para incorporar las estrellas Acuario. Úsala para despertar el potencial de una nueva era.

Preguntas

★ ¿Qué has aprendido o experimentado últimamente que te haya despertado a un aspecto nuevo de ti? ¿O del mundo en general?

★ Mirando hacia delante, ¿ves tu vida llena de potencial o más bien como algo predeterminado, inevitable? ¿Qué tendría que ocurrir para que te sientas llena/o de potencial?

★ ¿A qué aficiones, cursos o intereses te has dedicado últimamente? ¿Qué has aprendido de ellos? ¿Qué te gustaría aprender ahora?

★ ¿Cuál ha sido tu gran idea o innovación reciente? ¿Alguna vez has tenido una gran idea pero te la guardaste por miedo al ridículo o a algo peor?

★ ¿Te funcionan bien los tobillos para estar de pie y pisar o caminar?

Ejercicios

Postura Árbol: Para perfeccionar y fortalecer la postura

Los árboles crecen altos, algunos hasta más de treinta metros. Están dotados de gran estabilidad, la capacidad de mantener la postura en tormentas y ventoleras, a pesar de su altura. Poseen un conjunto de rasgos que les permite mantenerse firmes, desde un tronco rígido que con la altura va disminuyendo en grosor, a ramas flexibles, espirales de fibras y raíces que actúan como su ancla. Nuestras anclas, las raíces del cuerpo, son los pies que apoyamos en el suelo y los tobillos que los colocan y mueven. Haz esta postura árbol para sentir cómo conectas con el suelo. Siente lo dinámica que es tu postura, tu capacidad para ir perfeccionándola y la fuerza que adquieres al hacerlo.

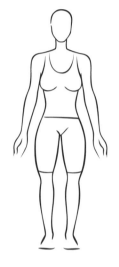

1. Comienza en posición erguida neutra con los pies separados a la distancia del ancho de las caderas. Pasa tu peso a la pierna derecha.

2. Flexionando la pierna izquierda, levanta el pie hasta apoyar la planta en el lado interno del muslo derecho (ayúdate con las manos si es necesario) de modo que los dedos del pie apunten hacia el suelo.

3. Junta las manos en posición de oración delante del pecho. Si tienes buen equilibrio, levanta los brazos como si fueran «ramas» y mira hacia arriba. Si te cuesta mantener el equilibrio, apoya las manos en una mesa o silla.

4. Haz intervenir los músculos de la caja abdominal. Para mayor estabilidad, haz presión entre la planta del pie y el muslo.

5. Fija la mirada en un punto delante de ti y mantén la mirada y la postura durante cinco respiraciones.

6. Cuando te sientas en cómodo equilibrio, siente cómo se mueve el pie en el suelo, de lado a lado y hacia delante y hacia atrás. Entonces pasa el enfoque mental al tobillo y observa cómo se mueve en reacción a las fuerzas tanto del suelo como del pie, a la vez que diriges estos movimientos. Ahora concéntrate en estabilizar el tobillo para reducir al mínimo sus movimientos y los del pie; ésta es una manera de ejercer tu poder para perfeccionar la postura.

7. Repite con la otra pierna.

Si te resulta muy difícil equilibrarte en la postura árbol completa, modifícala colocando la planta en la pantorrilla o el tobillo, aunque los dedos del pie toquen el suelo. (Para evitar lesiones, no coloques la planta en el lado interno de la rodilla.) Lo importante en este ejercicio no es la altura a que se coloca la planta del pie sino encontrar una postura fuerte y equilibrada.

Rotación de los tobillos: Para despertar

¿Quién sabía que despertar es tan sencillo como hacer rotar los tobillos? Bueno, el despertar puede tomar muchas formas, grandes o pequeñas. Y a veces los regalos más fabulosos vienen en los paquetes más sorprendentes, no en los que suponíamos o esperábamos. Haz este ejercicio para despertar a tus tobillos, tal vez la parte de ti a cuya exploración no has dedicado mucho tiempo intencional. Todas las partes y trocitos de nuestro cuerpo tienen sabiduría, algo nuevo que aprender y entender acerca de nosotros mismos, y los tobillos no son una excepción. En lugar de seguir al resto de tu cuerpo a lo largo del día, quita algo del peso a esta zona desconocida y deja que tus tobillos se muevan como deben, en su gama natural de movimientos con círculos abridores de articulaciones.

1. Siéntate cómodamente en una silla con la espalda recta, los hombros relajados y el mentón paralelo al suelo; los pies deben estar apoyados en el suelo, paralelos. Si es posible, hazlo con los pies descalzos.
2. Manteniendo el pie izquierdo apoyado en el suelo, levanta la pierna derecha y, contando lentamente, haz diez rotaciones con el tobillo en el sentido de las manecillas del reloj. Abre los dedos de los pies, aunque sea dentro del zapato.
3. Haz otras diez rotaciones en el sentido contrario a las manecillas del reloj.
4. Repite con la otra pierna.

De puntillas: Para cultivar tu potencial

Ahora que con las rotaciones has despertado tus tobillos y reconectado con ellos, este ejercicio servirá para que tus tobillos hagan la función para la que, como tú, están hechos. Es decir, flexionar y extender los pies. Éstos son movimientos sencillos con mucho potencial a los que tal vez aún no has accedido. Pregúntale, si no, a cualquier bailarina que se pasó seis años practicando la posición de puntillas para por fin un día ponerse las zapatillas y erguirse *en pointe* (sobre las puntas de los pies). Tuvo que asegurarse una base sólida para poder abrirse a un mundo de oportunidades; por ejemplo, la de hacer el papel solista en *El lago de los cisnes*.

1. Camina un rato con los pies descalzos para comprobar que los músculos de las pantorrillas, que mueven los tobillos, están flexibles y preparados para moverse sin riesgo.
2. Colócate en posición erguida con los pies separados a la distancia del ancho de las caderas, paralelos, el peso repartido por igual entre los dos pies, y los dedos extendidos y lo más abiertos posible.

3. Extiende los brazos hacia los lados, en forma de T.

4. Flexiona suavemente las rodillas.

5. Levanta los talones, manteniendo en el suelo la almohadilla del metatarso (la parte de la planta contigua a los dedos). Con este movimiento se levanta todo el cuerpo, como una unidad.

6. Inspira, haz trabajar los músculos de la caja abdominal y endereza las rodillas.

7. Espira y, manteniendo las rodillas derechas y los músculos abdominales activos, baja los talones y continúa con los brazos elevados.

8. Repite cinco veces en ciclos de inspiración-espiración.

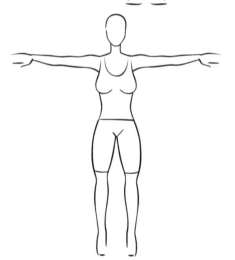

Cada día ofrece nuevas posibilidades, entre ellas las relativas al equilibrio. Si notas que mantienes mejor el equilibrio, mantén la última elevación de puntillas todo el tiempo que te sea posible y luego baja los talones de modo controlado. Si notas que pierdes el equilibrio, haz todo el ejercicio apoyándote en una mesa o silla delante de ti; sitúate todo lo cerca de la mesa o silla que sea necesario para mantener el tronco lo más recto posible.

En cuclillas: Para reforzar la postura

Hubo un tiempo en que nos acuclillábamos, antes de sostenernos de pie; esto lo hacíamos cuando éramos bebés; todos los bebés han hecho esto durante los aproximadamente doscientos mil años de nuestra historia evolutiva. En cierto modo, la posición en cuclillas es una preparación para ponerse de pie; le permite al bebé sentir el suelo con los dos pies (en postura bípeda) a la vez que conserva la utilidad funcional de las manos. También es cimentadora, ya que se requiere firmeza no sólo para acuclillarse sino también para volver a la posición de pie sin otro apoyo que la fuerza y el equilibrio. Es posible, sin embargo, que a pesar de este entrenamiento en la primera infancia, la posición en cuclillas no sea frecuente en la vida cotidiana (a no ser que uno viva en una cultura indígena, en que esta posición se emplea unas cien veces al día). Hoy en día nos sentamos en sofás, sillones y sillas. Así pues, sacúdete las telarañas y reencuentra tu posición en cuclillas. Te servirá para reforzar tu postura.

1. Comienza en posición erguida con los pies separados a una distancia ligeramente mayor que el ancho de los hombros (más o menos el ancho de una colchoneta para ejercicios normal y corriente). Los dos pies bien apoyados en el suelo. Gira levemente los pies dejando las puntas hacia fuera. Ponte las manos en la cintura.

2. Suavemente, flexiona las rodillas y las caderas, bajando las nalgas hasta quedar en posición en cuclillas. Puedes inclinar el tronco.

3. Cuando hayas llegado al máximo de la flexión, coloca las manos en posición de oración, junto al pecho, con los brazos dentro del ángulo formado por las piernas flexionadas, y con ellos presiona suavemente las rodillas hacia fuera de forma que queden directamente encima del segundo dedo del pie. Esto te servirá para acercar más las nalgas a los pies.

4. Aprovecha la acción de los codos presionando las rodillas para alargar y dar fuerza al tronco.

5. Mantén la posición durante cinco respiraciones.

6. Para volver a la posición erguida endereza las piernas y las caderas. Puedes mantener los brazos en posición de oración. Procura incorporarte con el mínimo posible de movimientos ajenos al ejercicio.

7. Repite dos veces más, poniéndote las manos en la cintura, si es necesario para facilitar el descenso.

8. Cuando vuelvas por última vez a la posición erguida, baja los brazos a los costados, relajados, y da una buena sacudida a todo el cuerpo.

Si tienes tan tensos los tendones de Aquiles que te impiden bajar a la posición, ponte una colchoneta o manta enrollada bajo los talones. Si tienes una lesión en la rodilla o la cadera, flexiona esa articulación lesionada hasta donde te sea posible sin que te duela y mantén la postura el tiempo que te sea cómodo; podría bastar con apoyar las nalgas en un bloque.

> Talón de Aquiles es el nombre que se da al tendón del calcáneo; el nombre viene de la mitología griega. Cuando era bebé el semidiós Aquiles, su madre lo sumergió en el río Estigia para hacerlo inmortal; dado que lo sujetaba por el talón, éste quedó fuera y por lo tanto no recibió los beneficios del agua del río. Años después, en la Guerra de Troya, Aquiles muere por una flecha que lo hirió justo en el lugar mortal, y por lo tanto vulnerable: el talón.

Mantra: Para anunciar una nueva era

Om es tal vez el más famoso de los mantras sánscritos, y suele entonarse al inicio o al final de una clase de yoga, o las dos veces. El sonido es una forma de vibración, y el sonido om representa la vibración del Universo, la frecuencia subyacente en la que se han creado y mantenido todos los cuerpos. Representa lo manifiesto y lo no manifiesto y, cuando se entona, armoniza la resonancia individual con la resonancia del Universo. Es decir, cultiva lo universal a través de lo individual. Nos ayuda a conectar con nuestro dios interior. ¿Qué te tiene reservado tu divinidad interior? ¿Y para tu contribución al mundo? No lo sabrás mientras no abras la puerta a un nuevo mundo y lo descubras.

> ¿Te resulta conocida una conexión entre sonido y divinidad? El primer versículo del evangelio de san Juan dice: «En el principio era la Palabra, y la Palabra estaba con Dios, y la Palabra era Dios».

1. Elige un lugar y una hora en que no vayas a tener interrupciones.
2. Siéntate en el suelo en posición cómoda, sobre un cojín o bloque si es necesario, y con las piernas cruzadas; si no es posible con las piernas cruzadas, encuentra una posición cómoda con la espalda recta; si esta posición no es posible, siéntate en una silla.
3. Apoya las manos en el regazo con las palmas hacia arriba y cierra suavemente los ojos.
4. Sintiendo la vibración que se produce en el pecho, entona om (la o alargada y cerrada al final, como si fueras a pronunciar una u). El sonido ha de ser largo y expansivo, elevándose. Siente cómo sube la vibración por el pecho, la garganta y al salir de tus labios.
5. Repite dos veces más.
6. Antes de incorporarte continúa sentada/o un momento, con los ojos cerrados, y siente pasar por todo el cuerpo la vibración residual.

Para mayor efecto, practica diariamente este mantra. La rutina suele aburrir al innovador Acuario, así que no te molestes en elegir una hora determinada, hazlo en el momento en que te venga bien.

Ir a clases: Para innovación y variedad

¿Qué te hace volar la fantasía? ¿La escultura? ¿El baile, la danza? ¿Las matemáticas? ¿La literatura? Da un puntapié a tu rutina diaria yendo a una clase que te aporte una experiencia diferente. A la energía Acuario le gusta que le presenten diversas actividades. Además, una actividad en grupo te da la oportunidad de salir de tu laboratorio (que igual sólo tienes en la cabeza) y entrar en el mundo, el mundo que estás dispuesta/o a cambiar.

Sin siquiera intentarlo coges las energías de los demás, conservas la que te va bien y descartas el resto. Así es como el Aguador coge diversas perspectivas nuevas para preparar su mezcla única.

Resumen

★ Los tobillos son las zonas del cuerpo relacionadas con Acuario. Estas complejas articulaciones nos permiten perfeccionar la postura y mantenernos firmes, cada uno a su manera única.

★ Acuario es el undécimo signo del ciclo zodiacal. Su energía reconoce nuestro potencial idealista e innovador, que nos permite explorar nuevas perspectivas con el fin de iniciar una nueva era.

★ Si nuestra rebelde naturaleza Acuario se vuelve rígida o radical, podríamos experimentar diferentes síntomas en los tobillos (por ejemplo, hinchazón o sensación de crujidos).

★ Accede a tu Acuario interior mediante preguntas, ejercicios y actividades que centren la atención en los tobillos. Hazlo para defender lo que crees correcto, un futuro justo y libre para todos.

13

Los pies del Pez

♓ PISCIS

Fecha de nacimiento: 19 de febrero – 20 de marzo
Zona del cuerpo: Los pies
Tema: Integra el espíritu en la materia

Con Piscis se completa el ciclo del zodiaco. Ya hemos vivido y aprendido los once signos anteriores y ahora le toca a Piscis coger su sabiduría y aplicarla, establecer en la Tierra sus enseñanzas cósmicas. El Pez, por lo tanto, es divinidad encarnada. Sostiene el espíritu de Aries a todo lo largo del zodiaco pasando por Acuario. Y su forma o cuerpo físico es tan importante como su espíritu. Porque así como el agua no puede servir a su finalidad mientras no esté en un contenedor adecuado, tampoco puede hacerlo el fluido espíritu de Piscis. Necesita un contenedor, un conducto físico para dar vida a las estelares lecciones del zodiaco. Y así como la *vesica piscis* (vejiga del pez) está incorporada al símbolo de su constelación, dos peces nadando en sentidos opuestos, está aquí para fusionar dos aparentes opuestos, espíritu y materia, y recordarnos que son uno.

> ♓ A lo largo del tiempo la *vesica piscis*, que es la imagen de dos círculos de igual radio intersecados, ha representado de todo, desde un pez, a Jesús, a un eclipse solar, a una matriz geométrica empleada para diseñar antiguos edificios religiosos.

El cuerpo: Los pies

Cada pie, la zona del cuerpo relacionada con el signo Piscis, es una maravilla de la Madre Naturaleza que contiene casi treinta huesos, más de veinte articulaciones y once conjuntos de músculos (en cambio, la zona del muslo, mucho más grande, con un número similar de músculos, sólo tiene un hueso y dos articulaciones). Trabajando juntos, los pies forman la plataforma de soporte del peso sobre los cuales nos tenemos en pie, erguidos, característica definitoria de la especie humana. Desde esa plataforma, los pies nos impulsan hacia delante y hacia atrás, percibiendo la tierra al caminar, trotar, correr, hacer yoga, como lo consideramos conveniente. De hecho, los pies poseen la piel más sensible de todo el cuerpo concretamente por este motivo, para percibir la mejor manera de conectar con el suelo. (No nos engañemos por las durezas y callosidades; estos engrosamientos se forman justamente para proteger la delicada piel que hay debajo.)

Al ser la conexión de todo nuestro ser con la tierra, los pies desempeñan un importante papel en la vida. Son la base, no sólo de nuestras partes anatómicas y fisiológicas sino también de las visiones, sueños, temores, esperanzas y amor que hay dentro. Además, ¿cómo llegaríamos a la bienamada clase de yoga de los martes? Aunque tomemos un bus, es con los pies como subimos a él.

Sin embargo, pese a su inmensa utilidad, hoy en día los pies no desconocen el descuido. Diseñados para correr descalzos por las dunas de arena de Namibia, se encuentran encerrados en zapatos con tacones de diez centímetros, caminando por las aceras pavimentadas de Nueva York, por ejemplo.

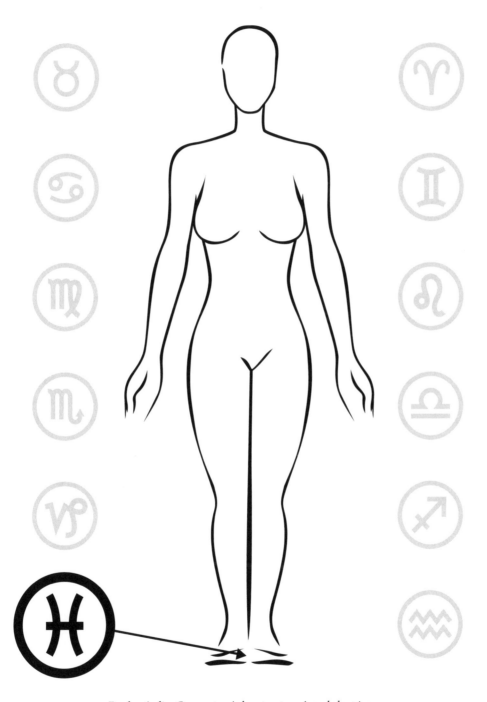

En el apéndice C encontrarás la estructura ósea de los pies.

Los pies del Pez

La antinatural adaptación del pie que exigen esos zapatos no es sólo un abuso de los pies sino también un maltrato a toda la estructura del cuerpo. Los tacones altos cansan excesivamente los músculos de los pies, las piernas y los muslos, que si no estarían inactivos; estiran y fuerzan ligamentos que no están preparados para soportar esa presión; fuerzan las articulaciones de los tobillos y los pies, y afectan a importantes vasos sanguíneos y nervios.

En todo caso, los tacones altos son sólo un ejemplo; son muchas las cosas que nos separan del suelo: calcetines, zapatos, aceras, medios modernos de transporte, y siempre hay que ir a alguna parte. En realidad, si eres una persona normal y corriente es probable que haga mucho tiempo que no andas descalza/o, con los dos pies firmemente apoyados en el suelo natural, presente en tu cuerpo cinco minutos completos. Al separarnos del suelo, todos estos arreos modernos nos separan de nuestro suelo personal, del modo como estamos hechos para ser y actuar, sin estorbos externos.

¿Por qué es tan importante la conexión con la tierra? Porque así es como cogemos nuestras partes tangibles e intangibles y las vivimos en este planeta. Esto es importantísimo para la energía Piscis de espíritu libre, que si no se sentiría feliz en las nubes. Pero la Tierra está hecha de algo más que nubes y nuestra sociedad no se beneficiaría si las lecciones arduamente aprendidas del Pez se quedaran en la cabeza y no se manifestaran en palabras, interacciones, arte, modas y otras modalidades que podrían inspirar a más que unos pocos.

Es necesario, entonces, conectar con los pies para conectar nuestra naturaleza Piscis con su suelo, con la tierra, con la materia que haga accesible su espíritu al mundo físico. ¿Cómo es tu conexión con el suelo cuando estás sobre tus dos pies? Prueba esto para comprobarlo:

1. Ponte calcetines y zapatos (pueden ser de tacón alto) que te separen del suelo.
2. Ponte en posición erguida, los pies separados a la distancia del ancho de las caderas, los brazos extendidos a los costados. El peso debe estar repartido equitativamente entre los dos pies.
3. Cierra los ojos y suavemente mueve el peso hacia atrás y hacia delante y de izquierda a derecha. Siente tu conexión con el suelo.
4. Vuelve a la posición neutra y abre los ojos.
5. Quítate los zapatos y los calcetines. Sacude los pies descalzos.
6. Vuelve a la primera posición, los pies separados, los brazos a los costados, con el peso repartido entre los dos pies.
7. Cierra los ojos y suavemente mueve el peso hacia atrás y hacia delante y de izquierda a derecha. Siente tu conexión con el suelo.
8. Vuelve a la primera posición y abre los ojos, fijándote en la diferencia de estar con o sin zapatos.

Es posible que tocar el suelo con los pies descalzos te haya resultado algo desagradable, por no tener la costumbre de sentir plenamente en la piel tu conexión con el suelo; estás acostumbrada/o a tener los pies «protegidos» por una armadura. O podría haber sido una experiencia liberadora; tal vez sentiste que por fin una brisa de aire te permitía liberarte para conectar con partes tuyas que han estado contenidas artificialmente. A lo largo de la evolución el cuerpo ha sido diseñado para ir con los pies descalzos. Y en una sociedad que nos separa de nuestro sustrato natural, nunca es tarde para volver a presentarnos a nuestros pies, a tomar cada vez más conciencia de cómo se sienten como partes de nuestro cuerpo y valorar el papel especial que desempeñan en nuestra vida. (Lee el capítulo 4, «Las manos de los Gemelos», para ver el paralelo que existe entre las estructuras de las manos y de los pies. Claro que al dedo gordo del pie le falta la capacidad del pulgar de tocar los otros dedos, pero hay similitud en la complejidad de huesos y articulaciones, como también en la capacidad de realizar muchos movimientos, y a eso se debe que en culturas que permiten que los pies sean pies, como en el sureste de Asia, usan los pies incluso para coser.)

Las estrellas: Piscis

Integra el espíritu en la materia

Integración es una síntesis, una unión, la incorporación de partes aparentemente distintas en un todo mayor. Es así como cien piezas de un rompecabezas se unen para formar la imagen de una playa o un caballo, o se hace pan mezclando harina, sal y levadura, con la ayuda de un horno. Lógicamente, la integración no es solamente física: podríamos combinar diversos pensamientos y referencias de un semestre de clases de literatura para hacer una nueva tesis. O podemos tener tantas experiencias positivas con una persona y sentimientos positivos hacia ella que pasado un tiempo la consideramos amiga.

Éstos son ejemplos de elementos físicos, mentales y emocionales que normalmente integramos en nuestra vida. Pero Piscis avanza un paso más e introduce espíritu en la ecuación, de forma que cada uno de nosotros es una integración, andante y parlante, de cuerpo, emociones, mente y espíritu. Consideremos, por ejemplo, una interacción de amor: seguro que uno usa la mente para pensar en el amor (lo que significa para uno), accede a sus emociones para sentirlo (el calentamiento del corazón cuando se ve al ser amado), usa los brazos para expresarlo (con abrazos) y conecta con su espíritu para detectar el amor en sus muchas formas (lo vemos brillar en los ojos de nuestro perro de compañía). Si falta uno de estos elementos (cuerpo, emociones, mente, espíritu) la experiencia personal del amor queda incompleta. Por esto muchas personas se pasan la vida buscando la manera de expresarse auténticamente con todo su ser (materia y espíritu) aun cuando no sepan cómo es eso y ni siquiera lo que significa.

Una de las imágenes más representativas del encuentro del espíritu con lo mundano aparece en la bóveda de la Capilla Sixtina del Vaticano, pintada por el famoso pintor Piscis Miguel Ángel. En el plano material, Miguel Ángel no hizo mucho más que mezclar colores al óleo y plasmarlos en una serie de imágenes, formas o figuras. Pero al dar vida al texto inicial del Génesis con sus imágenes del hombre y de Dios alargando las manos para conectarse, también incorporó el espíritu, y eso lo cambia absolutamente todo. De repente, con unas cuantas pinceladas la bóveda deja de ser una bóveda y un emblema atemporal de polvo adquiere vida por el espíritu de Dios, una obra de arte tan bien hecha que millones de personas la visitan cada año.

Cuando el espíritu y la materia se transforman en uno, deja de existir la dualidad. Tal vez recuerdes que este tema aparece antes en el zodiaco con los Gemelos Géminis. Ahí nos introdujimos en los dos lados de la moneda humana, que más o menos se corresponden con la dualidad de nuestra naturaleza. Ahora, con Piscis, estos elementos se integran, con el hombre que vive como espíritu y el espíritu que cobra vida como hombre, dos maneras de expresar lo mismo. Piscis anuncia el fin de la dualidad permitiendo así que el mundo etéreo y nebuloso del espíritu ya no se considere separado sino parte de todo y de todos. De hecho, con Piscis el espíritu se convierte en el conductor de nuestro mundo material.

Imaginemos, por ejemplo, una radio digital; sin estar enchufada a una toma de electricidad, no es otra cosa que sus partes: plástico, cables y goma. Pero en el instante en que se enchufa adquiere vida, con canciones, discursos, anuncios y todos los sonidos que se pueden encontrar en las emisoras. En este ejemplo la electricidad es el impulso vital de la radio, el principio vital, la fuente de vida. No es ni las canciones ni los discursos que oímos en ella, ni los pensamientos ni las emociones que hay detrás, sino su fuerza animadora. Así es el espíritu para el cuerpo humano.

Es difícil definir algo tan cualitativo como el espíritu; por eso se le da muchos nombres (Dios, Yahveh, Fuente, Luz, energía, *prana*). Pese a ser una esencia que lo impregna todo y a todos, no lo podemos ver, oler ni percibir visceralmente. Y por lo tanto no hay acuerdo en dar al espíritu la objetividad que exigiría el mundo occidental para validarlo (pero observa que muchos credos aceptan totalmente lo que es y lo que representa el espíritu). Por lo tanto, el significado de *espíritu* es diferente para diferentes personas, dado que la experiencia de él es principalmente subjetiva, del dominio de los instintos, intuiciones e impresiones, que no del pensamiento lineal etiquetado.

El espíritu es un transmutador que reside en todas partes y en todo, desde artículos mundanos como mesas y sillas a arquetipos como el amor y la compasión. El amor incondicional y la compasión son formas de energía que, de todos los signos del zodiaco, Piscis en particular ha venido a establecer en el planeta Tierra. Así pues, debemos encontrar modos prácticos de establecer sus elevados ideales. Normalmente la energía Piscis se inclina hacia la música, la fotografía, el arte y otros medios creativos, como modos de comunicar espíritu a través de la forma. Pero todo tipo de opciones diarias, como elegir alimentos producidos u obtenidos de forma sostenible, productos de limpieza ecológicos, hacer trabajo voluntario para obras benéficas que ayudan a los necesitados, también reflejan los ideales de Piscis. Piscis comparte con Virgo el concepto de servicio, aunque Piscis sirve por compasión, no por sentido de responsabilidad. Lleva su elevado espíritu a todo porque en todo ve reflejado el espíritu.

Pero el espíritu necesita formas a las que dar vida. Por eso el premio Nobel Piscis Albert Einstein, no fue famoso por estar sentado recibiendo brillantes percepciones que permanecían cautivas en su interior sino por convertir sus comprensiones en ecuaciones matemáticas y después transferir esas ecuaciones a pizarras o encerados de todo el mundo. De modo similar, su colega Piscis Galileo Galilei dio respaldo tangible a la teoría del heliocentrismo registrando las observaciones astronómicas que hacía con el telescopio que inventó. Números,

En algunos lugares del sureste de Asia, como Bali, no existe una palabra que signifique *arte*, porque todos los actos y ofrendas se consideran arte, un gesto del espíritu que se mueve por la materia.

pizarras, plumas, papel, telescopios, etcétera, hay muchas maneras de hacer tangible lo intangible. Y esto no es negar la existencia de la materia. Ni el espíritu ni la materia son supremos, ambos necesitan del otro para completarse. Y justamente de eso se trata. El espíritu mueve a la materia y la materia mueve al espíritu. Cómo lo consideremos sólo es cuestión de perspectiva, dado especialmente que la materia es en realidad una forma densa de energía.

Pero en lo que al Pez se refiere, la materia actúa como contenedor del espíritu. Espíritu es el agua pura, limpia, que puede servir a muchos fines, según se vierta en un florero o un vaso, se haga correr por una central hidroeléctrica o se filtre por un paño. No hay contenedor bueno ni malo, sino simplemente el que sirve mejor a la determinada finalidad de Piscis. A nosotros nos toca, entonces, considerar de qué modo nuestra materia puede servir a la finalidad de nuestro Piscis interior, energía que normalmente se siente a gusto en el mundo de las artes, usando las manos para dibujar, el cuerpo para bailar, los ojos para fotografiar y los oídos para componer lo que entienden la imaginación y la intuición.

El espíritu que imbuye diferentes aspectos de las artes es lo que ha permitido que tantas obras de arte hayan vivido cientos de años. Obras como *Baile en Le Moulin de la*

Galette, de Pierre-Auguste Renoir; *Composición en amarillo, azul y rojo*, de Piet Mondrian; *Estudio revolucionario*, de Frédéric Chopin, y *Las cuatro estaciones*, de Antonio Vivaldi, son conocidas en todo el mundo porque sus creadores Piscis evocan verdades universales en sus pinturas y música. No siempre hay palabras para expresar valores tan grandes. Y dado que el mensaje del espíritu es de naturaleza universal, no se necesitan palabras. Somos capaces de entender el lenguaje del espíritu en muchas formas, desde una pintura a los movimientos del cuerpo a las lágrimas de emoción; al fin y al cabo, las palabras son sólo una forma de contenedor.

Lecciones

Olvidemos aquello de qué tipo de zapato ofrece el calzado perfecto; en realidad, todo Piscis busca el modo de que su naturaleza receptiva, sensible y acuosa fluya en nuestra pétrea civilización en que domina la mente sobre la materia. La energía Pez tiene escasamente su forma concreta, mucho menos tiene las tan alentadas por la sociedad. Sin embargo, la energía intangible necesita tomar forma en un mundo tangible. Así pues, la energía de este signo está aquí para encontrar el modo de que su forma eche raíz en esta Tierra, la manera de derramar sus dones en la materia de la Tierra, para ayudar a los demás a hacer lo mismo. En último término, la conexión a tierra afirma nuestro derecho a ser, nuestro derecho a estar aquí, a ser lo que somos, cómo somos y en qué fase de la vida estamos en cualquier determinado momento. Está libre de las expectativas de los padres, del lugar de trabajo, del colegio, e incluso de uno mismo. Tener esta conexión significa que no es necesario hacer nada aparte de ser nosotros mismos, en nuestra totalidad, cuerpo y alma, materia y espíritu.

Si tenemos éxito en esta misión nos convertimos en ejemplos brillantes de un ser iluminado, de una persona que vive su espíritu Piscis a través de la materia aquí en la Tierra. Claro que es más fácil decirlo que hacerlo. Porque nuestro mundo moderno es materialista, e incluso basta decir la palabra espíritu para que muchos cierren los ojos y las mentes. Curiosamente, podría darse el prejuicio contrario si la persona se aferra a su naturaleza Piscis espiritual y rehúye la densidad de la forma; en este caso la persona se niega a fusionar las dos y corre el riesgo de convertirse en asceta. (Este ascetismo, con su consecuente frugalidad y austeridad, se refleja en la estación en que nace Piscis, cuando el invierno hace estragos en la tierra y aún no han brotado las semillas de primavera.) En efecto, la persona renuncia a las maravillas buenas y malas del mundo material para entregarse a lo que considera una causa superior.

Otra manera de rehuir lo material por lo espiritual es el continuado escapismo, ya sea por ilusiones engañosas o por drogas. En esta situación la persona se niega a crear la estructura necesaria para conectar a tierra su espíritu Piscis. Cuando se corta el circuito espiritual, sin contenedor para canalizarlo bien, la persona comienza a vivir separada de la vida real, lo que presenta inevitablemente más sufrimiento que el mundo del espíritu. En esta situación falta la integración espíritu y materia; y entonces vivimos en este planeta prefiriendo sentirnos como si viviéramos en otro. Sea lo uno o lo otro, si nuestra naturaleza Pez no tiene conexión a tierra, es posible que aún no hayamos encontrado nuestro verdadero camino en la vida.

Manifestaciones físicas de una energía Piscis desconectada podrían ser:

★ Arcos plantares muy elevados
★ Pies hipermóviles
★ Frecuente inversión del pie al caminar (el pie girado con la planta apuntando hacia dentro)
★ Incapacidad para apoyar toda la planta del pie en el suelo, al estar de pie o al caminar
★ Lesiones en los dedos de los pies por tropiezos o golpes al chocar con objetos
★ Otras: Durezas o excrecencias (por ejemplo, verrugas plantares, callos, juanetes), degeneración de las articulaciones

En contraste con estar principalmente escondidos en el mundo del espíritu, la otra manera como la energía Pez desequilibrada podría enlodarnos el camino es estar demasiado conectados con lo terrenal o conectados de modo incorrecto; por ejemplo, podríamos dedicar más tiempo del conveniente a ocuparnos en asuntos del cuerpo y la mente, negando el espíritu; al hacerlo podríamos cultivar una conexión con el mundo material más íntima de lo que nos es natural (a diferencia, por ejemplo, del Toro Tauro que es todo terrenal y lo único que puede hacer es levantar al cielo la cabeza). Pese a una naturaleza muy sensible, podríamos incluso rehuir todas las actividades, libros, conversaciones o ideas considerados espirituales, o marginarnos para no enfrentar este aspecto Piscis. Esta situación es similar a intentar meter por la fuerza un aro giratorio en un hueco cuadrado. O, aunque nuestra vida esté impregnada de espiritualidad, podríamos estar mal conectados por estar en un trabajo no apropiado, por las expectativas de los padres, relaciones obligadas o cosas similares. En ambas situaciones, ocurre la mala conexión y los pies de nuestra Piscis sienten su consecuente densidad.

Manifestaciones físicas de una naturaleza Piscis demasiado conectada a tierra podrían ser:

★ Sensación de pesadez en los pies
★ Pies planos
★ Menor movilidad de los tobillos, los pies o los dedos de los pies
★ Sensación de ardor en las plantas de los pies
★ Dolor o inflamación, normalmente en la planta
★ Lesiones en los dedos de los pies por tropiezos o golpes al chocar con objetos
★ Los pies se cansan con facilidad
★ Otras: Durezas o excrecencias (por ejemplo, verrugas plantares, callos, juanetes), degeneración de las articulaciones

¿Tus pies te conectan bien o mal con el suelo? Ya sea que los sientas conectados, desconectados o en algún punto intermedio, la clave está en escuchar a tu cuerpo y darle lo que necesita. Para aflojar su tensión o rigidez o fortalecerlos si están débiles, despierta a tu Piscis interior con las siguientes preguntas y ejercicios.

Tu cuerpo y las estrellas

Lo siguiente te servirá de guía personal para incorporar las estrellas de Piscis. Úsala para integrar más el espíritu en la materia.

Preguntas

★ Cuando consideras los diversos aspectos de tu vida, desde tu papel de progenitor, pareja, empleada/o o lo que sea, ¿piensas que juntos forman un todo integrado? ¿O te sientes como si vivieras como una serie de partes desconectadas?
★ ¿Cuál es tu definición de *espíritu*? ¿Qué papel tiene el espíritu en tu vida?
★ ¿Qué papel te gustaría que tuviera el espíritu en tu vida? ¿Qué formas puedes darle para hacerlo parte de tu realidad día a día?
★ ¿Crees que te impulsa tu conexión con el mundo material o con el espiritual? ¿Cómo sería y cómo sentirías tu vida si se invirtieran las cosas?
★ ¿Qué elementos de tu vida te hacen sentir menos conectada/o? ¿Más conectada/o?
★ ¿Cómo describirías cualitativamente tus pies (por ejemplo, pesados como si fueran de hormigón, flexibles, dolorosos, temblorosos, conectados con el suelo)?

Ejercicios

Manos en los pies: Para invocar a tu zodiaco interior

Si bien propiamente no hay un comienzo ni un final, el zodiaco inicia su ciclo con Aries, la semilla de la nueva vida que llega en primavera. Su individuación en forma física inicia un proceso que, once signos después, acaba con la desindividuación de Piscis, de yo a espíritu, sólo para encontrar otra vez una nueva forma con Aries. Éste es un viaje humano que se puede experimentar en toda una vida (o en muchas), mediante la confluencia de cuerpo, mente, emociones y espíritu. Haz esta postura para crear tu propio ciclo zodiacal formando uno físico; al hacerlo acercas tu cabeza Aries a tus pies Piscis.

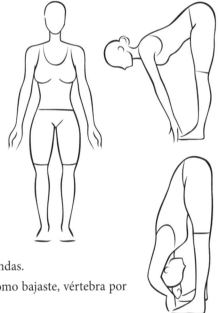

1. Comienza en posición erguida con los pies separados a la distancia del ancho de las caderas y los brazos sueltos a los costados.
2. Haz una inspiración y, al espirar, comienza a bajar el tronco, vértebra por vértebra. La cabeza comienza el descenso, seguida por el cuello, los hombros, el tronco.
3. Al doblarte, baja los brazos y cógete los dedos gordos entre el pulgar y los dedos índice y tercero de cada mano. Si es necesario, flexiona las piernas para hacer posible esta conexión.
4. Inspira y mira hacia arriba, con la espalda lo más derecha posible.
5. Espira, relájate y deja colgar la cabeza y el cuello. Mantén la postura durante cinco respiraciones largas y profundas.
6. Para salir, vuelve a la posición inicial ascendiendo tal como bajaste, vértebra por vértebra.

En esta postura, con una práctica más avanzada, se coloca cada palma bajo cada planta del pie para cerrar el circuito. Personas menos avanzadas pueden apoyar las palmas en las espinillas.

Patear el suelo: Para la conexión a tierra

Cuando estamos conectados al suelo nos sentimos más sólidos, estables, equilibrados y sostenidos, como si nos quitaran una carga excesiva y pudiéramos respirar con más facilidad.

Para inducir esta sensación, piensa en la última vez que estuviste jugando en la hierba con los pies descalzos. Resulta que uno de los motivos para sentirnos conectados cuando estamos en contacto con el suelo o la tierra es que ésta actúa como conductor o toma de tierra, un objeto que transfiere o recibe electrones de otro objeto (como el cuerpo) para neutralizarlo. ¿Hace falta un motivo mejor para conectar? Si estás de acuerdo, mira el ejercicio «Caminar descalza/o» más adelante. Si dudas, practica la conexión a tierra con estas simples pisadas fuertes, lo ideal al aire libre y descalza/o.

1. Comienza en posición erguida con los pies separados a la distancia del ancho de los hombros y las manos en la cintura.
2. Flexiona las piernas, pasa tu peso al pie izquierdo, levanta la pierna derecha lo más alto que te resulte cómodo y bájala con fuerza, de modo que golpees la tierra con la planta del pie, como si quisieras meter una masa en la tierra. Mantén bajo el peso del cuerpo, con las rodillas flexionadas. Si te sale natural emitir un sonido, hazlo.
3. Cuando tengas bien apoyado el pie derecho en el suelo, pasa tu peso a ese pie, levanta la pierna izquierda y bájala con fuerza hasta el suelo.
4. Continúa alternando los pisotones durante 30 segundos a un minuto.

Dar pisotones fuertes es un movimiento que has hecho desde tu infancia, así que no tienes por qué preocuparte de la forma de este ejercicio, simplemente atiende a cómo soportan tu peso las rodillas. El enfoque principal está en la conexión sólida, intencional, que forjas con la tierra, además de los muchos beneficios que recibes en consecuencia.

Masaje en los pies: Para abrirse al espíritu

¿Recuerdas que el signo Piscis incorpora a todos los demás signos? Lo mismo vale para su homólogo físico, el pie. Según la reflexología, en cada pie hay zonas que representan a y conectan con zonas de todo el cuerpo. Por lo tanto, dar masaje a los arcos plantares es beneficioso también para los órganos digestivos. Aunque en culturas antiguas de Egipto o China se practicaban técnicas similares, la reflexología fue introducida en Estados Unidos a comienzos del siglo XX por un médico fisioterapeuta. Desde entonces, muchas personas han encontrado alivio con la reflexología; en realidad, un sencillo masaje suele hacer maravillas para el dolor de los pies. Compruébalo, y pon en práctica la naturaleza receptiva de Piscis. Tal vez no puedas practicar la verdadera reflexología en ti misma/o en casa, pero este masaje es un comienzo para abrirte a las maravillas de tus pies, nuevas formas de curación y a partir de ahí, ¿quién sabe?

1. Siéntate en una silla y pon la pierna derecha sobre el muslo izquierdo de modo que el tobillo quede apoyado en él.

2. Sujetándote los dedos con la mano derecha, estabiliza el talón con la izquierda. Con la mano derecha extiende suavemente el tobillo y luego presiona hacia atrás los dedos durante diez segundos. Debes sentir el estiramiento de la planta (a lo largo de la fascia plantar).

3. Relaja el pie durante diez segundos. Repite el estiramiento un total de diez veces.

4. Ahora el masaje: Al finalizar la última repetición deja echados hacia atrás los dedos y con el pulgar de la mano izquierda comienza el masaje en la planta, trazando líneas a todo lo largo, desde la almohadilla contigua a los dedos hasta el talón; comienza por el lado interno y ve avanzando hacia el centro y luego hacia el lado externo; presiona con toda la firmeza que te resulte cómoda.

5. Repite tres veces y luego hazlo en el otro pie.

Añade un nutriente extra haciendo el masaje con aceites esenciales; Vetiver es un aceite esencial que tiene el don de invocar los aspectos intuitivo y espiritual de la naturaleza Piscis.

Advertencia: Según el estado en que se encuentran tus pies, podrías sentir dolor después de los dos primeros masajes; si te ocurre esto, puede ser que a tus pies les lleve unos días acostumbrarse al estiramiento y la presión del masaje, los que van aplacando las posibles adherencias musculares. La sensación debería pasar de ¿eeh? a ¡aaaah!

Estiramiento del pie en posición sentada: Para dar forma a tu materia

Imagínate a una escultora con una masa de arcilla; para ella cualquier forma es posible; con sus manos transfiere su visión a la masa amorfa y finalmente manifiesta lo que sea que desea crear, ya sea una taza para el café o una figura de personas abrazadas. Aunque el cuerpo físico impone más límites que la arcilla, en gran parte podemos modelarnos también de muchas formas. Cada uno es cada uno: debido a la orientación angular de las articulaciones y el grado de flexibilidad de los ligamentos, cada persona experimenta diferentes límites y gamas de movimiento. Por este motivo algunas personas nacen (o se hacen) lo bastante flexibles para hacer acrobacias, mientras que otras, por mucho que lo intenten, no pueden. El modo ideal de moverse cada cuerpo es el modo ideal en que se puede mover.

Puedes decidir cómo quieres que se sientan tus pies: ¿sanos, receptivos, libres para respirar? ¿Qué deseas que hagan: correr bien, elevarse sobre las puntas, mantener tu equilibrio? Tú decides. Tienes que infundir lo que deseas y necesitas a la realidad que literalmente está a tus pies. Tu cuerpo es tu estructura: haz este ejercicio para presentarte nuevamente a él de modo que puedas comenzar a darle forma, no sea que le den forma sin intervenir tú. Para este ejercicio vas a necesitar una cinta o banda elástica de resistencia. Si no tienes, puedes usar una toalla doblada a lo largo.

1. Siéntate en el suelo, sobre los huesos de la pelvis, con las piernas extendidas. Flexiona un poco las rodillas si es necesario para no hundir la parte inferior de la espalda; las piernas y los pies deben estar paralelos.
2. Sujetando la banda por los extremos, envuélvete con ella la parte de la almohadilla del pie derecho, de modo que los dedos queden cubiertos.
3. Lentamente, apunta hacia el suelo con la punta del pie, seguida del resto del pie con la flexión del tobillo.
4. Ahora apunta con la punta del pie hacia ti; haz lento el movimiento para sentir la resistencia, como también las articulaciones de cada parte del pie, dedos, centro y tobillo.
5. Repite cinco veces, comprobando que tienes el tronco recto mientras las haces.
6. Con el pie todavía envuelto en la banda, haz cinco rotaciones lentas hacia la derecha y cinco hacia la izquierda.
7. Cambia de pie y repite.

Si quieres más resistencia, acorta la banda; si quieres menos, alárgala.

Caminar descalza/o: Para la integración

En este momento es probable que tengas uno o los dos pies apoyados en la tierra. La tierra nos da muchísimo, los alimentos, el agua, terreno para caminar, sentarnos y construir, así como su energía natural y satisfactoria. La energía de la tierra contribuye en gran medida a que nos sintamos sanos y esto es un motivo de que tal vez no nos sintamos muy sanos en esta nuestra sociedad industrializada, cargada de hormigón. De la integración de nuestra materia con la energía de la tierra pueden resultar muchos beneficios para la salud, desde un mejor equilibrio a la conexión con la naturaleza y más salud y fuerza en los pies. Pero para hacer esto tienes que quitarte los zapatos, calcetines y otros amortiguadores que te impiden conectar directamente con la tierra. Conecta caminando con los pies descalzos por ella, ya sea tierra, arena o hierba, con la mayor frecuencia posible, aunque sean veinte segundos (lo ideal sería veinte minutos diarios). Esta aventura descalza/o permite a los pies funcionar sin obstáculos como los zapatos. Para tener un beneficio añadido, camina cerca del agua. Piscis es un signo de agua, y el agua es esencial para el Pez en muchos sentidos, ya que su acción es calmarla, revivirla y llenarla.

Meditación amorosa: Para cultivar el amor y la compasión

Es imposible escribir acerca de Piscis sin mencionar dos características que discurren en el fondo: un profundo amor a la humanidad y una compasión que no conoce límites. Como arquetipos, el amor y la compasión residen en el dominio del espíritu, por lo tanto es de suma importancia que el Pez aprenda a manifestar estas cualidades en su forma física: en su modo de hablar, de comer, de relacionarse, de comportarse y de moverse. Claro que el primer paso es conectar con el amor y la compasión, no con el entendimiento de la mente sino con el conocimiento del corazón. Haz la prueba; podrías llevarte una agradable sorpresa al ver cuánto se avanza con una meditación diaria de cinco minutos.

1. Elige un lugar y una hora en que no vayas a tener interrupciones; desconecta el teléfono y pon cinco minutos en un despertador o temporizador para que te avise cuando haya pasado este tiempo.

2. Siéntate en el suelo con las piernas cruzadas, en posición cómoda, sobre un cojín o bloque si es necesario. Si no puedes cruzar las piernas, busca una posición cómoda con la espalda recta; si esta posición no te resulta posible, siéntate en una silla.

3. Apoya las manos sobre los muslos con las palmas hacia arriba, en postura receptiva.

4. Imagínate que tu mano izquierda representa el amor y la derecha la compasión. Invoca las sensaciones recordando situaciones en que las has sentido.

5. Cierra los ojos, concéntrate en la mano izquierda invocando el pensamiento y el sentimiento de amar.

6. Ahora concéntrate en la mano derecha e invoca el pensamiento y el sentimiento de la compasión. Para ayudarte, recuerda a una persona, un lugar, un objeto o una circunstancia que te induzca ese sentimiento.

7. Imagina que tus dos manos están conectadas por un círculo dorado.

8. Volviendo la atención al amor, traza un sendero por la parte de arriba del círculo para que te lleve a la compasión; una vez que estés en la compasión, continúa por la parte inferior del círculo para volver al amor. Con los ojos cerrados, continúa siguiendo el trazo del círculo entre el amor y la compasión, sintiendo que se fusionan.

9. Cuando suene el temporizador, continúa sentada/o un momento. Antes de reanudar tus actividades diarias, reflexiona sobre la experiencia.

Si encuentras que cinco minutos es mucho tiempo, tómate la libertad para hacer la meditación en el espacio de tiempo que sea factible. La parte más importante de cualquier meditación es estar presente para hacerla. Con el tiempo y la práctica irás aumentando naturalmente la duración de tu meditación.

Resumen

★ Los pies son las zonas relacionadas con Piscis. Están formados por un complejo conjunto de huesos comunicados por articulaciones, músculos y tendones, lo que nos permite moverlos, pisar, caminar y conectar todo el resto del cuerpo con el suelo.

★ Piscis es el duocécimo y último signo del ciclo zodiacal. Su energía reconoce la totalidad del continuo que somos, desde materia a espíritu, y nos pide que los integremos en nuestra vida.

★ Si tu fluida naturaleza Piscis está demasiado aferrada a lo terreno o no está suficientemente conectada, podrías experimentar diferentes síntomas en los pies (por ejemplo, ardor o pesadez)

★ Abraza a tu Piscis interior con preguntas, ejercicios y actividades que centren la atención en los pies. Hazlo para recordar que eres mucho más que carne y huesos; caminas y hablas trayendo el cielo a la tierra.

Conclusión

El tema principal subyacente en este libro guía para el bienestar es que somos más de lo que se ve, que nuestro cuerpo, que está hecho de polvo de estrellas en el plano físico, refleja el cosmos en el plano metafísico. Y honrando esta conexión materia-espíritu funcionamos como un todo conectado, el todo que merecemos ser y sabemos que somos.

Pero para no sólo creerlo sino también vivirlo, tenemos que practicar lo que decimos o, más bien, practicar las preguntas y ejercicios recomendados en cada capítulo, o cada uno hacerse una rutina a la medida que convenga. De lo que se trata es de sacarse de la cabeza lo escrito en estas páginas y darle cuerpo, darle la realidad de la forma. Sintoniza contigo a través de todas las decisiones que tomas en un día, de modo que quien eres no sólo sea algo que sabes en tu interior sino una realidad que vives expresamente. Es como el ejemplo del prólogo: podemos pensar todo lo que queramos en comprar una casa, pero mientras no comenzamos a dar los pasos necesarios, la casa continúa siendo sólo un sueño.

Y creemos que tus sueños pueden hacerse realidad, además de otros grandes deseos que ni siquiera sabías que tenías, pero no lo sabrás nunca mientras no lo intentes. Y esa parte es la que esperamos que este libro te haya alentado a hacer: intentar algo nuevo, adoptar una nueva forma de enterarte de quién eres. Esperamos haberte inspirado a enfrentar tus debilidades y a transformar las dificultades en fuerzas, para abrirte a toda una nueva definición de bienestar. Cuando hacemos esto, cuando nos abrimos en este aspecto de la vida, esa apertura resuena en todos los demás. Así como cuando cultivamos la compasión de Piscis con un ejercicio de los pies, ésta no dura sólo cinco minutos sino todo el resto del día, lo que se observa en sutiles cambios, como ser más comprensivos con nosotros mismos o más dispuestos a abrir las puertas a los demás.

Es el momento de reconectar con nuestros cuerpos y con todo lo que presagian: desde la conexión de los pies con la tierra, al amor en nuestros corazones, a la percepción de nuestras cabezas. Es decir, es el momento para optimizar nuestra salud y bienestar totales. De las muchas maneras de hacerlo, este libro te ofrece la sabiduría de las estrellas como un medio de bienestar holístico, una magia práctica y sanadora con la que exploras una historia antigua con la realidad diaria de tu cuerpo. Porque no nos basta conocer el amor que vive en nuestros corazones, debemos gozar de su expresión siendo capaces de sentirlo y vivirlo con los movimientos, la elección de las palabras, la postura, el trabajo, las relaciones, etcétera. Cuando ocurre esto deja de ser sólo un concepto y comienza a ser real; a esto se debe que las preguntas, los ejercicios y la actividades que te sugiere este libro te sirven para ver que estas partes tuyas, por lo demás intangibles, son tan importantes. Practicándolas periódicamente te armas con tu propia magia práctica.

Este libro va de las rutinas diarias y la magia práctica que resulta de ellas. Así pues, ponte el sombrero de mago. Continúa viviendo a través de tu cuerpo la estrella que eres. Continuamente alarga las manos hacia el cosmos, por dentro y por fuera, y recuerda que vives en un universo que está en constante evolución, tal como tú.

Gracias por hacer este viaje de bienestar de tu cuerpo a las estrellas y por estar de vuelta. Esperamos que disfrutes de vivir el libro tanto como nosotras disfrutamos creándolo para ti.

Dra Stephanie y Rebecca

Agradecimientos

Escribir un libro sobre astrología y salud exige considerar la vida un todo interconectado. En ese sentido, consideramos que todas las personas y todos los acontecimientos de nuestra vida nos han ayudado a dar forma a este libro, y eso lo agradecemos. Dicho eso, hay muchas personas que han tenido un papel directo y queremos manifestarles nuestra gratitud: a Robert Gottlieb y Mel Flashman, de Trident Media Group, por su presencia y fe; a Emily Han y Lindsay Easterbrooks-Brown, junto con todo el equipo de Beyond Words Publishing, por transferir nuestras palabras con claridad y corazón al libro que tienes en tus manos; a todos los hombres y mujeres que aportaron voluntaria y valientemente su tiempo, energía y percepciones a nuestros estudios de casos (que finalmente no entraron en el libro pero sirvieron para dar forma a cada capítulo), y a la Dra. Roberta Rovner Pieczenik (madre de la Dra. Stephanie), que con cariño y dedicación ha corregido los trabajos escritos de Stephanie desde que ésta estaba en enseñanza básica, vigilando con especial atención el excesivo uso del punto y coma. Por último, y no con menos vigor y fuerza, manifestamos nuestro sincero agradecimiento a todos nuestros amigos, familiares y seres querido que nos han soportado durante todo este tiempo; vosotros sabéis quiénes sois.

Apéndice A:
Cuadro de los signos del zodiaco
y manifestaciones físicas

En nosotros vive la sabiduría de cada signo zodiacal. Y cuando vivimos sintonizados con esta sabiduría nos sentimos equilibrados y bien. Pero muchos apenas estamos empezando a aprender quiénes somos y la mejor manera de vivirlo, y a veces podríamos sentirnos mal. Aprovecha los dolores y achaques como oportunidades para saber más acerca de ti y la manera de cuidarte en todos los planos: cuerpo, mente y espíritu. Lo que consideras heridas en realidad podrían ser tus mayores dones.

Dado que este libro presenta el sistema musculoesquelético del cuerpo, las manifestaciones físicas señaladas en este cuadro son principalmente musculoesqueléticas (aunque algunas zonas son más conducentes a ellas que otras). Están tomadas de la sección Lecciones de cada capítulo y representan lo que podría producirse si la expresión total de ese signo estuviera obstaculizada o bloqueada. Como hemos dicho en la introducción, utiliza este cuadro como orientación, para conocer y explorar más tu conexión cuerpo-mente-espíritu (y no con fines de diagnóstico o pronóstico).

Fecha*	Signo solar	Zona corporal	Manifestaciones físicas
21 mar – **19 abr**	Aries	Cabeza	Dolor de cabeza, jaqueca; irritación de senos paranasales; catarro; congestión nasal; infección en los ojos; caída del cabello; infecciones de oídos; disminución de la audición; dolor de muelas, infección dental o rechinar de dientes; tensión en las mandíbulas; manchas en la cara
20 abr – **20 may**	Tauro	Cuello	Tensión o debilidad, inestabilidad, rigidez o dolor; movilidad limitada o hipermovilidad; sensación de crujidos; Otras: Tos, infección o irritación de la garganta; desequilibrio tiroideo; voz débil, fuerte o vacilante
21 may– **20 jun**	Géminis	Brazos, antebrazos, manos	Dolor en los hombros, antebrazos, muñecas o manos; sensación de crujidos; debilidad o tensión; chasquidos en los nudillos; homóplatos rígidos o salientes; movilidad limitada o hipermovilidad; falta de destreza manual; apretón de manos débil

Fecha*	Signo solar	Zona corporal	Manifestaciones físicas
21 jun – 22 jul	Cáncer ♋	Pecho	Opresión o dolor; pecho hundido o postura propia de la cifosis; respiración superficial; irritación, inflamación o lesión en las costillas Otras: Problemas respiratorios o esofágicos, exceso de flema, comer por motivos emocionales, acedia, bultos en los pechos
23 jul – 22 ago	Leo ♌	Corazón, parte superior espalda	Pecho hinchado, espalda inclinada o postura propia de la cifosis; respiración superficial o entrecortada; rigidez, tensión, debilidad o fatiga en la parte superior de la espalda; movilidad limitada; enfermedad cardiaca
23 ago – 22 sep	Virgo ♍	Abdomen	Rigidez o debilidad en los músculos de la caja abdominal; curvatura de la columna lumbar o postura militar o propia de la lordosis; respiración superficial o entrecortada (lo opuesto a respiración abdominal) Otras: Mala digestión, indigestión, alergias alimentarias, estreñimiento, intestino irritable o diarrea, hernia, úlceras, desorden en el comer, hipocondría, comportamientos obsesivos

Fecha*	Signo solar	Zona corporal	Manifestaciones físicas
23 sep – **22 oct**	Libra	Parte inferior espalda	Dolor o tensión muscular; movilidad limitada; calambres; curvatura de la columna lumbar propia de la lordosis, o espalda rígida; dolor con los movimientos repentinos; dolor o debilidad al hacer esfuerzos; síntomas de degeneración Otras: Desequilibrio renal o suprarrenal
23 oct – **21 nov**	Escorpio	Centro sacro	Tensión o debilidad en los músculos de la parte inferior de la espalda, corvas, abdomen, zona glútea o suelo pelviano; dolor o malestar en la zona inferior de la espalda o los glúteos; debilidad o inestabilidad de la zona pelviana; movilidad limitada o hipermovilidad en la parte inferior de la espalda o la pelvis; pelvis en posición fija, no neutra; excesiva rotación o ladeo de la zona pelviana Otras: Irregularidades en el ciclo menstrual, infección en las vías urinarias, retención de orina o incontinencia

Fecha*	Signo solar	Zona corporal	Manifestaciones físicas
22 nov – 21 dic	Sagitario	Caderas, muslos	Tensión, debilidad o desequilibrio de los músculos de las caderas; fijación o giro excesivo de los muslos hacia fuera o hacia dentro; movilidad limitada o hipermovilidad de las caderas; rigidez del ligamento iliotibial; posición no neutra de la pelvis; dolor en las articulaciones o en los músculos que las rodean; dolor en los nervios de la zona glútea y/o de la parte posterior de los muslos Otras: Excesos en la comida o bebida; desequilibrio hepático
22 dic – 19 ene	Capricornio	Rodillas	Rigidez o debilidad de los músculos que rodean la articulación; dolor o malestar al caminar o al sentarse; movilidad limitada o movimientos rígidos; hiperextensión; inestabilidad o bloqueo de la articulación; fijación en la extensión; sensación de crujidos o crujidos; exceso de líquido en torno a la articulación; periostitis tibial; mala alineación

Fecha*	Signo solar	Zona corporal	Manifestaciones físicas
20 ene – 18 feb	Acuario	Tobillos	Sensación de debilidad o inestabilidad; rigidez o hipermovilidad; hinchazón; crujidos o sensación de crujidos; sensación de chasquidos; inestabilidad de la articulación; inversión del pie al caminar; contractura o tensión en los músculos de las pantorrillas; calambres
19 feb – 20 mar	Piscis	Pies	Hipermovilidad; inversión del pie al caminar; arcos plantares muy elevados o pies planos; incapacidad de apoyar toda la planta en el suelo; lesiones en los dedos de los pies por tropiezos o golpes al chocar con objetos; pesadez; sensación de ardor; dolor en las plantas; menor movilidad; durezas o excrecencias, p. ej., verrugas, callos, juanetes; degeneración de las articulaciones

---

* Ten presente que en diferentes cartas aparecen diferentes fechas; esto se debe a la precesión de los equinoccios, que es el lento movimiento retrógrado que hace la Tierra cada 72 años, durante el cual cambia en un grado la posición de las estrellas.

Apéndice B:
Exploración rápida del cuerpo
de las estrellas

Esta exploración del cuerpo te puede servir:

★ Para reconectar con tu cuerpo físico y percibir cualquier bloqueo que esté obstaculizando la conexión
★ Para unir tu cuerpo con su derecho astral y el todo mayor
★ Para una experiencia meditativa y relajadora
★ Para establecer una práctica periódica del cuidado de ti misma/o basado en tus necesidades zodiacales

En primer lugar busca un lugar tranquilo para hacer este ejercicio; podría llevar unos cinco minutos, pero puedes alargarlo todo el tiempo que quieras. Tiéndete de espaldas en el suelo o en una colchoneta en la postura Muerto del yoga, con las piernas y los brazos extendidos, con las palmas hacia arriba y los ojos cerrados. Si es necesario para tu comodidad ponte cojines por los lados. Comenzando con la atención en la cabeza y finalizando en los pies, repite en silencio las frases siguientes, haciendo una respiración relajada entre cada una:

★ Soy Aries. Soy mi cabeza. Estoy entera/o.
★ Soy Tauro. Soy mi cuello. Estoy entera/o.

★ Soy Géminis. Soy mis brazos, antebrazos y manos. Estoy entera/o.

★ Soy Cáncer. Soy mi pecho. Estoy entera/o.

★ Soy Leo. Soy mi corazón y la parte superior de mi espalda. Estoy entera/o.

★ Soy Virgo. Soy mi abdomen. Estoy entera/o.

★ Soy Libra. Soy la parte inferior de mi espalda. Estoy entera/o.

★ Soy Escorpio. Soy mi centro sacro. Estoy entera/o.

★ Soy Sagitario. Soy mis caderas y muslos. Estoy entera/o.

★ Soy Capricornio. Soy mis rodillas. Estoy entera/o.

★ Soy Acuario. Soy mis tobillos. Estoy entera/o.

★ Soy Piscis. Soy mis pies. Estoy entera/o.

★ Acepto las partes de mi todo. Doy mi gratitud a mi todo. Me relajo en mi todo.

Terminada la repetición, continúa todo el tiempo que quieras en la postura muerto.

Apéndice C:
Estructuras óseas y zonas del cuerpo

Estructura ósea

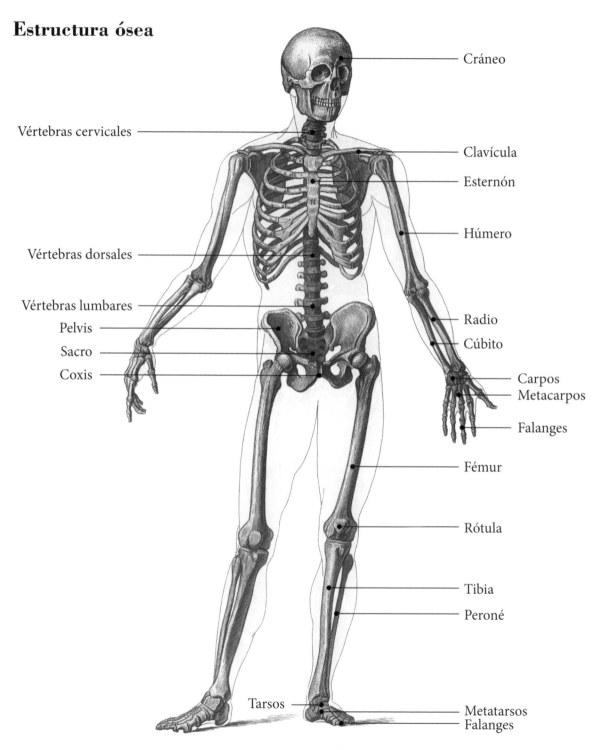

Cráneo

Vértebras cervicales

Clavícula

Esternón

Húmero

Vértebras dorsales

Vértebras lumbares

Pelvis

Sacro

Coxis

Radio

Cúbito

Carpos

Metacarpos

Falanges

Fémur

Rótula

Tibia

Peroné

Tarsos

Metatarsos

Falanges

Zonas corporales

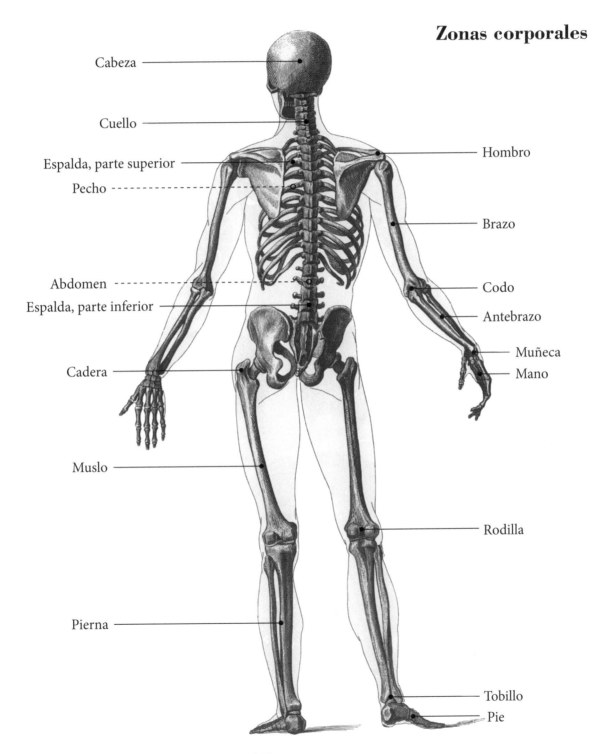

Cabeza

Cuello

Espalda, parte superior

Pecho

Abdomen

Espalda, parte inferior

Cadera

Muslo

Pierna

Hombro

Brazo

Codo

Antebrazo

Muñeca

Mano

Rodilla

Tobillo

Pie